BRASSARD

Du même auteur

ROMAN
Pleurer comme dans les films, Leméac, 2009.

NOUVELLES
L'Art de la fugue, L'instant même, 2008.

Guillaume Corbeil

BRASSARD

Une compagnie de Quebecor Media

Catalogage avant publication de Bibliothèque et Archives nationales du Québec et
Bibliothèque et Archives Canada

Corbeil, Guillaume, 1980-

    Brassard

    ISBN 978-2-7648-0379-0

    1. Brassard, André, 1946-   . 2. Producteurs et metteurs en scène de théâtre -
Québec (Province) - Biographies.   3. Producteurs et réalisateurs de cinéma - Québec
(Province) - Biographies. I. Brassard, André, 1946-   . II. Titre.

PN2308.B72C67 2010   792.02'33092   C2009-942445-2

Édition : Julie Simard
Révision linguistique : Denis Desjardins
Correction d'épreuves : Annie Goulet
Couverture : Marike Paradis et Axel Pérez de León
Grille graphique intérieure : Marike Paradis
Mise en pages : Hamid Aittouares
Photo de couverture : The Canadian Press/Fred Chartrand
Photo de l'auteur : Groupe Librex

Remerciements
Les Éditions Libre Expression reconnaissent l'aide financière du gouvernement du Canada
par l'entremise du Programme d'aide au développement de l'industrie de l'édition
(PADIÉ) pour leurs activités d'édition. Nous remercions le Conseil des Arts du Canada et
la Société de développement des entreprises culturelles du Québec (SODEC) du soutien
accordé à notre programme de publication. Gouvernement du Québec – Programme de
crédit d'impôt pour l'édition de livres – gestion SODEC.

Les Éditions Libre Expression
Groupe Librex inc.
Une compagnie de Quebecor Media
La Tourelle
1055, boul. René-Lévesque Est
Bureau 800
Montréal (Québec) H2L 4S5
Tél. : 514 849-5259
Téléc. : 514 849-1388
www.edlibreexpression.com

Dépôt légal – Bibliothèque et Archives nationales du Québec et
Bibliothèque et Archives Canada, 2010

ISBN 978-2-7648-0379-0

Distribution au Canada
Messageries ADP
2315, rue de la Province
Longueuil (Québec) J4G 1G4
Tél. : 450 640-1234
Sans frais : 1 800 771-3022
www.messageries-adp.com

Diffusion hors Canada
Interforum
Immeuble Paryseine
3, allée de la Seine
F-94854 Ivry-sur-Seine Cedex
Tél. : 33 (0)1 49 59 10 10
www.interforum.fr

Pour Rita
Pour Michel
Pour Vio
A. B.

Avant de passer l'arme à gauche
Avant que la faux ne me fauche
Tel jour, telle heure, en telle année
Sans fric, sans papier, sans notaire
Je te laisse ici l'inventaire
De ce que j'ai mis de côté.

LÉO FERRÉ

Préface

De mémoire, je dirais fin août 1973, à Cowansville. On devait être une centaine, venus célébrer son anniversaire dans la maison de Benoît Marleau. Bien calé dans un fauteuil à oreilles, l'œil complice, malicieux, Brassard livrait *La Conscience* de Victor Hugo. Par cœur.

> *Lorsque avec ses enfants vêtus de peaux de bêtes,*
> *Échevelé, livide au milieu des tempêtes,*
> *Caïn se fut enfui de devant Jéhovah…*

Etc.

Gros méchant de nos enfances catholiques, Caïn, le meurtrier d'Abel, fuyait encore et toujours pour échapper à l'œil impitoyable de sa conscience.

> *On fit donc une fosse, et Caïn dit « C'est bien ! »*
> *Puis il descendit seul sous cette voûte sombre.*
> *Quand il se fut assis sur sa chaise dans l'ombre*
> *Et qu'on eut sur son front fermé le souterrain,*
> *L'œil était dans la tombe et regardait Caïn.*

Ce Caïn-là, dans la bouche de Brassard, était tout vibrant de l'accent d'ici, comme sorti directement d'une cuisse québécoise de Victor Hugo. Plus qu'un numéro – qu'il a d'ailleurs repris plusieurs fois avec un égal succès –, Brassard offrait là sa signature. On applaudit le conteur, l'acteur, le pédagogue, le cabotin, le cultivé, l'audacieux – réciter Victor Hugo dans un party en 1973 !

– et, bien sûr, le metteur en scène qui mettait le poète français à sa botte québécoise et à notre portée.

Brassard fut le clou de cette fête, comme il l'était de la scène théâtrale de l'époque. La modernité, l'air du temps, l'ingéniosité créatrice, c'était lui. En 1973, à vingt-sept ans, il avait déjà signé cinq Tremblay : *En pièces détachées*, *Les Belles-Sœurs*, *Hosanna*, *À toi pour toujours, ta Marie-Lou* et *Demain matin, Montréal m'attend*. Autant de jalons significatifs de la dramaturgie québécoise. Par la suite, jusqu'en 1999, jusqu'au moment de l'accident vasculaire-cérébral, il alignera pas moins de quatre-vingt-huit mises en scène, c'est-à-dire, durant vingt-six ans, entre trois et quatre mises en scène par année. C'est énorme. Brassard donnera vie aux œuvres de Jean Genet, de Racine, de Shakespeare, de Beckett, comme il nous ouvrira aux univers de Michel-Marc Bouchard et de Brad Fraser, pour ne nommer que ceux-là. Parallèlement, il signera aussi trois films (*Françoise Durocher, waitress* en 1972, *Il était une fois dans l'Est* en 1973 et *Le soleil se lève en retard* en 1976), réalisera pour la télévision, sera directeur artistique du Théâtre français du Centre national des arts de 1982 à 1989 et directeur artistique de la section française de l'École nationale de théâtre du Canada de 1992 à 2000. Quel autre metteur en scène québécois aura occupé et marqué la scène théâtrale pendant autant d'années ?

De tout son travail de mise en scène – c'est la loi impitoyable du métier –, il ne reste que peu ou pas de traces. Disséminées dans les mémoires, dans les archives, ou tout simplement évanouies. D'où la nécessité de ce livre.

Depuis l'École nationale de théâtre, et malgré une absence de quinze ans du Québec, j'ai toujours conservé un lien avec André. Quand il me demanda au printemps 2007 de collaborer à « son » livre, j'ai dit oui spontanément. À l'été, nous avons eu une dizaine d'entretiens, retranscrits par Manon Saint-Jules. Malheureusement, un cancer du rein a fait en sorte que je n'ai pu porter plus loin le projet, mes énergies étant ailleurs. J'ai dû me retirer, à regret.

À la suggestion d'André Brassard, l'éditrice Julie Simard, qui a cru au livre sans jamais fléchir, a confié au jeune auteur Guillaume Corbeil le soin de mener le bateau à bon port. Guillaume Corbeil a vu le jour en 1980, c'est dire qu'il n'a pu voir les grandes productions de Brassard, de 1970 à 1995. Avec ses deux livres de fiction, Guillaume Corbeil a déjà une réputation d'auteur, confirmée par le Prix Adrienne-Choquette pour *L'Art de la fugue* (L'instant même, 2008). Devant Brassard, Corbeil a eu l'instinct de se reculer de quelques pas, de lui céder le passage jusqu'à lui donner la première place. Résultat : on entend au plus près la voix de l'homme et du metteur en scène. Les battements de cœur comme de pensée.

J'ai aimé André Brassard, je l'ai admiré, je l'ai eu comme modèle, jusqu'au mimétisme de groupie. Michel Tremblay – ça ne s'oublie pas – m'avait même rebaptisé dans les années 1970 « copie conforme ».

Je dois à Brassard une importante révélation. Jeune acteur, dans un exercice public à l'École nationale de théâtre en 1973, je fus appelé à jouer un personnage d'amoureux du *Tambourin de soie*, un nô de Yukio Mishima. Un amoureux transi qui, de l'au-delà, avec son tambourin, crie son amour éperdu à une bien-aimée sourde à ses appels. La veille de la première, Brassard nous propose non pas une répétition générale sur scène, mais un retour à l'italienne, c'est-à-dire au texte seul sans costume ni décor, en salle de répétition : « Aujourd'hui, vous faites ce que voulez, vous allez voir ailleurs. »

Cet après-midi-là, mon amoureux transi s'est transformé en bourreau sadique, le tambourin en instrument de torture, au grand étonnement et désarroi de ma partenaire de jeu. Je sais gré à Brassard de m'avoir donné cette liberté de tourner le texte de Mishima comme un gant, de le virer bout pour bout. Précieux moment de libération qui m'a permis non seulement de nourrir l'interprétation, mais de toucher à la violence qu'il y a au cœur de tout amour et de saisir dans mon corps qu'un texte ne se résume jamais qu'à une seule dynamique, qu'à une seule couche de sens. Ce n'est jamais une vérité, c'est un chemin. Encore aujourd'hui, quotidiennement, mon travail de chroniqueur littéraire en bénéficie.

Entrons un instant dans la salle de répétition. Pour un metteur en scène, j'allais écrire un « metteur en sens », la salle de répétition est sa nécessité, le lieu de son art. C'est son établi, son laboratoire, son église. Là où il ne fait ni jour ni nuit, où ne pulse que le sang rouge du théâtre. Le lieu de l'alchimie. Quel acteur ne se souvient de son œil noir, à la fois extrêmement présent et interrogateur, à l'affût de ce qui va venir ? Brassard cherche toujours le chemin du texte, le chemin de l'humain, dans ses grandeurs, ses misères ou ses indignités. « Rien de ce qui est humain ne m'est étranger », écrivait Térence, et c'est cet humain-là que Brassard a traqué toute sa vie au théâtre.

En salle de répétition, pendant quarante ans, derrière une table, devant un Cherry Coke ou un Dr Pepper Diet, Brassard a pisté l'inconnu. En triturant une ficelle ou en se frottant inlassablement le dessous du menton entre l'index et le majeur, question d'embraser le petit génie de la lampe. L'art de Brassard n'est pas fait de certitude, pas plus que sa manière n'est celle du despote. Brassard

met plutôt la création directement entre les mains de chacun. Sa manière est de souffler sur la flamme. De libérer le trésor. Demandez-le aux Rita Lafontaine, Denise Filiatrault, Élise Guilbeault, André Montmorency, Gilles Renaud, Andrée Lachapelle, Guy Nadon, Roger La Rue, Hélène Loiselle et à tous les autres. Les sept ou huit générations d'acteurs qui sont passés entre ses mains en viendront immanquablement à vous citer la phrase de Genet : « Il s'agissait de t'enflammer, non de t'enseigner », une phrase – un texte, *Le Funambule* – que Brassard a diffusée et fait sienne jusqu'au credo.

D'aussi loin que je me souvienne, j'ai cette image de Brassard en long manteau, avec à l'épaule une poche, un gros sac en cuir qu'il traînait partout et où se trouvaient toutes ses nécessités : agenda, livre, texte de théâtre, cahier de notes, cigarettes, un Coke, etc. À force de le voir traîner cet inséparable, j'avais même fini par imaginer un lien secret entre ce sac et son talent, comme si le premier contenait le second. Lubie de groupie, j'en ris encore.

Le mystère reste néanmoins entier : de quoi est fait le talent de Brassard ? D'abord, de beaucoup d'intelligence. D'une capacité phénoménale à faire des liens. À trente ans, avant la drogue, il était de loin la personne la plus intelligente qu'il m'avait été donné de rencontrer. Il y a par ailleurs chez lui un terreau de délinquance, beaucoup d'indiscipline. Toujours, Brassard résiste, interroge, transgresse. Ça va du plateau incliné au théâtre à un refus du convenu, en passant par l'indocilité pure et simple. « L'obéissance empêche les gens d'explorer les zones nouvelles qui existent en dehors des consignes », confie-t-il à Guillaume Corbeil. Il ne désobéit pas pour désobéir mais plutôt, comme le scientifique, pour s'ouvrir au possible.

Souvent, au quotidien, il a même l'indiscipline joyeuse. Avec les mots surtout, car il ne tient jamais un mot ni une phrase pour acquis. De sa manière bien à lui, il leur brise la coque de sens pour en extraire d'autres. Quiconque a passé plus d'une heure à ses côtés aura dû traverser le feu roulant de ses jeux de mots aussi adorables qu'épuisants. Exemple mémorable, quand il me demanda un matin : « Est-ce que tu prendrais un Iscariote fait le ménage ? » Même en m'étirant les neurones au maximum, jamais je n'ai pu résoudre cette énigme, qu'il me déchiffra le sourire en coin : « Est-ce que tu prendrais un Judas range [un jus d'orange !] ? »

En fouillant, on trouverait aussi, qui constituent son talent : un souci fondamental de clarté, un attrait profond pour le sacré et les bas-fonds (« Tu m'as donné ta boue et j'en ai fait de l'or »), une sensibilité aiguë à la misère, des boas et des paillettes de la Main, une humanité foncière et, en son noyau, une fidélité à soi-même, une authenticité sans compromis qu'on appelle aussi l'intégrité. Il y a chez lui une fidélité non feinte au club sandwich et aux rituels religieux, à « son » 6329, des Érables aussi bien qu'aux découvertes fulgurantes de son adolescence. « La simplicité, c'est un de mes plus grands soucis. Je suis un p'tit gars de Rosemont, qui parle comme un p'tit gars de Rosemont. » Je n'ai jamais vu Brassard inauthentique. Je le croirais incapable de l'être. Il s'agit de l'avoir entendu une seule fois en entrevue pour prendre la mesure de sa franchise. À propos de son AVC : « J'étais en beau maudit, je ne remercie pas le bon Dieu de m'avoir envoyé ça. Je ne l'accepte pas. [...] Ne venez pas me dire que ça m'a fait découvrir autre chose. C'est faux. »

À Paris, contrairement à tellement d'autres, Brassard-Tremblay n'ont jamais cédé un pouce de leur accent québécois. Eux-mêmes en tout temps, en tout lieu. Au

Québec, Brassard-Tremblay, dès le début, ont mis sur scène une classe sociale que la culture bourgeoise occultait et nous ont ainsi permis de mieux nous voir. Très spécifiquement, on doit à Brassard un traitement renouvelé du théâtre européen, en rupture avec cet esprit colonisé qui régnait sur les scènes. Brassard s'entretient avec Victor Hugo, Racine, Shakespeare ou Beckett de la même manière qu'il s'entretient avec Tremblay.

Hors le théâtre, on s'en doutait, la vie de Brassard, c'est beaucoup moins lumineux. Longtemps, jusqu'au 21 décembre 1999, ce fut une virée dans les ruelles de la marge. Dans les années 1970, il pouvait parcourir à pied chaque jour, le sac à l'épaule durant des heures, entre une répétition et une représentation, des kilomètres et des kilomètres de trottoir, en quête de la prochaine aventure – sera-ce plus tard de la prochaine ligne ? –, l'hormone, l'esprit, le cœur en chasse. *Fast food, fast sex, fast drug.* À d'autres la petite vie privée, le petit couple, le petit confort toujours si près de l'indifférence. La vraie vie était ailleurs. Là, dans l'aventure au coin de la rue, avec un p'tit bum à la gueule d'ange qui ne risquait pas de l'aimer. Brassard le dit lui-même plus loin : André ne s'est jamais senti aimable, en mesure d'être aimé.

Détail non négligeable, Brassard fut un ogre. Un dévoreur de culture, un ogre à grandes dents. La vraie vie, *sa* vraie vie était là aussi. Dans le prochain livre à lire, dans la pièce à aller voir, dans le prochain texte à découvrir, dans le film qu'il fallait avoir vu ou que personne n'allait voir. Peu de metteurs en scène québécois ont arboré et arborent aujourd'hui une aussi vaste culture.

Solitaire, sans famille, sans enfants, Brassard a très jeune balayé tous les cadres, n'en a retenu aucun. Sa seule loi, dans sa vie privée, fut son instinct. Ses appétits, ses appétences. Comme le voulait d'ailleurs l'époque de nos vingt ans, il a fait sauter les barrières, les limites. Le sexe d'alors était sans condom, à voile, à vapeur, dans les parcs, les toilettes, les *backrooms*. « Quand je dirai *go*, mélangez-vous et puis swinguez votre compagnie ! » La compagnie une fois swinguée, des années plus tard, il ne reste rien. Ni personne.

De toute évidence, les fées de l'hygiène de vie et de l'équilibre ne se sont pas penchées sur son berceau. Longtemps, le corps n'a été qu'une machine au service de ses besoins. Pourquoi en prendre soin ? En 1999, quelques mois avant l'AVC, j'étais avec lui dans un restaurant de la rue Gilford quand tout à coup son œil droit partit en trombe, à gauche, à droite, en haut, en bas comme une *pinball* en folie. L'épisode prit fin, nous pûmes terminer le repas et ce n'est que des mois plus tard, bien après l'AVC, que j'ai pris la mesure de ce signe précurseur. Que j'ai compris que son corps, ce jour-là, venait soudainement d'imposer sa loi.

Des années de repas sans fruits ni légumes, de *junk food*, de cocaïne, de cigarettes – il s'est mis à fumer à quarante ans –, de négligence du corps l'ont mené là. Le 21 décembre 1999, Brassard a frappé son mur. J'ai mal à l'écrire, mais il est certain qu'au premier chef la coke lui a brûlé et laminé beaucoup de neurones, d'intelligence et de talent. La crisse de coke.

« Je voudrais mourir mais je n'en ai pas le courage. » Entre les quatre murs de la rue Masson, depuis 1999, Brassard traverse des déserts. L'ex-*workaholic* regarde ses murs, morigène le chat et télécharge des films. La prison du corps est pire que l'autre à barreaux car elle est sans espoir de sortie, il n'y a que le tunnel chaque jour moins lumineux. « Puis il descendit seul sous cette voûte sombre. Quand il se fut assis sur sa chaise dans l'ombre / Et qu'on eut sur son front fermé le souterrain… » Un metteur en scène a besoin de la lumière de la scène, de la ferveur de la salle de répétition, de l'énergie des comédiens, de l'auteur, de l'équipe technique pour que se déploie la sienne. À soixante-trois ans, alors que l'énergie créatrice n'a pas pris sa retraite, son corps se dérobe, l'esprit se concentre plus difficilement, le corps se fait lent et lourd, s'accorde moins au rythme accéléré de la production urbaine.

En 2008, il a livré une mise en scène de *Oh les beaux jours.* Beckett, qui était une leçon de texte et de vie. Les yeux et les oreilles rivés au visage d'une Andrée Lachapelle enfoncée jusqu'au cou dans sa montagne de sable, nous avons vu les nuances et les résonances d'un texte dont Brassard avait orfévré le moindre sens. Un sommet de dépouillement et de grandeur. Comme la Minnie de *Oh les beaux jours,* l'œil et la conscience de Brassard brillaient toujours dans la nuit. « "Ô mon père ! L'œil a-t-il disparu ?" dit en tremblant Tsilla. Et Caïn répondit : "Non, il est toujours là." »

Merci, Brassard.

Jean Fugère

Mot de l'auteur

Pour la première fois, je m'adonnais à la tâche du biographe. Pendant un peu plus d'un an, j'ai fait parler et penser André Brassard beaucoup plus que je n'ai parlé et pensé moi-même. Partout où j'allais, je l'écoutais dans le vieux baladeur jaune que j'avais rescapé du sous-sol de mes parents, et sa voix a fini par se confondre avec mon monologue intérieur. Assis à mon bureau pour écrire, je l'entendais parfois me dicter des phrases complètes, et avec des amis je me suis mis à employer des métaphores semblables aux siennes pour illustrer mes propos. La frontière entre lui et moi n'était plus très claire : où est-ce que je m'arrêtais et où est-ce que Brassard commençait ? Au moment d'entamer ce livre, je venais d'entrer à l'École nationale de théâtre du Canada et commençais tout juste à réfléchir à la question de l'art dramatique. Il était donc étrange d'écrire au même moment le récit de quelqu'un arrivé au bout de son parcours, dont le système de pensée à ce sujet est vaste, complexe et mûri. J'avais parfois l'impression de me reconnaître dans ses idées, mais je ne saurais dire si c'était dû à une parenté intellectuelle ou au fait que Brassard explique ses vues avec tant de limpidité que j'ai été tenté de me les approprier. Tout en racontant sa vie, Brassard n'a pu résister à la tentation de faire de son biographe son élève. Ceux qui le connaissent diront qu'il est comme ça, que c'est un enseignant né, un maître, qu'il aime parler – lui-même le reconnaît. Mais il faut comprendre que Brassard ne parle pas comme trop de gens le font malheureusement aujourd'hui : il ne fait pas que remplir le silence pour se griser du son de sa propre voix.

Non, il communique, il partage son savoir : il veut que la personne à qui il s'adresse comprenne des choses et lui en apprenne à son tour. L'interlocuteur est toujours pris en considération et respecté. J'imagine que c'est ce besoin de s'adresser aux autres qui a mené Brassard au théâtre. Ou peut-être est-ce l'écoute attentive des centaines de milliers de personnes qui ont assisté à ses spectacles qui l'a rendu ainsi : est-ce que c'est l'homme qui fait le théâtre ou le théâtre qui fait l'homme ? Brassard dirait sûrement que la question ne se pose pas : l'homme et le théâtre, la vie et la fiction, ce n'est en fait qu'une seule et même chose.

Je me souviens de notre première rencontre : je m'étais rendu chez lui en marchant, et tout au long du trajet, je m'étais demandé comment il se faisait que je me retrouve en charge d'un tel projet. Je suis né en 1980, je n'ai donc vu aucun de ses spectacles. À quelque cent mètres d'où il habite, je me rappelais que j'étais en vérité un p'tit cul et ne pouvais m'empêcher de me sentir imposteur.

Au rez-de-chaussée de son immeuble, j'ai sonné timidement – tellement que je n'étais pas certain si j'avais bel et bien appuyé sur les boutons de l'interphone ou si j'y avais seulement déposé le bout de mon doigt. Quelques secondes plus tard, j'entendais sa voix doublement éraillée, par la maladie et par la piètre qualité des haut-parleurs. Je suis monté en ascenseur, puis me suis retrouvé devant sa porte. Devant la porte d'André Brassard. Je me suis dit qu'il n'était pas trop tard pour rebrousser chemin, l'ascenseur était encore ouvert. Mais il s'est bientôt refermé pour me laisser seul sur le palier. J'ai pris mon courage à deux mains et cogné.

— Rentre !

André était assis à son bureau, penché sur son ordinateur. La pièce empestait la fumée de cigarette, j'y repense aujourd'hui et il me semble qu'on pouvait voir flotter un nuage. Il ne m'a pas parlé tout de suite, il voulait d'abord terminer la partie de Shanghai qu'il avait entreprise. Planté comme un piquet dans le vestibule, je n'ai pu m'empêcher de jeter un coup d'œil à sa collection de livres et de films. Les murs en étaient couverts. Il y avait tant des chefs-d'œuvre cinématographiques et littéraires que des téléséries américaines populaires et des méga-productions hollywoodiennes. Pendant que je continuais de parcourir des yeux les rayons de sa bibliothèque, un gros chat noir s'est approché de moi et s'est hérissé. Sans jamais quitter son ordinateur des yeux, André a réagi :

— Ti-Cul, ta gueule !

J'ai jeté un bref coup d'œil à l'écran. Je ne connaissais pas du tout les règles de Shanghai – en fait, à ce moment-là, j'ignorais même que ce jeu s'appelait ainsi –, mais là, en voyant qu'il restait à peine quelques cartes, je me suis dit que peut-être sa partie se terminerait bientôt. En tout cas, je l'espérais. Deux minutes plus tard, André se tournait vers moi et me souriait.

— Bon, par où est-ce qu'on commence ?

— …

Je n'avais aucune idée de la manière dont devaient se dérouler nos entretiens. Jean Fugère avait amorcé le projet : il avait déjà rencontré André une dizaine de fois et survolé avec lui les grandes lignes de son histoire. Après avoir lu la retranscription de leurs discussions, j'avais pris quelques notes. J'avais aussi apporté un magnétophone pour enregistrer tout ce que nous nous dirions, André et moi. Je ne voulais pas seulement m'enquérir de son histoire, mais capter la façon singulière qu'il a de s'exprimer, pour tenter de la traduire dans l'écriture. Selon moi, c'est là que se trouve Brassard, autant que dans les faits qu'il allait me raconter.

Je me disais que la chose à faire était sûrement de commencer par le début pour peu à peu nous diriger vers la fin. Finalement, je n'ai eu besoin que du magnétophone : nos rencontres duraient près de trois heures et souvent je n'avais le temps de lui poser qu'une seule question. Sa réponse bifurquait sur un détail et hop, nous nous retrouvions à Ottawa, en 1986, lors de la première de ses *Paravents*, et hop en 1946, le jour de sa naissance, et hop au Rideau Vert, en 1968, pour la création des *Belles-Sœurs*. J'ouvrais grand mes oreilles et écoutais. Arrivé chez moi, je démêlais tout ça et rapiéçais mes nouvelles retailles avec les autres : je me sentais comme une grand-mère ficelant une gigantesque courtepointe. Une semaine passait et je retraversais la ville pour retourner le voir.

Parfois il s'arrêtait, tirait sur sa More au menthol et me regardait en souriant :

— Est-ce que je t'ai dit que… ?

Et la machine repartait. L'écriture de ce livre aurait pu durer encore dix ans. Brassard est un puits sans fond d'anecdotes à propos de la genèse du théâtre québécois moderne et de pensées riches en images, des espèces de fables sur la vie et sur l'art. Mon plus grand regret est sans doute de ne pas avoir pu répertorier tout ce qu'il aurait pu me raconter, pour être certain de ne perdre aucun fragment de son témoignage. Mais personne ne peut sonder un puits sans fond.

D'autres fois, après avoir pris une gorgée de Dr Pepper Diet, il me regardait avec un air grave :

— Est-ce que je t'ai dit que… ?

Et alors il me racontait une histoire que je connaissais déjà ; je le laissais aller, au cas où un nouveau détail s'ajouterait à son récit, mais aussi parce que même si je connaissais cette histoire-là, ça ne voulait pas dire qu'elle ne déboucherait pas sur une autre que j'entendrais pour la première fois. Je l'écoutais, heureux : plus certaines histoires se répétaient, plus la cartographie de ses souvenirs se précisait. Brassard compare les auteurs à des pays, j'imagine que la même métaphore peut s'appliquer aux metteurs en scène. Au fur et à mesure que les semaines passaient se sont définis les contours de certains continents, puis j'ai pu en explorer l'intérieur, en longer les rivières… Quand je tombais sur une entrevue qu'il avait accordée des années plus tôt, j'en écoutais l'enregistrement en marchant dans la rue et découvrais une île dont je n'avais pas soupçonné l'existence. Je m'arrêtais et prenais quelques notes. Bientôt je retournerais chez lui et pourrais le relancer là-dessus.

Les moments les plus difficiles ont sans doute été toutes les fois où je lui remettais un extrait du livre que j'étais en train d'écrire. Il le lisait devant moi, en silence et en se caressant le menton du bout des doigts, et moi je retenais mon souffle et m'efforçais de ne pas réveiller le chat. Pour Brassard, ça devait être très étrange de lire un texte qu'il n'avait pas écrit et qui disait «je» pour faire le récit de sa propre vie. Parfois il souriait, parfois il donnait un coup sur la table, choqué. Il me reprochait de ne pas avoir bien compris un détail ou d'avoir pris quelque liberté dans un passage. Je m'excusais, c'était sans doute à cause d'une déformation professionnelle. Je suis auteur, moi. Il est difficile de s'en tenir uniquement aux faits quand son personnage – encore le jargon de la fiction ! – considère lui-même que sa vie est le fruit du mensonge et du théâtre.

Je ne sais pas si j'aurai réussi à développer avec lui une relation semblable à celle qu'entretiennent ceux qu'il appelle encore «ses» acteurs. En fait, je ne crois pas : il en parle avec tellement d'amour. À l'écouter, la salle de répétition semble l'incubateur de relations humaines exponentielles, quelque chose que très peu de gens auront la chance de connaître. C'est le seul endroit, je pense, où Brassard s'est senti vivre ; parce qu'il savait qu'il y retournerait, tout le reste devenait acceptable.

J'ai quand même l'impression que, à partir d'aujourd'hui, je vais promener un petit Brassard en moi et que tout ce que je vais dire et écrire à propos du théâtre portera sa marque. Il ne me laissera pas de tout repos, Brassard est un homme qui ne se contente pas de peu. En écoutant les témoignages de certains artistes lors de l'hommage que lui a rendu Quebecor en 2007, j'ai pris conscience que je ne serais pas le seul : plusieurs avouaient sentir peser sur eux le poids de son regard. Yves Desgagnés disait même qu'il dialoguait avec Brassard tout au long de la conception de ses mises en scène. Cette éternelle insatisfaction caractéristique à Brassard est sans doute responsable de l'image sévère qu'il projette quand on ne le connaît pas – encore aujourd'hui, je ne sais pas s'il aime la biographie que j'ai écrite. André Brassard est quelqu'un qui ne se gêne pas pour dénoncer ce qu'il juge mauvais ou insuffisant. Mais ce que j'ai fini par comprendre, c'est que cette attitude critique parfois difficile n'est en rien due à la mauvaise foi ni au mépris. Elle est, au contraire, attribuable à un grand amour pour l'humanité. Seulement, il la sait capable de plus. André Brassard n'est pas le méchant, mais une figure qui, chaque fois que nous y repenserons, devra nous amener à nous dépasser. Pour essayer de ne pas le décevoir.

Guillaume Corbeil

Prologue

À un moment donné, j'ai eu l'impression que ma vie était finie. Il y a des jours où je ne faisais rien du tout : je restais chez moi, en tête à tête avec ma douleur, et je me suis mis à dresser des bilans et à parler de moi-même au passé, comme si j'étais déjà mort. Si je me levais le matin, c'était uniquement parce que mes somnifères n'étaient pas assez forts pour me faire dormir vingt-quatre heures sur vingt-quatre. Je me réveillais malgré moi vers 5 h 30, j'avalais mes pilules, je m'installais dans mon fauteuil, j'écoutais Radio-Canada et des fois, quand j'étais chanceux, je me rendormais, et ça me faisait quelques heures de moins à subir. Puis je m'allumais une cigarette, je m'ouvrais une bouteille de Dr Pepper Diet et j'attendais que la journée finisse. Mais je savais que le lendemain, ce ne serait pas mieux. J'aurais le même calvaire à endurer.

Avec mon AVC en 1999, je serais passé à deux doigts de l'aphasie ; on m'a dit que j'avais été chanceux. Aujourd'hui je me le répète pour m'en convaincre, parce que bon, ce n'est pas si évident à avaler. La moitié droite de mon corps ne m'obéit plus : j'ai parfois l'impression de porter un collant trop petit. Moi qui pendant plus de trente ans ai été infatigable – je pouvais monter deux spectacles en même temps que je travaillais à l'École nationale de théâtre du Canada –, maintenant le seul fait de sortir de chez moi pour aller faire mes commissions sur la Promenade Masson me met sur le carreau pendant une semaine. Le poids de mon corps m'est insupportable. Il faut que je me traîne ; c'est pas mêlant, je ramperais si c'était pas de ma chaise roulante. On dirait que je suis un meuble et que je passe mon temps à me déménager. Il m'arrive de croire que ce serait tellement plus simple d'être mort. Je voudrais que ça finisse, et au plus sacrant. Comme Jean-Louis Millette. Pouf. Je l'ai tellement envié, il n'a pas eu le temps de penser à rien, quinze secondes et il était mort. Je suis tanné de vivre en me faisant accroire que j'ai une vie.

La vérité, c'est que je suis trop lâche pour me tuer. Oui, trop douillet pour m'infliger quoi que ce soit. J'imagine la douleur qu'on doit ressentir en se coupant les veines ou en se pendant, et j'ai la chienne. Si je pouvais trouver quelqu'un pour me faire une injection juste ici, dans le bras gauche, je lui dirais vas-y ! et je partirais le cœur léger. Non, ce n'est pas vrai : je ne peux pas vivre avec la phrase « c'est fini ». En vérité, je refuse que ce soit fini. Catégoriquement, je dis non à la fin. Je ne suis jamais arrivé à faire mon deuil de la mise en scène. J'ai toujours su que je pourrais continuer. Oui, que je pourrais retourner derrière la table du metteur en scène et encore travailler avec des acteurs comme autrefois. Mais il fallait que je trouve l'énergie pour débarquer du tapis roulant qui m'amenait tout droit dans ma tombe.

Chaque année je me fixais des petits objectifs. L'année dernière, par exemple, j'ai voulu descendre tout seul en bas de chez moi. Je m'appuyais sur ma chaise roulante comme si c'était une marchette, et en m'arrêtant parfois pour reprendre mon souffle, je me rendais jusqu'à l'ascenseur. Puis j'allais me chercher à manger de l'autre bord de la rue, chez Première Moisson. Quand j'étais fatigué, je m'assoyais, fumais une cigarette, puis je repartais. Mais j'ai voulu faire mon smatte et j'en ai trop fait : j'ai passé l'hiver à payer pour ça. C'est ça, mon problème. Soit je ne fais rien du tout, soit j'en fais trop. Je n'ai jamais appris le sens de la mesure. Toute ma vie j'ai joué au rebelle, et je suis allé jusqu'à désobéir à ce que me commandait mon propre corps. Je me disais que lui non plus, il ne m'aurait pas. Eh bien, il m'a eu.

En regardant ma vie avec un peu de recul, bien sûr que je ne me donnerais pas cent pour cent. Comme tout le monde, j'ai commis quelques petits péchés ici et là : des spectacles que je n'aurais pas dû faire, d'autres que j'aurais dû faire et que je n'ai pas faits, mon travail de directeur à l'École nationale que j'ai parfois négligé. Je regrette aussi de ne pas avoir lu toutes les pièces qu'on m'a proposées, de ne pas avoir employé tous les acteurs que j'aurais voulu employer, de ne pas avoir aimé tous les gens qui m'ont aimé, de n'avoir pas mieux profité de leur amour. Je regrette de m'être enfermé en moi-même, d'avoir trop longtemps ignoré le monde. Quand je fais mon bulletin, c'est là que je perds des points. Mais au bout du compte, je pense avoir accompli ce que j'ai pu, et comme je l'ai pu. J'ai fait mon gros possible, comme disait ma grand-mère. Après tout, il me semble n'avoir jamais causé de mal à personne. En tout cas, pas intentionnellement. J'ai voulu être sensible, curieux et transmettre le goût d'apprendre. J'ai essayé de toucher mes semblables, oui, de les toucher tous : le public, mes étudiants, les acteurs avec qui j'ai travaillé… et comme ça de leur transmettre le feu, cette flamme que je pense avoir toujours eue et que le théâtre est venu attiser.

Il ne s'agissait pas ici de t'enseigner, mais de t'enflammer.

C'est Genet qui a écrit ça, dans *Le Funambule*. À l'époque où je travaillais à l'École nationale, j'en avais fait ma devise. Comme je ne pouvais pas avoir d'enfants parce que je suis homosexuel, j'ai essayé de compenser en m'occupant de ceux des autres. Chaque personne que j'ai croisée là-bas, j'ai voulu la sensibiliser à des réalités immatérielles, lui ouvrir la conscience, la rendre responsable. Avec certains j'ai réussi, avec d'autres j'ai manqué mon coup. Mais ça, ce n'est pas grave. Quand un arbre lance sa semence, il n'y en a pas beaucoup pour tomber dans une terre fertile : la plus grande partie va toujours aboutir sur l'asphalte. Mais il faut quand même continuer d'envoyer son blanc le plus loin possible et espérer qu'une partie arrivera quelque part. C'est le pari qu'on prend en tant qu'artiste. En fait, c'est notre job en tant qu'être humain sur la planète : il faut sans cesse essayer de rendre le monde moins laid qu'il ne l'était avant notre naissance. Mais je ne pense pas qu'on ait une bonne moyenne. Pour être parfaitement honnête, j'en viens même à croire que la composition chimique de la race humaine n'est pas bonne : trop de violence, pas assez d'amour. C'est pourquoi on est en train de vivre un phénomène d'autodestruction sans doute irréversible. Peut-être qu'il faudrait que le Créateur recommence. Ou qu'Il pèse sur le piton une fois pour toutes et qu'Il donne une chance aux fourmis.

L'être humain vit dans l'hiver de ses possibilités. En tant qu'artiste, s'il y a quelque chose qu'on peut accomplir, c'est peut-être d'ouvrir des portes en espérant que d'autres nous suivront pour plus tard ouvrir d'autres portes dans le même corridor, qui mèneront dans d'autres corridors, où il y aura d'autres portes à ouvrir. C'est ce que j'ai fait toute ma vie. Et c'est ce que je fais encore maintenant, en racontant ma vie à une enregistreuse. J'essaie de faire monter la température de l'univers. C'est en quelque sorte le sens du devoir qui me pousse à ça. Aussi, il faut avouer que je n'ai rien d'autre au programme, alors aussi bien occuper mes journées à quelque chose de constructif. Et je ne veux pas partir sans laisser de témoignage. Ce que j'ai reçu de la vie, tout ce que j'ai appris des gens que j'ai rencontrés et des œuvres que j'ai explorées, je ne veux pas que ça disparaisse avec moi six pieds sous terre. Il me semble que je devrais avoir assez mastiqué tout ça pour être capable de le chier et de le redonner au monde, ne serait-ce que pour que ça serve d'engrais.

Partie 1

L'enfant du mensonge
(1946-1963)

I

La frontière entre le vrai et le faux n'a jamais été claire pour moi. Je suis né et j'ai grandi dans le mensonge, et je ne dis pas ça dans un sens métaphysique ou spirituel, pour signifier que le théâtre a fait de moi ce que je suis maintenant, même si c'est bel et bien le cas. J'ai toujours préféré le théâtre et la fiction à la réalité ; pour moi, la vie n'a jamais été d'aucun intérêt. Petit, je montais des spectacles de marionnettes tout seul dans la cour, derrière la maison de mes grands-parents, et adulte, la compagnie des autres me paraissait puérile ; elle me distrayait de la seule chose qui me semblait valoir la peine, c'est-à-dire le théâtre. Mais bon, aujourd'hui je me rends compte que si tu fais ton théâtre au détriment de ta vie, des fois il te manque des morceaux et tu te retrouves comme ça, amoché et en chaise roulante à soixante ans et quelques. Si par contre tu fais ta vie au détriment du théâtre, je ne sais pas, tu dois pouvoir être heureux. Mais je dois avouer que je ne comprends pas cette obligation au bonheur qu'ont mes contemporains. C'est quoi, d'ailleurs, être heureux ? Autrefois, je croyais que c'était d'être en lien avec le monde qui nous entoure, d'être ouvert. Un peu comme pisser dans une piscine. Suffit de laisser aller. Idéalement, ça devrait être un équilibre entre soi et l'autre. Entre ce qu'on donne et ce qu'on reçoit. L'impression que l'extérieur et l'intérieur sont en harmonie, que ton être n'est pas une barrière, mais que tu es ouvert, et que le vent passe à travers toi. C'est sans doute cette qualité d'émotion-là qu'on devrait rechercher, cette communion avec l'univers : je laisse tout aller, je ne protège rien, et je pourrais, certainement, me dissoudre dans l'air.

En ce sens-là, oui, j'ai déjà été heureux. Dans une salle de répétition, avec des acteurs. Une bombe atomique aurait pu exploser à deux mètres de moi, je m'en serais foutu. C'était tellement stimulant de travailler que ce n'était pas du travail.

Ma mère s'appelait Claire Brassard. Elle avait vingt-quatre ans quand, un soir par ignorance, elle a tout donné à un gars qu'elle connaissait à peine. Je pense qu'elle l'avait rencontré dans une salle de danse, je ne suis pas certain. Quelques semaines plus tard, elle est allée lui annoncer qu'elle était enceinte. Mais avant même qu'elle ouvre la bouche, il lui a dit qu'il avait été enchanté de la rencontrer, mais que bientôt il allait se marier avec une autre fille. Elle a rangé son secret dans sa sacoche, en dessous de son mouchoir, elle s'est revirée de bord et ç'a été tout.

Aujourd'hui, je ne le connais toujours pas, mon père. Ma mère et lui ne se sont jamais revus. Bien sûr, j'ai longtemps voulu savoir qui c'était : j'ai souvent achalé ma mère pour qu'elle me dise au moins son nom. Mais peut-être pour éviter d'en parler, elle a toujours prétendu qu'elle ne s'en souvenait pas. Puis elle a développé la maladie d'Alzheimer, et peut-être qu'elle a fini par l'oublier pour vrai.

Au début, j'ai fantasmé que c'était un homme riche à qui je pourrais un jour faire du chantage. Je me disais qu'il viendrait me chercher dans une grande limousine blanche et qu'on partirait juste lui et moi, peut-être au Brésil, peut-être simplement faire le tour du bloc. J'aurais ouvert la fenêtre, et la tête sortie et les cheveux au vent, j'aurais crié des bêtises au monde entier. Mais bon, j'en ai fait mon deuil maintenant. Mon père, je ne le connais pas. Et je ne le connaîtrai jamais. Il est peut-être déjà mort. Le seul ennui, c'est sur le plan de l'hérédité : je connais seulement la moitié de mon héritage génétique. D'un côté, je ressemble aux Brassard, c'est-à-dire à mes cousins et à mes oncles : j'ai le même gabarit, la même pilosité. J'ignore quelles pièces du puzzle il a fournies, lui. Il existe une famille quelque part au Québec à laquelle je ressemble, qui a mes yeux, mon nez, ma bouche. C'est peut-être ici, dans ma tête, que j'ai gardé l'empreinte des gènes de mon père. Je ne le saurai jamais.

Ma mère n'a dit à personne qu'elle était enceinte. C'était son secret. Mais quand son ventre est devenu trop gros pour qu'elle puisse continuer à le cacher, elle est allée voir son père et a vidé son sac. Évidemment, l'idée d'avoir une fille-mère n'a pas du tout enchanté le bonhomme. C'était un père comme il ne s'en fait plus aujourd'hui, du genre autoritaire et volcanique. Un monstre. Enfin, pas un monstre, disons qu'il n'était jamais content. Il donnait des coups de poing sur la table en s'exclamant : y a toujours un sacrabe de boutte ! Ma grand-mère, elle, s'occupait de la trâlée. Elle a eu quinze enfants. Douze sont encore vivants aujourd'hui. Elle était la grand-mère typique, celle qu'ont eue à peu près tous les Québécois de l'époque : vaillante, travaillante, qui faisait de la couture, des courtepointes ou des tricots pour les petits-enfants, qui n'arrêtait jamais… Elle préparait les repas, mais ne mangeait jamais avec nous. Elle servait mon grand-père et les enfants, et quand tout le monde avait terminé, elle se servait et mangeait toute seule dans la cuisine. Elle me disciplinait de temps en temps : elle me donnait une petite tape sur le bras quand je faisais mon malcommode, mais c'était la tendresse incarnée.

Pour essayer de sauver les apparences et pour que les voisins ne les traitent pas de tous les noms, mon grand-père a obligé ma mère à laisser son bébé à la crèche. Mais ma mère a refusé d'obéir. Pour la seule fois de sa vie, elle s'est battue et elle a dit non. Elle voulait garder son enfant, il n'était tout simplement pas question qu'on s'en débarrasse. Je ne sais pas comment elle s'y est prise, mais elle a fini par convaincre son père ; j'imagine qu'elle a su se montrer très persuasive. Les femmes ont souvent les mots pour parler aux hommes.

Son père l'a envoyée se cacher dans le sous-sol de ma tante Fernande, quelque part à Montréal-Nord. Ma tante était atteinte de jalousie morbide, elle ne pouvait pas supporter de voir son mari en compagnie d'une autre femme. Mais alors là, n'importe quelle autre femme. Aux partys de Noël et du jour de l'An, le pauvre Jean-Marie n'avait même pas le droit d'embrasser ses sœurs, sa mère ni même sa propre fille. Il pouvait seulement leur serrer la main, et en cachette, en dessous de la table. Ma mère n'avait donc pas le droit de monter quand Jean-Marie était dans la maison. Elle a dû rester trois ou quatre mois dans le sous-sol.

Elle a finalement accouché dans un petit hôpital privé, coin Rachel et De Lorimier. Comme elle ne pouvait pas me garder avec elle et m'allaiter normalement sans attirer les soupçons des voisins, elle m'a mis en nourrice chez une dame qui s'est terriblement attachée à moi, paraît-il. Peut-être que je serais resté là des années encore, je ne sais pas, mais au bout de six mois mon oncle Raymond, un autre des fils de la famille, et sa femme Germaine ont perdu un enfant. Peu de temps après, Germaine a appris qu'elle était devenue infertile. D'un côté on avait un enfant en trop et, de l'autre, il en manquait un. On s'est rendu compte assez vite que le premier problème de la famille pouvait devenir une solution pour le second, et juste comme ça, on a décidé que Raymond et Germaine adopteraient le p'tit André, qui pourrait ainsi continuer de porter le nom Brassard, au grand plaisir de ma mère.

En conséquence, pendant des années j'ai eu deux dates de naissance. Mon oncle Raymond m'a toujours dit que j'étais né le 28 août 1946, et je l'ai cru longtemps. Mais des années plus tard, ma mère m'a révélé qu'en vérité j'étais né le 27 août. Lorsque j'ai découvert la vérité, je suis passé de Vierge ascendant Lion à Vierge ascendant Scorpion, ce qui est beaucoup plus juste : j'ai l'instinct d'autodestruction du Scorpion et la Vierge sait exactement comment s'y prendre. Encore aujourd'hui, selon tous mes papiers je suis né le 28 août, parce que ce qui compte dans ces cas-là, ce n'est jamais de dire la vérité, mais de protéger la version officielle.

Quelques mois après mon adoption, Germaine est subitement morte de ce qu'on m'a dit être une indigestion de concombres – probablement une crise du cœur, un autre secret qu'on n'a pas voulu me révéler. Un peu désemparé et en attendant de se relancer dans la vie, le pauvre Raymond est revenu habiter chez ses parents. J'avais donc à peu près un an quand j'ai retrouvé la maison des grands-parents et ma mère, qui était officiellement ma tante. On vivait à cinq sous le même toit, un six pièces avec une belle cour et une grande cave : mes grands-parents, c'est-à-dire Stanislas et Maria, Claire, Raymond et moi. La plupart des autres enfants s'étaient mariés, et les filles qui n'avaient trouvé personne étaient entrées au couvent. On était bien, là-bas, je pense. C'était au 6329, des Érables, entre Bellechasse et Beaubien. J'y suis resté de 1947 jusqu'à mai 1969, à peu près. Mais les dernières années, je découchais presque tous les soirs. Mes grands-parents étaient découragés de me voir aller. C'est qu'à un moment donné je me suis mis à avoir une vie que je ne pouvais pas amener chez nous.

Parce que j'étais un petit bâtard, on pouvait juste m'aimer en cachette, clandestinement. Tout le monde s'adonnait à ce petit jeu d'indifférence et de mépris. Même Raymond, pourtant mon père adoptif et donc légitime, devait cacher son amour pour moi. Parfois il me mettait un beau cinq piasses dans le creux de la main, et à mon oreille il murmurait de ne surtout pas le dire à personne. Ma mère ne pouvait pas me prendre dans ses bras ni me démontrer de l'affection, son père le lui avait interdit. Quand on se retrouvait seuls, elle et moi, elle me serrait dans ses bras et m'embrassait sur les deux joues, sur le front, sur la bouche. Dès qu'elle entendait le plancher craquer, elle jetait des regards nerveux à gauche et à droite ou bien elle feignait d'épousseter un meuble ou de me parler d'affaires sans importance : de la météo, des Canadiens de Montréal… Je me souviens de l'avoir entendue se faire engueuler plusieurs fois dans une pièce voisine. J'en suis venu à la conclusion que je n'étais pas digne d'amour.

Raymond s'est remarié quelques années plus tard. J'avais cinq ans à peu près, donc au début des années 1950. Normalement, j'aurais dû le suivre et aller vivre avec lui et Françoise Latour, sa nouvelle épouse. Ç'aurait été logique. Mais ça ne s'est pas passé comme ça : Françoise connaissait la vérité à mon sujet. Elle avait une bonne job chez Morgan et il n'était pas question qu'elle cesse de travailler pour élever l'enfant d'un péché. Le p'tit ne mettrait pas les pieds chez elle, un point c'est tout. Raymond n'a pas rouspété longtemps. La tête basse, il m'a dit que bon, comme lui et Françoise étaient très occupés avec leur emploi et tout ça, eh bien ils n'auraient pas de temps à me consacrer. Ils en avaient parlé tous les deux et il fallait que je comprenne, ce serait mieux pour moi de rester ici, chez les grands-parents.

Mon oncle Raymond, ce n'était tellement pas un homme, plutôt une lavette ; il s'excusait quasiment d'exister. J'imagine qu'il ne voulait pas reproduire avec sa femme la relation entre mon grand-père et ma grand-mère. Il se méfiait de ce qu'on pourrait appeler la « mâlitude ». Le plus comique dans tout ça, c'est qu'il l'a finalement répétée, mais à l'envers, parce qu'il s'est retrouvé avec une femme autoritaire.

Toute ma jeunesse, mes modèles ont été inversés. Je n'ai jamais eu envie d'être un homme : je n'ai jamais voulu conduire de voiture, jamais bu de bière… Pour moi, les hommes étaient comme mon père adoptif : mous et lâches. Je me sentais étranger aux autres gars. Je redoutais inconsciemment leur mépris, qu'ils se lèvent tous en même temps et me traitent de tapette. Je me disais : « Faut que j'agisse comme un homme. » Bien plus tard, en 1992, j'ai eu un petit rôle dans *Cap Tourmente*, le film de Michel Langlois. Dans une scène, je devais casser la gueule de Roy Dupuis. Toute une aventure ! Je n'ai jamais pu fermer mon poing : moi, je suis plus du genre à donner des coups de sacoche. Ils ont finalement arrangé ça au montage grâce au champ/contrechamp, et quand on regarde le résultat, ç'a l'air vrai.

À la maison, maintenant, il restait juste mes grands-parents et ma tante Claire, la vieille fille qui habitait encore chez ses parents. Alors que je croyais avoir été abandonné par mon père, je me retrouvais en fait avec ma véritable mère. Au fond, ç'a été une bénédiction. Sinon, j'aurais fini par tuer Françoise Latour tellement son mépris pour moi était palpable. C'est sans doute la seule personne sur la Terre dans le visage de qui j'aurais marché avec plaisir, en chantonnant des airs de Brassens.

Claire gagnait sa vie en tant que maîtresse d'école : elle avait ce qu'on appelait à l'époque un brevet B. Elle donnait des cours privés de la première à la neuvième année ; elle était payée environ une piasse de l'heure, autant dire rien du tout. La réforme de l'éducation est arrivée, et comme elle n'était pas assez scolarisée pour devenir institutrice, Claire a dû se recycler : elle est allée travailler à la poste. Aux rebuts de la poste, plus exactement. J'ai toujours trouvé que ç'avait une portée métaphorique. Aux rebuts de la poste aboutissaient toutes les lettres non livrées, faute d'adresse complète ou de code postal. Les employés étaient chargés de les ouvrir, de les lire, de chercher une adresse supplémentaire, un numéro de téléphone ou un indice qui permettrait de trouver le destinataire ou l'expéditeur, pour ensuite prendre contact avec eux.

Ma mère et moi, on était des rebuts de la poste, dans un sens. Deux personnes qui n'avaient pas abouti à la bonne adresse, qui n'avaient pas trouvé leur destinataire, quelqu'un pour les aimer.

Toute mon enfance, jamais ma mère n'allait cesser de jouer la comédie et de me dire qu'elle était ma tante. Un jour, vers la fin des années 1950, je me souviens d'une journée où elle nous a amenés au parc La Fontaine, mes cousins, mes cousines et moi. Mes cousins, c'était ma gang. Au Jardin des merveilles, on a vu les poissons, le singe et les otaries dans leur bassin. Puis on a fait un tour de gondole sur le petit ruisseau. Il y avait un vent frais, ç'avait été une belle journée.

Ma mère servait souvent de gardienne pour ses belles-sœurs. Elle était bonne là-dedans. Elle préparait les lunchs, les sandwichs au beurre de *peanuts* ou au Paris Pâté, et partait avec moi et sept, huit enfants. On montait dans le bus pour aller se baigner à l'île Sainte-Hélène. Ou on allait au parc Belmont faire des tours de manège, de grande roue ou d'autos tamponneuses. Ce sont les plus beaux souvenirs que j'ai gardés d'elle après sa mort, survenue en décembre 2006. En l'observant, couchée dans son cercueil au salon, je me suis rendu compte que je ne pleurais pas ma mère. Je ne l'ai jamais connue, en vérité. Ou si peu. Mais quelque part au fond de moi, je regrettais ma tante Claire, cette femme qui m'avait souvent emmené en excursion, m'avait raconté tous les films qu'elle avait vus au Saint-Denis et qui, surtout, m'avait amené au théâtre.

2

Ma mère allait souvent voir le père Noiseux pour se confesser ou discuter de ses problèmes, et lui l'écoutait, la conseillait. Elle le considérait comme son guide spirituel. Il était aussi l'administrateur du Gesù pour les Jésuites. À l'époque, c'était la résidence du TNM, alors souvent, après l'avoir rencontré, elle m'emmenait voir la pièce à l'affiche. Le père Noiseux était très généreux, parfois il nous donnait même des billets. Quand les lumières de la salle s'éteignaient, juste avant que celles de la scène ne s'allument, ma mère me prenait la main et la serrait. Puis le spectacle commençait. Je ne bougeais plus, je ne parlais plus. Je restais là, les yeux grands ouverts, impatients que le spectacle débute.

Quand j'ai commencé l'école, comme ma mère m'avait déjà appris à lire, j'ai tout de suite accédé à la deuxième année. Ma famille était fière, mais ça m'a exclu: en plus d'être plus jeune que tout le monde, comme je n'avais pas encore fait ma première communion, je devais rester assis quand ma classe s'avançait vers la sainte table. Mais j'étais premier de classe et j'avais droit à la médaille, que j'arborais toujours fièrement au revers de mon veston. J'ai aussi été président de la campagne de la Fédération, sonné l'Angélus, lu le Salut au drapeau et été responsable de la caisse scolaire. C'est donc moi qui ramassais l'argent les vendredis matin et qui allais dans la salle des professeurs pour le compter, rouler les pièces et faire le dépôt. En gros, j'étais le chouchou, mais comme je n'étais pas tellement viril, pour les autres enfants j'étais surtout Brassard-la-brassière.

Je me tenais toujours avec les mêmes gars, on nous appelait le Club des ménagères. Le reste de l'école nous avait marginalisés parce qu'on ne jouait pas au ballon-volant ni au ballon chasseur. On restait sur le bord de la cour de récréation, près des clôtures, et on jasait. Quand on nous obligeait à jouer, on était toujours humiliés : on se faisait tuer les premiers. Les mains dans les poches, on retournait placoter dans notre coin.

Tous les jeudis matin, j'étais terriblement stressé en approchant de l'école : le mercredi, à la télévision, tout de suite après *Les Plouffe*, c'était *La Lutte au Forum*. Dans la cour d'école, tous les élèves se racontaient ce qui s'était passé la veille, et comme je ne me défendais pas, ou plutôt comme j'aurais été incapable de me défendre, c'était moi qu'on utilisait comme mannequin pour illustrer les prouesses d'Édouard Carpentier, de Mad Dog Vachon ou d'Ovila Asselin. Je me faisais prendre par le cou, passer par-dessus tête. D'une certaine façon, ç'a été mes premiers rôles, tous ces lutteurs que je jouais bien malgré moi.

Tout a vraiment commencé quand j'étais en septième année, le jour où un de mes professeurs a demandé à la classe si certains d'entre nous voulaient faire du théâtre : ils pourraient bientôt montrer leurs talents devant toute l'école. Tout de suite j'ai su que j'allais présenter quelque chose, je pourrais dire que j'avais l'appel.

Le seul livre de théâtre qu'on avait à la maison, c'était les œuvres de Racine aux éditions Nelson, un livre rouge qui ressemblait un peu à ceux de la Pléiade. En l'ouvrant, j'ai lu :

> *Ô toi Soleil, ô toi qui rends le jour au monde*
> *Que ne l'as-tu laissé dans une nuit profonde !*
> *À de si noirs forfaits prêtes-tu tes rayons,*
> *Et peux-tu sans horreur voir ce que nous voyons ?*

Je ne m'en rendais pas compte à ce moment-là, mais ce passage de *La Thébaïde* décrivait tout ce que j'allais faire par la suite. Tout mon théâtre. Toute ma pensée : pourquoi le monde est-il si laid et méchant ? Pourquoi se montre-t-il indigne de la lumière du soleil ? Pourquoi ma tante Claire est-elle malheureuse quand elle me dit qu'elle m'aime ? Quelque chose ne fonctionnait pas, au fond de moi je le savais. J'ai compris ce que je devais faire : du théâtre. Oui, du théâtre pour essayer de *changer le monde*.

Pour le projet à l'école, ma grand-mère m'a fabriqué des costumes avec des rideaux et j'ai associé deux autres gars. Rien pour m'aider, je me suis attribué le rôle de Jocaste : c'est elle qui parle le plus.

Mon professeur a été épaté par ma performance. Avant même que je puisse enlever mon costume, il est venu me dire que si je voulais présenter autre chose, eh bien, que je ne me gêne surtout pas. J'étais déjà ambitieux, ce n'était pas tombé dans l'oreille d'un sourd.

Vu son statut d'enseignante, ma mère avait des rabais à la Librairie des Frères des écoles chrétiennes. À ma demande, elle m'a acheté tout Molière en petits Classiques Larousse. Les semaines suivantes, j'ai lu pratiquement toutes ses pièces. J'en avais toujours une sur moi, dans mon sac ou roulée dans la poche de mon veston. Chaque fois que j'avais deux minutes, je l'ouvrais et en lisais une scène ou deux. Au début je n'y comprenais pas grand-chose : j'ai dû apprivoiser cet objet étrange qu'est une pièce de théâtre. Mais à force, Molière a fini par m'ouvrir ses portes et j'ai eu accès à son univers, à sa critique de la société, à son humour... À la fin de l'année, devant les trois classes de septième année et la classe auxiliaire, je jouerais le premier acte du *Malade imaginaire*.

J'étais déjà un fonceur : quelques années plus tôt j'avais écrit au réalisateur d'*Opération Mystère*, une émission de science-fiction avec entre autres Louise Marleau, Hervé Brousseau et Yvette Brind'Amour. Je lui avais dit : « J'adore votre émission ; j'aimerais beaucoup voir les décors et rencontrer les acteurs. » Il m'avait invité à assister à un enregistrement. J'avais apporté mon petit calepin d'autographes et accroché ma médaille de premier de classe au revers de mon veston.

Pour *Le Malade imaginaire*, j'ai eu le même culot. J'ai écrit à Jean Gascon : « Monsieur Gascon, je monte présentement le premier acte du *Malade imaginaire* à mon école et je sais que vous avez vous-même déjà joué cette pièce de Molière. Est-ce que vous auriez la bonté de nous accueillir, mes amis et moi, pour nous donner quelques conseils ? » Un samedi matin, le téléphone a sonné. Ma grand-mère a couru dans ma chambre, tout énervée : Jean Gascon était au bout du fil !

Quand j'ai pris le combiné, mon premier réflexe a été d'essayer de parler un bon français ; je me suis donc donné une espèce d'accent : « Oui, bonjour, monsieur. Vous êtes bien gentil de me répondre. » Il m'a dit qu'il jouait une pièce de Guitry à l'Orpheum et de venir une heure et demie avant la représentation. J'y suis allé avec ma troupe. Il y avait une pluie verglaçante ce soir-là. C'était au mois de mars 1958, j'avais onze ans et j'étais complètement ridicule. J'avais conseillé à mes acteurs de parler le plus vite possible parce qu'il me semblait que comme ça, on aurait l'air bons.

Le Malade imaginaire commence avec un monologue d'Argan long de trois pages. Évidemment, je m'étais attribué le rôle. Mais je ne l'avais pas tout à fait appris par cœur. Pendant que je jouais, j'avais des trous de mémoire, et en me donnant des airs de grand comédien, je demandais sans arrêt qu'on me souffle ma réplique : « Qu'est-ce que je dis, donc, qu'est-ce que je dis ? »

Au bout de cinq minutes, Jean Gascon m'a interrompu. Selon lui, il était inutile de poursuivre : « Tu dois comprendre une chose, mon p'tit gars : il faut que ce soit clair, ce que tu dis. Ça ne sert à rien de débouler ton texte juste pour le débouler. T'es là pour communiquer. » Il n'a pas utilisé exactement ces mots-là, mais j'ai retenu que c'était inutile de crier dans le téléphone si t'as pas composé le bon numéro. Il faut que tu parles à quelqu'un et tu dois t'assurer qu'il t'écoute, qu'il te comprend bien.

On est sortis de là un peu piteux. Je me sentais moins glorieux devant mes amis.

3

En septembre 1958, je suis entré en Éléments latins, la première année du cours classique nouvellement créé dans quatre écoles publiques de Montréal. La Commission scolaire voulait rendre accessibles les humanités à la classe moyenne, décision qui aura sur nous, les baby-boomers, une influence déterminante. Je n'étais plus premier de classe, mais deuxième ou troisième. Peut-être pire. Je n'étais pas subitement devenu idiot : ce qu'on avait à m'apprendre à l'école ne m'intéressait plus, c'est tout. Je ne pensais plus qu'à une chose : le théâtre.

Je lisais beaucoup à cette époque-là : des romans d'aventures, *Tintin* et *Les Amitiés particulières*. J'ai passé les quatre premières années de mon cours classique à chercher mon Lucien : parmi les spectateurs pendant les spectacles que j'allais voir, dans les parcs... Je me souviens d'un vieux monsieur qui a voulu me donner cinq piasses pour je ne savais pas quoi. Je n'étais pas rendu là.

Puis j'ai commencé à acheter du théâtre. J'ai tout acheté : Sartre, Shakespeare, Euripide... J'ai fini par tomber sur Edmond Rostand. Pour une fête à l'école, je me suis fabriqué un nez en carton et j'ai joué la tirade du nez de *Cyrano de Bergerac*. À la demande générale, à la fin de l'année j'ai monté une autre scène de *Cyrano*, celle où il prétend tomber de la lune pour retarder De Guiche et permettre à Roxane d'épouser son Christian. Là encore, j'ai connu un certain succès. Je suis devenu le « gars de théâtre ». À partir de ce moment-là, chaque année j'allais présenter un extrait de pièce, entre autres des *Fourberies de Scapin* : trois, quatre scènes, entrecoupées de musique de *Casse-Noisette*, que je venais juste de découvrir.

Un jour, un des sportifs de l'école – il s'appelait Aubut, je m'en souviens encore – me rentre dans un mur et me dit : « Toé, Brassard, une chance que t'es bon en théâtre, sans ça je te casserais la gueule ! » Un déclic s'est fait, peut-être le seul signe du bon Dieu que j'aie jamais reçu : si je voulais vivre, en tout cas si je voulais survivre, je devais faire du théâtre.

En janvier 1959, j'ai découvert en lisant les journaux qu'il existait des billets de théâtre pour étudiants. C'est vrai, que je me suis dit, je ne suis plus un écolier, mais un étudiant. J'ai appelé la billetterie et, en prenant mon accent français, j'ai demandé un billet d'étudiant s'il vous plaît. Je me suis fait répondre : « Oui, mademoiselle. » À la Comédie-Canadienne – anciennement le Gayety, où Lili St-Cyr a fait des strip-teases mémorables, devenue maintenant le TNM –, ça coûtait 90 cents. C'étaient des billets jaune-orange pour des places au troisième balcon. Assez loin de la scène, oui. Mais c'était extraordinaire.

La même année, j'ai connu ma première expérience homosexuelle. Au cinéma, par hasard, je m'étais assis à côté d'un monsieur. J'y repense maintenant, il devait avoir vingt-cinq ans. Mais comme j'en avais treize à peu près, pour moi c'était un monsieur. Je me souviens, c'était pendant une projection de *Shaggy Dog*, des studios de Walt Disney. En regardant vers lui, je me suis rendu compte qu'il était en train de se taponner. Oui, de se pogner le paquet, comme ça, simplement. Ça m'a rappelé les affaires que moi je faisais tout seul, chez moi. Et alors je ne sais pas pourquoi, peut-être qu'un esprit malin m'a dit *fuck*, pourquoi pas, j'ai mis ma main sur le bras du fauteuil, tout près de lui. Et là, j'ai attendu. Le monsieur de vingt-cinq ans a pris ma main, l'a mise entre ses jambes, et moi j'ai commencé à le taponner. Puis ç'a été son tour.

Ce n'était pas grand-chose, presque rien en fait. Mais c'était un début. Pas celui de ma sexualité, non. Comme tout le monde, je m'étais déjà masturbé. C'est d'ailleurs le théâtre qui m'y avait amené. Je lisais des pièces seul dans ma chambre, et un soir, je me suis fait une toge avec un drap pour jouer Néron. La première fois j'ai gardé mes petites culottes, mais un jour j'ai jugé que ça n'avait pas d'allure, qu'un empereur avec des sous-vêtements, ce n'était pas d'époque. Alors je les ai ôtés. Je devais être pubère, ça commençait à être dur. Mais à quoi ça servait ? Personne ne me l'avait dit. Alors j'ai commencé à jouer avec : j'ai mis une corde autour, je l'ai enveloppée, j'en ai fait un petit sac. J'ai tout fait avec cette affaire-là. Il y avait un miroir sur le mur, et en me regardant je faisais de longues tirades. J'étais Néron.

Anxieux à l'idée que peut-être ça se reproduirait, je suis retourné au cinéma plusieurs fois. Presque à tous les coups, un monsieur venait s'asseoir à côté de moi. Faut dire que je m'arrangeais pour que ça arrive. Je me mettais des jeans collants, je pense que j'avais l'air d'un petit agace-pissette.

C'est devenu vite une habitude. Tous les samedis après-midi, je demandais un dollar à ma mère pour aller au cinéma La Scala, avenue Papineau, coin Beaubien. Ça coûtait 75 cents pour trois films, et avec les 25 cents restants, je m'achetais un chip et un Coke. Puis j'allais m'asseoir dans la salle et j'attendais que quelque chose se passe. Deux heures plus tard, je rentrais chez nous, sourire aux lèvres.

Un soir, je suis allé voir Claire dans sa chambre. On était couchés dans son lit quand elle m'a dit : « Comment tu réagirais si je te disais que j'étais ta mère ? » Je lui ai demandé si ça voulait dire qu'elle était veuve, mais elle a fait non de la tête. Comme j'avais déjà vu beaucoup de films italiens, j'ai compris. Je m'étais déjà détaché de la famille, alors ça m'a laissé indifférent. Elle a pleuré un peu, je l'ai prise dans mes bras. Avant que je la quitte, elle a ajouté que si je voulais, quand il n'y aurait personne autour, tout bas je pourrais... l'appeler maman. Ça lui ferait bien plaisir. La seule fois que je l'ai fait, c'était pour lui demander cinq piasses.

J'étais vraiment un p'tit crisse.

4

De 1959 à 1967, j'allais au théâtre deux fois par semaine. J'ai tout vu. Tout. Au TNM et au Rideau Vert, au Théâtre-Club comme chez les Apprentis-Sorciers, et plus tard chez les Saltimbanques et à l'Égrégore. Mais je ne me souviens pas de la moitié de ce que j'ai vu. En fait, je crois que je ne comprenais pas grand-chose. Tout ce que je voulais, c'était d'être au théâtre. Oui, d'être assis avec du monde. Et de regarder. J'aimais sortir de la maison, faire la Catherine d'un bout à l'autre, de Saint-Denis à Guy, aller-retour, la tête en l'air. Je découvrais le monde, c'était merveilleux.

J'allais au théâtre pour deux raisons : m'ouvrir au monde et fuir le chapelet en famille. Les étudiants, dans les autobus, payaient moins cher avant 7 heures. Bon prétexte pour quitter la maison à 6 h 45. Sinon, tous les crisses de soirs, à 6 h 55, la famille se rassemblait dans la cuisine autour du poste de radio. À genoux, on disait le chapelet avec le cardinal Léger. Avant que je puisse m'en sauver grâce au théâtre, c'était un inconvénient pour moi. On finissait de manger vers 6 heures, j'allais dans la ruelle jouer avec mes chums, et à 6 h 55, mon grand-père sortait sur la galerie et criait : « André ! Chapelet ! » J'abandonnais mes jeux pour aller m'agenouiller devant un récepteur radio. Ça m'enrageait. Quand c'était enfin fini, je ressortais et évidemment, il ne restait plus personne dans la ruelle.

J'ai tellement haï le chapelet que plus tard, à 6 h 30, j'allais dans la salle de bains me cacher dans le panier à linge sale. Je restais là jusqu'à 7 h 30, accroupi. Quand je ressortais, on me demandait où j'étais passé tout ce temps-là. Je ne savais pas, j'avais dû m'endormir – il était quelle heure, là, au juste ?

J'ai un jour demandé la permission de dire le chapelet dans ma chambre. À genoux près de mon lit, au lieu de réciter les *Je vous salue Marie*, je me défoulais sur le dos de la Sainte Trinité au grand complet. Sur le ton de la prière, je disais plutôt : « Hostie de crisse de tabarnak d'hostie de câlisse de tabarnak... » C'était un peu mon chapelet à moi. Une prière de colère et de rage, qui maudissait le Créateur de me faire subir tout ça.

Le seul bon côté de la religion, c'était le crucifix au pied de mon lit. Le Christ était offert à moi, presque en sous-vêtements. Il ne pouvait pas se défendre. Il pouvait juste se laisser guérir, dorloter. Et son sexe était juste là, en avant mais caché. Le christianisme a cet avantage qu'il supporte le corps masculin dans sa nudité s'il est blessé. Combien de fois j'aurais voulu lui enlever sa maudite guenille pour voir ce qu'il y avait en dessous. Déjà je me demandais s'il en avait une grosse. Quand j'ai fait *Les Feluettes* des années plus tard, en 1987, il y avait plusieurs gais parmi la production et on a beaucoup parlé de ça ensemble. Je me suis rendu compte que, comme moi, plusieurs d'entre eux avaient été touchés par le corps du Christ.

J'allais encore à la confesse, c'était obligatoire. Il me semblait que le seul péché que j'aurais eu à me reprocher, c'était d'être homosexuel. Mais pas question de le dire au curé. Au début, parce qu'il fallait bien dire quelque chose – ça ne se pouvait pas que je n'aie rien à me faire pardonner, je n'étais quand même pas un saint –, j'avouais avoir volé des petites affaires. Un jour, j'ai avoué avoir manqué au septième commandement, celui sur la chair. Dans l'ombre, j'ai vu le prêtre se redresser et tirer sur sa soutane : seul ou avec d'autres ? Les premiers temps, je lui affirmais : seul. Puis, je ne sais pas pourquoi, j'ai avoué que je le faisais avec d'autres. Le curé s'est encore redressé derrière la grille et s'est raclé la gorge. Avec des garçons ou des filles, mon enfant ? Des garçons. Mon sort était réglé, j'allais brûler en enfer, pauvre de moi.

Ma dernière visite à l'église remonte au début des années 1960, j'avais donc une quinzaine d'années. Je voulais donner une dernière chance à Dieu et à toutes ces affaires-là. Pendant la messe de Noël, à l'oratoire Saint-Joseph, je me suis agenouillé pas loin de l'autel. La tête inclinée et les mains jointes, je Lui ai demandé de me convaincre qu'Il existait, de me faire signe. Je m'attendais à vibrer, à ressentir quelque chose de grand. J'étais disposé. Un peu méfiant peut-être, mais quand même prêt à vivre ce qui aurait été une sorte d'épiphanie. J'observais le décor ; avec le grand orgue et les chœurs, il y avait de quoi faire un maudit bon show, de quoi convaincre n'importe quel nihiliste de l'existence de Dieu. Mais il ne s'est rien passé. Je n'ai ni vibré ni rien ressenti. Ça me piquait en dessous du pied droit, c'était tout. Ce n'était pas un signe à la hauteur de mes attentes. Je suis parti en me disant *fuck*, et pis d'la marde.

5

Dans ma jeunesse, jamais personne ne m'a dit que j'étais joli. Dans un sens, je ne l'ai jamais su. Pour moi, il y a toujours eu les anges et les autres. Et je me suis toujours cru dans la gang des autres. Dans la gang des pas-anges. Si je m'étais croisé dans un bar, je ne me serais jamais offert de verre pour me draguer et ensuite me ramener chez moi. Lors d'un entretien pour la télé, beaucoup plus tard, une journaliste m'a demandé ce qu'était la beauté pour moi. Sans réfléchir, j'ai répondu : un monde dont je suis exclu. Selon mes critères, je ne devrais pas avoir le droit de vivre, je ne suis pas assez beau. Je ne m'aime pas et je ne me suis jamais aimé. Si je m'aimais, je ne me serais jamais laissé aller, câlisse. Je me serais pris en main. Mais je ne m'aime pas. En me regardant dans le miroir, l'autre jour, là, obèse, le corps flétri et souriant bêtement, je me suis dit : « Qu'est-ce tu fais là ? Va-t'en ! Débarrasse la planète, tabarnak ! »

La vérité, c'est que je ne me trouvais digne de rien. Oui, de rien sauf de faire du théâtre. Dans un sens, c'est ma bénédiction et ma malédiction, d'avoir l'air de ça. Est-ce que j'ai fait du théâtre à défaut d'arriver à vivre? Non, pour moi le théâtre a toujours été la vie. En fait, ce n'est pas vrai: le théâtre, c'est plus que la vie, c'est comme une hyper-vie. C'est la raison pour laquelle j'ai déjà fait des répétitions avec un métronome que je montais jusqu'à 220 pulsations par minute. Parce que le rythme du théâtre est plus grand que celui de la vie. Parce que la pulsation cardiaque du personnage est plus intense que celle de l'homme. Le théâtre, c'est un concentré de la vie.

Plus jeune, j'étais mignon, par contre. En me revoyant à vingt ans dans *Hiberner*, un court métrage que mon ami Guy Bergeron a réalisé dans les années 1960, j'ai braillé comme une vache. J'aurais voulu me prendre dans mes bras et me dire: «Pauvre p'tit gars, tu t'es rendu malheureux pour rien; t'es passé à côté de ta vie pour le théâtre.» Je n'étais pas d'une grande beauté, mais mignon, oui, il me semble. Et surtout, brillant et audacieux. Peut-être que si je l'avais su, j'en aurais profité davantage. J'aurais cru que je pouvais être aimé, peut-être que moi-même j'aurais aimé. Mais peut-être aussi que je n'aurais pas fait tout ce que j'ai fait. Je me serais trouvé un chum comptable dans une grande firme et me serais occupé de nettoyer la piscine et de tondre le gazon pendant que lui aurait été au bureau.

Le premier ange que j'ai rencontré, c'est sans doute Jean-Pierre S. J'ai toujours attendu un ange. Je n'ai jamais attendu Dieu, mais un ange, ça, oui. Et plus tard, en donnant à tout ça une connotation sexuelle, j'ai fini par dire que je voulais qu'un ange me mange.

Ce n'est pas clair dans mes souvenirs, mais Jean-Pierre S. devait avoir entre dix-huit et vingt ans quand moi j'en avais quinze. Je l'ai vu pour la première fois pendant un spectacle des Apprentis-Sorciers. C'était dans une petite salle d'une soixantaine de places rue De Lanaudière, entre la rue Laurier et le chemin de fer. Les spectacles étaient gratuits, et à la fin on donnait ce qu'on voulait à la porte.

Il avait pris place quelques rangées devant moi. Il était vraiment beau, j'ai dû passer plus de temps à le regarder, lui, que les acteurs sur la scène. J'ai pensé me lever, me rendre jusqu'à lui en marchant sur la tête des gens pour aller l'embrasser. À l'entracte, il m'a regardé. Tout le reste de la représentation, je me suis demandé quoi faire. Quand le rideau est tombé, après les applaudissements, j'ai décidé de le suivre.

D'abord, je me suis tenu loin de lui. Puis peu à peu, j'ai accéléré le pas et me suis rapproché. Je me disais : il sait sûrement que je le suis, peut-être même que c'est ce qu'il veut. Au coin d'une rue, il a tourné à droite. J'ai attendu un peu, puis j'ai tourné à droite moi aussi.

À un moment donné, il s'est retourné et m'a dit bonjour. J'ai failli pisser dans mes culottes. J'étais terriblement gêné : qu'est-ce que je faisais là, à le suivre comme un maniaque ? Heureusement, il ne m'a pas posé la question. On a jasé un peu – en fait c'est surtout lui qui parlait, moi je hochais la tête et essayais de ne pas avoir l'air trop fou – puis il m'a invité à boire un café. On a parlé du spectacle qu'on venait de voir, puis de théâtre en général. Peu à peu je me suis rendu compte que non seulement ce gars-là était beau comme c'était pas permis, mais il avait de l'allure. Il avait une tête sur les épaules, oui.

Juste avant de me quitter, il m'a donné son numéro de téléphone. Jusqu'au retour chez nous, j'ai gardé ma main dans le fond de ma poche, les doigts serrés autour du bout de papier sur lequel je l'avais noté. Je voulais être certain de ne pas le perdre.

Notre relation n'a pas évolué comme je l'aurais espéré. Il n'est pas devenu mon chum, en fait il ne s'est jamais rien passé entre nous. Rien pantoute. Des fois je l'invitais chez mes grands-parents : je fermais la porte de ma chambre et allais m'asseoir face à lui. Je le regardais, essayant de lui faire comprendre que j'étais prêt à faire tout ce qu'il voudrait. Mais il restait là, sans bouger. Ç'a dû durer un an, cette affaire-là. Je pense que ça le flattait qu'un p'tit jeune comme moi le regarde avec autant d'admiration.

Je n'ai jamais su quel était son niveau d'intérêt. Et encore aujourd'hui, je ne pourrais pas dire s'il éprouvait quelque chose pour moi ou non. À cause de mon insécurité, j'imagine. Je ne peux pas concevoir que quelqu'un m'aime.

Je continuais d'aller dans les cinémas. C'étaient des projections continues et, tapie dans l'obscurité des salles, il y avait souvent ce qu'on pourrait appeler une faune homosexuelle. Ça se passait au balcon. Au début tu restais debout à l'arrière et tu regardais comment les gens circulaient. Puis tu allais t'asseoir. Des fois tu devais changer de place plusieurs fois avant de trouver le bon fauteuil à côté du bon gars. Lentement, j'ai découvert qu'il existait une espèce de circuit. Tu passais par la Place-Ville-Marie, la Gare centrale, la Place-Bonaventure… Dans des toilettes publiques tu observais le monde qui traînait. Des fois, tu pognais. Des fois, tu pognais pas. Et des fois, c'est la police qui te pognait et tu te faisais arrêter. Ça m'est arrivé trois ou quatre fois, pour grossière indécence. C'est comme ça qu'on appelait l'homosexualité à cette époque-là.

Mes petites aventures dans les toilettes de la gare ou celles dans les cinémas, c'était un peu comme espérer trouver un diamant dans une mine de charbon. Peut-être pour éviter inconsciemment de partir à la recherche de l'âme sœur, en tout cas ça m'empêchait d'être malheureux en attendant. Je me doutais bien que ce n'était pas là que mon prince charmant se trouvait, mais je me sentais indigne d'aller le chercher ailleurs. Alors j'espérais, faute de mieux. Ce n'était pas tant lié au fait que les gais étaient condamnés à faire leurs affaires dans l'ombre, mais que je craignais le rejet. C'était en moi, en fait c'est toujours en moi. Peut-être parce qu'on devait m'aimer en cachette quand j'étais plus jeune.

Ma vie personnelle a toujours été un néant. Je n'ai jamais été capable d'aimer. Jamais été capable d'accepter l'amour. Au début de ma vie, je signais mon nom au complet : *André Brassard.* Puis j'ai été connu sous le nom de *Brassard* et peu à peu j'ai laissé tomber *André.* Comme j'ai dit une fois en thérapie : « Pendant que Brassard montait vers la gloire, André se faisait sucer dans les toilettes de la Gare centrale. »

C'est peut-être plus difficile de trouver l'amour quand on est homosexuel. Comme le monde des tapettes est extrêmement superficiel, il y a beaucoup de tentations, et disons que la fidélité est loin d'être une vertu. Le *couraillage* est carrément un mode de vie chez les fifs. Peut-être que maintenant, avec les p'tits couples gais qui se marient et vont vivre en banlieue, ç'a changé. Peut-être. Je ne sais pas s'ils s'aiment vraiment ou s'ils s'accommodent l'un de l'autre. Mais sur ce plan, la même question se pose pour les couples *straight*. La véritable question à se poser serait : c'est quoi, l'amour ? Qu'est-ce qui fait qu'une personne te plaît ou ne te plaît pas, qu'elle t'attire ou ne t'attire pas ? C'est quoi cette organisation biologique qui fait en sorte qu'un être – conçu au hasard comme tous les autres, avec les yeux plus grands, plus petits, un nez un peu plus haut, un peu plus bas, une bouche rose, les lèvres comme ci, comme ça ; un peu comme on fabrique un Monsieur Patate, finalement –, oui, qu'est-ce qui fait en sorte que lui plus qu'un autre va te rentrer là, direct dans le cœur ? Pourquoi une organisation arbitraire de traits et d'énergie te touche à t'en rendre malade et d'autres, pas du tout ? Est-ce qu'on aime quelqu'un comme on aime le chocolat ? Comme un film, un chanteur ou une chanteuse ? Comme un livre ou un animal ? Et est-ce la personne en soi qu'on aime ou ce qu'on pense qu'elle est, ce qu'elle pourrait devenir avec nous ? Et si elle change, peut-on lui reprocher de ne plus être la même, d'être différente ? J'ai lu quelque part une réflexion très cynique qui disait à peu près ces mots : « L'amour n'est-il rien d'autre que la confirmation de notre existence dans le sourire que quelqu'un nous fait ? » Ce serait la recherche d'une personne pour nous regarder, d'un miroir. En gros, on voudrait avoir un public pour se donner en spectacle jour après jour et le regarder applaudir. On aime, mais en vérité ce qu'on veut plus que tout, c'est se sentir aimé.

Partie 2

Mme Audet
et le Mouvement contemporain
(1963-1967)

6

Même s'il n'a jamais joué le rôle que j'aurais aimé qu'il joue, Jean-Pierre S. a été quelqu'un d'important dans ma vie : c'est lui qui m'a amené chez Mme Audet – la même Mme Audet dont parle Robert Charlebois dans sa chanson *Miss Pepsi* :

Elle a étudié le chant
Le piano, la claquette
La diction, le ballet
Chez madame Audet
Elle en faisait tellement
Un vrai p'tit chien savant

En fait, elle s'appelait Yvonne Duckett, et son mari, un dentiste, Jean-Louis Audet. Parce que c'était la coutume à l'époque, elle est devenue Mme Jean-Louis Audet. Aujourd'hui, le fonds d'aide pour les étudiants du Conservatoire d'art dramatique de Montréal porte son nom ; c'était une professeure de jeu et elle a travaillé là-bas pendant des années. Je trouve ça bien qu'on garde sa mémoire vivante. Cette femme a été très importante pour toute une génération d'acteurs ; elle a entre autres enseigné à Yvette Brind'Amour, Marjolaine Hébert, Gaétan Labrèche, Béatrice Picard, Guy Mauffette, Dominique Michel, Hubert Loiselle, Camille Ducharme et Nathalie Naubert. Mais elle était aussi reconnue pour former des enfants, des espèces de petits singes savants qui tournaient des publicités pour la télévision et des affaires comme ça, alors quand Jean-Pierre S. m'a invité chez elle la première fois, je l'ai dévisagé : je n'étais pas un petit singe savant, moi, et pas question que j'en devienne un. Pour me rassurer, il m'a expliqué que le samedi à 5 heures elle enseignait à du monde de notre âge. J'étais trois ou quatre ans plus jeune que *notre âge*, mais bon, après m'avoir rencontré, Mme Audet a accepté que je me joigne au groupe d'adolescents.

Dès ce moment-là, dans ma tête ça a été clair : je deviendrais acteur. Faut dire qu'à l'époque, être metteur en scène n'était pas envisageable. Les metteurs en scène, au Québec, c'étaient les Paul Buissonneau, Jean-Louis Roux et Jean Gascon de ce monde. Il fallait avoir fait autre chose pour être metteur en scène ; on ne se mêlait pas de ça avant d'avoir quarante ans. Ce n'était pas vraiment un métier. On plaçait les acteurs dans l'espace et c'était tout. J'ai déjà dit que j'ai commencé à faire de la mise en scène sans savoir ce que c'était et que je continuerais même quand je ne le saurais plus. Dans la pratique théâtrale, le concept de mise en scène est apparu à la fin du XIXᵉ siècle, avec, paraît-il, la découverte de l'électricité et l'arrivée dans les salles de l'éclairage. En fait, je crois que c'est l'ego du metteur en scène qui a été inventé à cette époque-là : en regardant la scène, il allait maintenant pouvoir trouver le résultat joli tout en se répétant que c'était lui qui l'avait pensé.

Les cours se donnaient au sous-sol de la maison de Mme Audet, et le soir on restait au salon, au rez-de-chaussée. On y passait toutes nos soirées. On jasait, essayait nos scènes, lisait... Je me suis éveillé au monde et à l'art dans le salon de Mme Audet. J'ai rencontré tout plein de monde là-bas, des gars comme Serge Turgeon et Pierre-Jean Cuillerier, qui a fini par devenir réalisateur et, plus tard, coach à la LNI.

En 1963, je suis entré au fameux Collège Sainte-Marie, en rhétorique. Ma famille n'avait pas les moyens de m'y inscrire, mais grâce à mes bonnes notes j'avais obtenu une bourse. Le Collège Sainte-Marie était juste à côté du Gesù, et quand j'ai eu envie de présenter une pièce, j'ai consulté le père Noiseux, toujours guide spirituel de ma mère et administrateur de la salle. Il a accepté mon projet. Avec des filles qui étudiaient à Marguerite-Bourgeoys, j'ai monté un spectacle médiéval, avec des poèmes et deux farces, dont *La Farce du cuvier*. C'est là que j'ai découvert les gélatines, un véritable bonheur ! Mes actrices devenaient bleu foncé quand elles récitaient leur poème, puis vertes, jaune-orange, rouges... Le chef électrique, un certain Gratien Payette, me regardait aller, le sourire aux lèvres. J'imagine que mon enthousiasme était contagieux.

Un des professeurs du collège m'énervait au plus haut point. Il était vraiment insupportable ; certains jours je devais mordre dans mes cahiers pour ne pas lui crier des bêtises. Au bout de quelques mois, je me suis mis à quitter l'école dès le matin. Je déposais mon sac dans ma case et je partais. Puis un jour, juste comme ça, j'ai décidé de ne plus jamais remettre les pieds en classe. De toute façon, j'allais en apprendre beaucoup plus dans la rue.

Pour faire moi-même mon éducation, j'allais voler beaucoup de livres. Beaucoup, beaucoup, beaucoup. J'entrais dans les librairies avec un grand manteau serré à la taille et j'en glissais plein à l'intérieur – ma ceinture se chargeait de les retenir. Faut dire que plusieurs libraires le faisaient exprès. La Librairie des Frères, par exemple, coin La Fontaine et Panet, avait de grands rayons et aucune surveillance. J'y passais mes journées. Je bouquinais, et quand je trouvais quelque chose à mon goût, je le glissais dans mon imperméable. Je rentrais vide et ressortais plein ; les caissières ne semblaient jamais se demander comment j'avais pu prendre une vingtaine de kilos en si peu de temps. Caché dans une ruelle, je faisais l'inventaire de mon butin. Pour un peu d'argent, je vendais une partie de mes livres, mais j'en gardais la plupart. J'ai fini par me constituer toute une bibliothèque.

Un jour, j'ai volé un livre de Genet. Dès que je l'ai lu, je me suis dit : « Câlisse, il a lu mon journal, lui ! » C'était comme s'il parvenait à trouver les mots, une façon de formuler ce que j'avais eu envie de dire depuis longtemps. Il m'a permis de me révéler à moi-même, dans un sens il a été un frère pour moi. Sinon un père. En tout cas, un mentor. Il m'a d'abord touché avec sa poésie homosexuelle, et avec son théâtre il m'a aidé à comprendre le monde. J'ai tout appris grâce à lui. Il y a eu d'autres auteurs, bien sûr. Mais j'ai toujours gardé l'impression que Genet avait été la véritable porte par laquelle j'étais entré dans la vie.

7

Chez Mme Audet, tout le monde avait son *hit*: chaque fois qu'elle avait de la visite, pour montrer comment ses petits poulains étaient bons et épater la galerie, elle nous demandait de jouer *notre* scène. Serge et Pierre-Jean, c'était le début du *Misanthrope*. Moi, la «Ballade des dames du temps jadis», tirée du *Testament* de François Villon:

> *Dites-moi où, n'en quel pays,*
> *Est Flora la belle Romaine,*
> *Archipiades, ni Thaïs,*
> *Qui fut sa cousine germaine,*
> *Écho parlant quand bruit on mène*
> *Dessus rivière ou sus étang,*
> *Qui beauté eut trop plus qu'humaine.*
> *Mais où sont les neiges d'antan?*

Rapidement, je me suis rendu compte que Mme Audet m'aimait bien. Oui, j'étais en quelque sorte devenu son chouchou. Il n'existait pas d'agents de *casting* à l'époque, alors c'est à elle qu'on faisait appel quand on avait besoin d'un adolescent pour la télévision. Grâce à Mme Audet, j'ai décroché des petits rôles dans *Rue de l'Anse, Les Enquêtes Jobidon* et un rôle plus important dans *Le Pain du jour* : j'étais le fils de Clémence DesRochers et une émission entière tournait autour de mon personnage. Ça m'a permis de rencontrer Clémence et de gagner un peu de sous. J'ai pu arrêter de voler des livres.

Sur les plateaux de tournage, je me prenais pour quelqu'un. Je m'installais dans un coin, quelque part où tout le monde pouvait me voir, et je lisais des pièces en plissant les yeux et en m'arrêtant parfois pour regarder en l'air, comme si j'étais en train de réfléchir. Quand on me demandait ce que je faisais, je prenais mes grands airs et mon p'tit accent : « Je prépare une mise en scène. »

Chez Mme Audet, j'ai aussi rencontré Frédéric DeWancker, un Belge d'une vingtaine d'années. C'est lui qui m'a fait découvrir les places de beatniks, notamment La Paloma, rue Clark, où j'ai rencontré Christian Sivrel. Un pseudonyme, évidemment. Il devait avoir un nom québécois tout à fait normal, qu'il jugeait quétaine. À l'époque, on aimait se donner un genre. Au début des années 1960, pour aller à La Paloma, tu t'achetais une grosse croix en bois et tu la portais au cou. Moi, quand je sortais, pour me faire un look beatnik je mettais des pantalons noirs serrés, un col roulé noir, une chemise blanche, un *V-neck* noir par-dessus, un foulard et un imperméable que je serrais à la taille. C'était pas compliqué, j'avais l'air de Michelle Rossignol ! Comme j'étais peu viril, des fois dans la rue et dans le bus quand je rentrais chez nous, je me faisais crier des affaires et menacer de me faire casser la gueule.

Christian Sivrel était un type brillant, oui, c'était vraiment quelqu'un d'allumé. Il pratiquait le bouddhisme zen et il était maigre comme un bicycle. Il m'a fait connaître les poètes américains, ceux de la poésie *beat* surtout. Il a traduit des poèmes de Jack Kerouac, de Laurence Ferlinghetti et d'Allen Ginsberg. Et il les a traduits en québécois. Pas en joual ni en français normatif, mais en québécois, ce qui m'a beaucoup plu. Tellement, en fait, que ça m'a donné envie de monter un premier spectacle en dehors du cadre scolaire. J'ai appelé ça *Poésie beat et textes contemporains*. À l'époque, la poésie *beat* représentait pour moi la prise de parole d'une génération, plus vieille que la mienne bien sûr, mais je sentais que je m'exprimais à travers elle une fois les textes traduits par Christian Sivrel. On utilisait une langue plus proche de la nôtre, une langue éloignée du français officiel, celui que nous offraient Radio-Canada et le Rideau Vert.

En tout, on était quatre ou cinq acteurs à lire des poèmes sur scène. Il y avait des lutrins et on était tous habillés en noir. C'est avec ce spectacle-là que j'ai commencé mon travail avec les chœurs.

Dans la gang se trouvait un intellectuel nommé Claude Gagnon : il a choisi les textes français qui complétaient la sélection américaine de Christian Sivrel. Il a lu entre autres un extrait des *Nourritures terrestres*, de Gide, et du « Mozart assassiné », tiré de *Terre des Hommes* de Saint-Exupéry. Moi, je me suis chargé de *Hurlement* (*Howl*), poème que je considère encore aujourd'hui comme le plus beau de Ginsberg. C'est ce qui ouvrait la partie *beat* du spectacle. Ça commence comme ça :

J'ai vu les meilleurs esprits de ma génération détruits par la folie, affamés hystériques nus, se traînant dans les rues nègres à l'aube en quête d'un furieux fix, hypsters à

tête d'ange brûlant de retrouver l'ancien contact céleste avec
la dynamo étoilée de la machinerie de la nuit.

Chez Mme Audet, en plus des beatniks, j'ai aussi rencontré une gang de filles. Parmi elles, Christiane Delongchamps et Francine Beaudry. J'étais devenu une espèce de petite vedette chez Mme Audet, alors quand on allait au théâtre ensemble, elles se tenaient autour de moi et se pâmaient pendant que je faisais mon pape. Je parlais d'art, de théâtre, et elles buvaient mes paroles en battant des cils, les yeux écarquillés et la bouche grande ouverte. Je parlais, je les regardais m'écouter parler et je m'écoutais moi-même parler. J'étais heureux.

Un jour, à l'entracte d'un spectacle auquel on assistait, j'ai remarqué la présence d'un autre groupe de jeunes dans le hall. Ils formaient un cercle autour d'un gars qui était en train de parler d'art et de théâtre. Il gesticulait et tout le monde autour de lui l'écoutait, l'air pâmé. Je ne savais pas qui c'était. Mais il m'énervait. Oui, il me tombait sur les nerfs parce qu'il faisait comme moi. Il essayait de me voler le show.

Probablement parce que lui aussi venait les soirs où il se vendait des billets jaune-orange pour étudiants, presque toutes les semaines où j'allais au théâtre, il était là. Du coin de l'œil, je le surveillais. Lui et sa gang s'assoyaient à un bout du balcon ; j'emmenais la mienne à l'autre bout. Des fois je parlais un peu plus fort dans le hall, pour qu'il m'entende et, oui, peut-être pour l'intimider. Entre nous deux s'est installée une sorte de guerre froide qui a duré un petit bout de temps. Et puis un jour, j'ai appris que ce maudit fatigant-là avait gagné un prix à Radio-Canada avec une pièce qu'il avait écrite et qui s'appelait *Le Train*.

Un soir, en revenant du théâtre, ma gang et moi on s'est arrêtés au parc La Fontaine. On placotait assis sur un banc quand je l'ai vu arriver avec ses disciples. Ils venaient vers nous : quelqu'un dans sa gang connaissait Guy Bergeron, assis juste à côté de moi. Les deux ont commencé à discuter et ils ont fini par nous présenter l'un à l'autre, l'auteur et moi. Je savais qui c'était, et sûrement que lui aussi savait qui j'étais. Mais chacun a tendu la main vers l'autre et on a fait semblant de rien.

— Moi c'est Michel.

— Moi c'est André.

Je me suis dit : des auteurs, c'est rare comme de la marde de pape, alors si t'en trouves un, tu le laisses pas filer. L'air pas trop intéressé, je lui ai demandé s'il avait écrit autre chose depuis sa pièce qui avait gagné le concours de Radio-Canada, comment ça s'appelait, déjà ? En ce moment, a-t-il répondu, il travaillait sur des contes fantastiques. Comme j'étais un lecteur de Lovecraft et de Jean Ray, je lui ai demandé de me les prêter ; j'étais intéressé de savoir à quoi ça ressemblait.

On s'est donné rendez-vous le lendemain, chez lui. Il me semble que c'était le soir de Pâques. La télé diffusait un film sur la vie de sainte Thérèse de Lisieux, qui, à sa mort, au moment de son ascension, faisait pleuvoir des pétales de rose sur la Terre. On a bien ri. Et juste comme ça, on est devenus amis.

Il habitait l'avenue du Mont-Royal, au coin de Cartier, juste au-dessus de la pharmacie. Il travaillait le soir à l'imprimerie, et souvent j'allais le chercher à son travail. Il était autour de 11 heures et on allait manger un gâteau au chocolat chez Da Giovanni. On rentrait à pied en passant par le parc et je le laissais devant chez lui. Il a bientôt déménagé avenue De Lorimier, dans le bout de la rue Masson, tout près de l'usine de Cadbury. Je m'en souviens encore, des fois je levais la tête et j'inspirais un grand coup. Toute la rue sentait le chocolat.

8

J'avais dix-sept ans quand j'ai rencontré Rita Lafontaine.
Je l'avais vue dans une pièce de Ghelderode montée par
une troupe d'amateurs de l'Université de Montréal dans
une salle de la rue Notre-Dame, détruite depuis le temps.
Si je me souviens bien, Paul Buissonneau l'avait mise
en scène. Je cherchais quelqu'un pour jouer Bernarda
dans une mise en scène que je préparais de *La Maison
de Bernarda Alba*, de Federico Garcìa Lorca. En la voyant
dans le rôle d'une maîtresse de bordel obèse, je m'étais
dit qu'il fallait que ce soit elle.

J'ai fait des pieds et des mains pour trouver son numéro
de téléphone. Je l'ai appelée, on a jasé un peu et je lui ai
donné rendez-vous le jour même à un coin de rue. Quand
je l'ai vue arriver, j'ai été déçu : ce n'était pas du tout la
femme dont j'avais besoin pour le rôle de Bernarda. Dans
la pièce de Ghelderode, elle était montée sur des souliers à plateformes, elle était rembourrée et portait une

moustache. C'était ce genre de fille-là que je pensais rencontrer. Pas… elle ! Elle a compris en me voyant la dévisager. On a ri et décidé de quand même devenir des amis. On ne s'est plus jamais lâchés par la suite.

Même si elle était mon aînée, elle a toujours été à l'écoute de ce que j'avais à lui dire. Rita est quelqu'un de tellement disponible. Mais surtout de tellement aimable, quelqu'un qui se laisse aimer. À cet âge-là, je n'étais pas très conscient de ce que je cherchais dans la vie. J'avais le désir de devenir un artiste ou quelque chose comme ça, mais au fond c'était seulement une façon de refuser le monde dans lequel je vivais.

Je ne pense pas me tromper en disant qu'on a servi de guide l'un pour l'autre. Notre rencontre a été une illumination, le mot n'est pas trop fort. C'est l'AMOUR tout court, tout en majuscules. Elle a été ma sœur. Je n'ai jamais eu de véritable sœur, alors je ne peux pas savoir ce que c'est pour vrai. Mais dans ma vie elle a été ce que je me suis toujours imaginé d'une sœur, d'une amie liée par le sang. Je pense qu'on se serait suivis jusqu'au bout du monde. Au lieu de ça, on s'est suivis jusqu'au bout du théâtre, ce qui veut peut-être dire la même chose. C'est la seule actrice dont je ne me suis jamais tanné. Je déteste savoir ce que vont faire les acteurs avant même qu'ils aient commencé à répéter. Rita, elle, savait se réinventer. D'un spectacle à l'autre, j'avais toujours l'impression de travailler avec une nouvelle actrice. Elle me surprenait chaque fois, c'était le meilleur des deux mondes d'une certaine façon : une personne que je connaissais très bien et une actrice que je découvrais.

Rita est la personne qui m'a fait découvrir l'exaltation que peut procurer l'abandon. Elle disait souvent être entrée dans le théâtre comme on entre en religion. Que c'était une passion totale, indiscutable. En 1977, pendant une représentation de *Damnée Manon, sacrée Sandra*, au Quat'Sous, je suis sûr de l'avoir vue léviter. Si on le lui demande, elle dira que c'était un défaut d'éclairage. Moi je persiste à croire qu'elle a décollé du sol.

Avec Rita, je suis arrivé à abolir beaucoup d'entraves en moi pour devenir disponible et me laisser envahir par une force venue d'ailleurs. À l'École nationale dans les années 1990, pendant que j'étais directeur, je parlais beaucoup de cette part irrationnelle du travail de l'acteur. Il faut avoir la générosité de se laisser porter et commander par quelque chose qui ne vient pas de sa volonté, mais d'une sensibilité à quelque chose d'invisible. Le théâtre, ce n'est pas dans le cerveau que ça se passe. Je ne pourrais pas dire où exactement, peut-être dans le cœur ou dans le ventre. Mais là, je commets sans doute une faute en opposant cœur et cerveau. L'expression «savoir quelque chose par cœur» vient du Moyen Âge. À l'époque, on pensait que le cœur était le site non seulement des émotions, mais aussi des idées et de l'intelligence. Le cœur occupait alors une position plus importante: aujourd'hui, il y a plus de sans-cœur que de sans-dessein.

À notre époque, on cherche à tout comprendre, à tout analyser, à faire des graphiques pour traduire une perception matérielle de l'existence. Le pauvre petit tas de matière grise qui est en haut pédale comme un bon pour organiser tout ça mais n'y arrive jamais. Le cerveau peut expliquer à peu près n'importe quoi, mais il ne motive rien: il n'est qu'un entrepôt de raisons. Il faut sortir du domaine de l'intelligence et se réconcilier avec sa sensibilité, avec les forces et les impulsions qui naissent dans nos tripes. C'est dans ce marécage-là qu'est enfoui notre être.

Dans le Québec de mon enfance, on a toujours gardé collées la spiritualité et la religion: on a réduit le spirituel à une doctrine, avec une série de questions et de réponses qu'on nous a fait répéter sans réfléchir. On aura besoin de beaucoup de temps encore pour digérer tout ça. Et je dis bien *digérer* et non *rejeter*, parce que même si un paquet de choses me révoltent dans cette religion-là, elle m'a fait et on ne peut pas arracher des morceaux de sa fibre.

Je ne ferai pas ici le procès de la civilisation judéo-chrétienne, mais c'est quand même fâcheux qu'on ait séparé le divin de l'humain. Il faut retrouver une certaine unité dans tout ce qui nous compose et se réapproprier le divin. En tant qu'homme, je suis le divin, et ma responsabilité envers l'humain que je suis et les autres qui m'entourent, c'est envers moi-même que je la prends, pas envers un être dans l'au-delà qui me regarde et me juge.

Je ne comprends pas pourquoi on a eu besoin de créer ce regard-là, constamment posé sur nous, comme un spectateur de nos vies. Selon la Bible, on existe grâce à Dieu : sans le souffle divin, la matière à partir de laquelle Il a créé le monde serait restée inanimée, ce qui explique sans doute le fait qu'on a tant besoin de l'approbation de l'extérieur. De la même façon, on peut croire qu'on est un personnage seulement si on a l'assentiment du public. Je n'ose pas imaginer ce qui arriverait si un jour, lors d'une représentation, un spectateur se levait de son fauteuil pour crier : « Non, t'es pas Untel, c'est pas vrai ! T'es le gars des annonces du câble ! » Est-ce notre besoin d'avoir un dieu, c'est-à-dire un témoin de tout ce qu'on fait, de tout ce qu'on dit, pour compenser le grand vide de l'univers, qui nous a poussés à faire du théâtre ? Parce que le spectateur est là et qu'il regarde, la vie des personnages revêt souvent un sens qui dépasse celle des hommes.

Pendant les répétitions de *Damnée Manon, sacrée Sandra*, en 1977, parce que Rita jouait un personnage qui s'adressait à Dieu, il nous a fallu nous questionner à ce sujet.

Nous demander c'est qui, c'est quoi. Étrangement, j'ai utilisé une image plutôt matérialiste ; il y avait un projecteur dans le fond de la salle et je disais : « Le jour où vous serez assez bons, ce spot-là va s'allumer tout seul. » On travaillait en ce sens-là : que tout à coup, la lumière arrive sans même que les techniciens aient à s'en occuper. Sept ans plus tard, pour *Albertine*, je disais qu'on jouait pour que la lune se lève. Dieu, c'est peut-être un idéal, un idéal inatteignable. Et qui nous poussera donc à nous dépasser. J'avais vu ça dans un film : un clown essayait de ramasser son chapeau. Chaque fois qu'il se penchait et tentait de le prendre, il donnait un coup de pied dedans. J'ai toujours jugé important d'avoir un but inatteignable, pour être sûr de ne jamais s'ennuyer. Sinon on va se mettre le chapeau sur la tête et ça va être fini.

9

Le metteur en scène est un traducteur : il part du langage littéraire du texte et doit le traduire dans la langue de l'agir. Mais il le fait en s'assurant que jamais le spectacle ne devienne plus grand que le texte. Le reste de son travail, c'est de la mise en place dans l'espace. Moi, j'appelle ça du *music hall*. Au Radio City Music Hall, à New York, j'ai vu des spectacles éblouissants, pleins d'effets spéciaux. Des affaires de toute beauté, c'était superbe ! Mais ça ne voulait rien dire. C'était un produit, sans plus. Le vrai travail du metteur en scène, ce n'est pas de régler les déplacements, les culbutes et tout ça, c'est d'assurer, par le truchement des acteurs, la connexion entre le texte et le public. Pour monter un spectacle, les idées ne suffisent pas. Des flashs, tu peux en trouver des tonnes au magasin à une piasse. Il faut savoir lire, tout est dans le texte. C'est pour ça que, plus souvent qu'autrement, avec mes acteurs j'ai fait du travail de table. Je leur posais des questions, puis on jasait, réfléchissait, discutait… En lisant le texte à voix haute, on accède à une autre dimension : les oreilles perçoivent des choses auxquelles les yeux n'ont pas accès, des choses bien précieuses dans un texte de théâtre auxquelles on n'accorde pas assez d'importance selon moi : les silences. Souvent, il faut travailler sur ce qui pourrait être dit mais ne l'est pas. Parce que les personnages ne veulent pas le dire ou parce qu'ils en sont incapables. Oui, il faut savoir écouter toutes ces phrases muettes qui grondent en dessous du texte.

Petit, je regardais le chaudron avec fascination lorsque ma grand-mère faisait bouillir des patates. C'est le frétillement du couvercle qui attirait mon attention. Deux forces luttaient l'une contre l'autre : la vapeur, qui voulait monter, et le couvercle, qui l'en empêchait. Des années plus tard, j'ai recouru à cette image-là pour illustrer les deux forces qui, selon moi, nous habitent. La première est celle qui va vers le haut, qui est la plus animale, qui crée nos envies primitives : c'est la vapeur. Le couvercle, c'est la raison, sa volonté de contrôle, qui tente de contenir les désirs. Le combat entre les deux fait frétiller le couvercle – François Villon appelait ça le débat du cœur et du corps. Parfois, le couvercle saute, mais la plupart du temps il se contente de frémir : un peu de vapeur sort, mais pas trop. La vie, c'est comme le frémissement du couvercle du chaudron de patates. Elle est toujours l'affirmation de la tension qui existe entre l'instinct et la raison. Je demande souvent aux acteurs de trouver ce que leur personnage a envie de faire mais qu'il ne fait pas : qu'est-ce qui monte, et qu'est-ce qui l'en empêche ? C'est quoi la vapeur et c'est quoi le couvercle ?

Pour accéder au sens de l'œuvre, il faut faire le chemin inverse de l'auteur, qui part d'un sentiment ou d'une impression et lui donne forme dans un texte. Comme si l'œuvre était une balayeuse et qu'il fallait trouver la *plug* dans le mur, dans le cœur du créateur. Sûrement parce que j'ai un gros ventre, j'ai toujours eu l'impression qu'il y avait plein de petits pitons à l'intérieur de moi – sans tomber dans l'acupuncture, des pitons qui sont des points d'énergie et qui vont me brancher sur les émotions à la base de l'œuvre. Il faut que je trouve dans mon ventre une partie équivalente, le piton – l'impulsion, le besoin, les questions, la rage – qui a habité l'auteur et lui a fait écrire son texte. Une fois branché là-dessus, je sais ce que l'auteur essaie de communiquer. Quelle réalité il essaie de cerner. Ce qu'il explore. Et là, je me l'approprie. C'est un peu comme dans une chambre noire. Après y avoir projeté le négatif, on ne voit rien sur le papier photo. C'est seulement quand on le plonge dans le révélateur que l'image apparaît. Le texte, c'est le révélateur : il nous permet de faire apparaître des images qui sont en nous et qu'on n'aurait peut-être pas pu voir sans lui. Et ce sont ces images-là qu'il nous faut montrer. Comme ça, même si un texte a été écrit il y a plusieurs milliers d'années, le spectacle qu'on en fait sera toujours très personnel.

Par exemple, en 1966, quand j'ai lu *Les Troyennes*, d'Euripide, le texte a évoqué en moi l'idée d'un Québec en train de mourir, de pourrir. Comme si la parole de ces femmes qui posent la question : « Et qui après nous se souviendra des Troyennes ? » était un cri de l'humanité dans le grand vide du temps et de l'espace. Je me suis dit : si on se souvient des Troyennes, c'est que des poètes ont écrit sur elles. À mon tour, je me suis posé la question : qui après nous se souviendra des Québécois et du Québec si on disparaît, si on se laisse disparaître ? D'une certaine façon, c'était ma responsabilité en tant qu'artiste de prendre la parole pour rappeler la mémoire des Troyennes. La grande question d'Hécube, pour moi c'était ça, la parole principale, l'image à partir de laquelle j'allais travailler le texte quand j'en ferais une mise en scène. La conscience d'être la fin d'une race. Un testament.

Certains acteurs des Apprentis-Sorciers venaient de quitter la troupe pour fonder les Saltimbanques, coin Saint-Paul et Bonsecours. Ils en avaient plein leur casque de ne pas être payés et surtout de travailler dans l'ombre d'un des directeurs de la troupe. Il gardait ses acteurs dans l'anonymat sous prétexte qu'ils servaient la Cause du théâtre et qu'ils portaient le message. Qu'ils devaient donc rester purs. Mais lui ne se gênait pas pour aller passer toutes les entrevues et sourire aux Kodak.

Par un concours de circonstances que j'ai oublié, j'ai été engagé comme acteur par Pascal Desgranges, le metteur en scène des Saltimbanques. Il montait *Le Tricycle*, de Fernando Arrabal. Aux membres de la troupe, j'ai fait mon numéro : je leur ai entre autres dit que s'ils avaient manqué Rimbaud, il ne fallait pas me manquer, moi, et je pense que ç'a pogné. Je suis devenu ami avec les directeurs de la troupe et, l'année suivante, Desgranges m'a réengagé pour jouer cette fois-ci dans *L'Équarrissage pour tous*, de Boris Vian. Un an plus tard, j'ai fait appel à mon audace sans limite pour leur demander s'ils accepteraient de me prêter le théâtre pendant trois semaines : j'avais envie de monter mon premier spectacle. Ils ont accepté.

C'était un collage de textes fantastiques qui s'intitulait *Messe noire*. Avec entre autres du Jean Ray, du Lovecraft, du Edgar Allan Poe… J'ai aussi inséré trois ou quatre textes que mon nouvel ami avait écrits, des extraits de ce qui allait devenir *Contes pour buveurs attardés*. C'est donc la première fois que les textes de Tremblay ont été portés à la scène.

La première a eu lieu en avril 1965, avec un petit succès, suffisant en tout cas pour que l'année suivante les directeurs de la troupe me demandent de monter un deuxième spectacle. Les Saltimbanques exploraient surtout le répertoire contemporain, jamais ils n'avaient monté quelque chose qui avait été écrit avant 1950. Mais moi, mon idée était faite depuis longtemps : je voulais monter *Les Troyennes*. En espérant me faire changer d'idée, ils m'ont proposé plein d'autres textes, mais je n'ai jamais voulu en démordre. Tout compte fait, je ne me suis pas trompé. *Le Devoir* a consacré au spectacle une page entière à la fin de la section Arts. Jean Basile a signé la critique. Il disait en gros que Brassard était une révélation. Ce qui m'a rendu service, c'est que tout au long du texte il m'appelait *Pierre* Brassard. Disons que ça m'a fait sortir un peu d'air de la tête et permis de garder les deux pieds sur terre.

Pour ma mère, en plus de mes passages à la télévision, le succès de mon spectacle a été une grande satisfaction. Elle a pu regarder dans les yeux tous ceux qui lui avaient reproché d'avoir élevé son bâtard de fils et leur dire qu'elle avait eu raison, finalement.

À l'époque, j'allais régulièrement voir Clémence DesRochers et Pauline Julien à la boîte à chansons Le Patriote. Percival Bloomfield, l'un des deux propriétaires, travaillait aussi à la Librairie de la Place, où j'achetais souvent des livres. À un moment donné, il m'a dit : « Coudonc, toi, j'te vois souvent dans le coin. Tu fais du théâtre, aussi, non ? On a une salle en haut du Patriote pis on voudrait en faire un petit théâtre. Passe le mot comme quoi on est intéressés à recevoir des propositions de projets. » Une semaine plus tard, je retournais le voir : j'avais préparé toute une saison.

La salle était grise et *gold*, mais on n'était pas regardants. J'imagine par contre que ça détonnait avec le nom très pompeux que j'avais donné à la troupe : le Mouvement contemporain. Rien que ça. La troupe comprenait surtout des élèves de chez Mme Audet, mais il y avait aussi du monde qui connaissait du monde, qui connaissait du monde, qui connaissait du monde… et Tremblay. Il faisait la régie, construisait les décors, il a même joué un rôle dans une pièce. C'était un cheval, et avec ses mains il faisait les sabots, c'était beau à voir.

Les gens du Patriote nous ont acheté des draperies, des spots, un vieux système d'éclairage, et ma gang et moi on a bâti une espèce de petite scène. Il y avait aussi des loges pas trop pires et, dans le fond de la salle, un grand entrepôt pour nos décors.

En 1966, notre première saison commençait par *Le Grand Cérémonial*, d'Arrabal. J'étais allé voir Paul Buissonneau, au Quat'Sous, pour lui demander de me prêter des affaires pour notre décor. Il m'a regardé un long moment, les yeux grands comme ça. Il avait l'air de se demander qui c'était, le p'tit crisse de vingt ans à peine qui voulait monter du Arrabal. Mais on aurait dit qu'il avait foi en moi. Il m'a prêté tout ce dont j'avais besoin.

Après ça, on a présenté *Les Bonnes*, de Genet, qu'on avait d'abord jouées à Victoria dans le cadre d'un festival pancanadien : le Dominion Drama Festival. On avait représenté le Québec. La pièce avait raflé le premier prix, mes deux actrices avaient remporté le prix d'interprétation et moi, celui de la meilleure mise en scène. En revenant à Montréal, on avait programmé le spectacle.

Pour la saison d'été, j'ai mis à l'affiche *François Villon, poète*, que j'avais monté une première fois après la lecture de poésie *beat* et que j'allais traîner pendant près de quinze ans. Et au mois d'août, un spectacle de Jean

Tardieu : *Monsieur Monsieur*. Des petites pièces légères et sympathiques, rien de tellement édifiant. Alors à la fin de l'été, j'ai cru bon de passer aux choses sérieuses. J'ai préparé un festival Beckett.

Trois shows étaient présentés en alternance : *En attendant Godot*, que je jouais avec Jean Asselin et qui était monté par Gilles Provost ; *Fin de partie*, que j'avais monté et dans lequel jouaient Jean Archambault et Jacques Desnoyers, décédé depuis ; et pour finir, des pièces plus courtes, *Va et vient, La Dernière Bande* et *Oh les beaux jours*, avec Rita Lafontaine. Un show était à l'affiche les mardi et mercredi, l'autre les jeudi et vendredi, et le troisième, les samedi et dimanche. Ensuite, celui du samedi et du dimanche était présenté mardi et mercredi, celui du mardi et du mercredi, jeudi et vendredi, et celui du jeudi et du vendredi, samedi et dimanche. Et ainsi de suite. Ça nous permettait d'éviter les changements de décors la fin de semaine. On n'avait pas de techniciens et le décorateur nous avait lâchés, alors on passait le plus clair de notre temps à bâtir des décors plutôt qu'à répéter.

Après le festival Beckett, on a continué à jouer *Oh les beaux jours*, qui connaissait un certain succès, et on a monté *Désespoir à gogo*, une comédie musicale écrite par Claude Gagnon, un de nos amis. Le calendrier devenait vraiment chargé : les mardi et mercredi en fin de soirée, on jouait *Oh les beaux jours*, les jeudi, vendredi, samedi et dimanche, *Désespoir à gogo*, et les vendredi et samedi, à minuit, une troisième pièce, *Cinq* : c'étaient six pièces en un acte que Tremblay avait écrites. Ça commençait par un solo, suivi d'un duo, d'un trio, d'un quatuor, et ça se terminait par deux quintettes. Deux pièces étaient écrites dans un français plus normatif et les quatre autres, en québécois. Certaines d'entre elles sont revenues en partie dans *En pièces détachées* et le téléthéâtre que Paul Blouin a commandé à Tremblay quelques années plus tard.

Un soir après un spectacle, Tremblay est venu coucher chez moi. À un moment donné pendant la nuit, il m'a tendu la main et m'a demandé de venir le rejoindre dans son lit. J'y suis allé et dans les jours qui ont suivi, presque malgré moi, on est devenus un couple. Ç'a duré à peine un mois, cette affaire-là. Pas plus. Je n'avais pas envie que quelqu'un m'aime parce que je ne m'aimais pas moi-même. Alors comme pour saboter tout ça, je me suis arrangé pour tomber amoureux du décorateur des Saltimbanques. Il était beau et frisé, il avait une tête de la Renaissance italienne. C'est pas mêlant, il avait l'air de Botticelli.

Tremblay souffrait de la situation. Il a souffert pendant toute une année. Je le traitais épouvantablement mal, on aurait dit que je lui en voulais de m'aimer. Des fois, je lui demandais de l'argent pour sortir. Il me le donnait, je pense que je ne lui disais même pas merci.

Je faisais ça avec Tremblay, mais aussi avec tous les autres gars qui s'approchaient de moi. En y repensant aujourd'hui, je crois que je voulais qu'ils se rendent compte que je n'étais pas quelqu'un d'aimable. Qu'on perdait son temps avec moi. Avec ceux qui ne le comprenaient pas, j'agissais comme un chien sale jusqu'à ce qu'ils le comprennent. J'étais très repoussant, je pense. Très dissuasif. Mais j'ai réussi à me sentir mal aimé et à faire pitié à mes propres yeux. J'étais vraiment à fesser dedans.

Vers novembre ou décembre 1966, le Service des incendies de la Ville de Montréal s'est pointé au Patriote et nous a annoncé qu'il fermait la place. Selon les pompiers, la salle ne pouvait pas être considérée comme un cabaret, elle devait donc obéir aux lois sur les théâtres. La différence légale entre un cabaret et un théâtre, ce sont les chaises : si elles sont attachées au plancher, c'est un théâtre. Sinon, c'est un cabaret, c'est comme ça, tant pis, nous voilà à la rue.

10

Avec l'ouverture d'Expo 67, Montréal est soudainement devenue le centre du monde. En un sens, ç'a été mon premier véritable voyage : j'ai pu faire le tour de la planète sans sortir de chez nous. Suffisait de prendre le métro.

Expo 67, comme chaque exposition universelle, comportait un volet culturel ; on a connu entre autres l'Expo-Théâtre, une salle de spectacle en béton où des troupes venues du monde entier allaient défiler, notamment le Royal National Theatre de Grande-Bretagne sous la direction de Laurence Olivier, des spectacles de kabuki et d'autres troupes que personne n'avait jamais vues auparavant. Ç'a été un éveil culturel pour tout le Québec.

Je me suis acheté une pile de billets de trois pouces de haut, j'aurais voulu tout voir. Ça m'a coûté une petite fortune : j'avais dépensé tout l'argent amassé jusque-là. Mais au bout d'un mois, j'ai perdu ma liasse de billets.

Je n'avais pas les moyens de m'en racheter d'autres et je n'étais pas connu, à cette époque-là, alors je ne pouvais pas demander des billets de faveur comme je le ferais aujourd'hui.

Au pavillon de la Jeunesse, le ministère des Affaires culturelles a aussi organisé un festival regroupant six jeunes compagnies du Québec, ce qu'on appelait alors le «jeune théâtre», l'équivalent de la relève aujourd'hui : une de Jonquière, une de Rimouski, une de Québec et les trois troupes de Montréal, c'est-à-dire les Apprentis-Sorciers, les Saltimbanques et le Mouvement contemporain. Quelques semaines avant l'ouverture, le comité organisateur nous a fait visiter tout le site à bord du mini-rail. C'était presque prêt, mais il y avait des pavillons encore en chantier.

Pour l'occasion, avec le Mouvement contemporain j'ai repris mon collage de textes fantastiques : *Messe noire*. Avec notre subvention de 1 200 dollars, j'avais décidé de faire ça gros : il y aurait cinquante acteurs. J'ai appelé des amis, mes amis ont appelé leurs amis et les amis de mes amis ont appelé leurs amis à eux. J'ai repris Jean Ray, Poe, Lovecraft, et j'ai ajouté des poèmes, des incantations, *L'Élégie à Satan* de Baudelaire et même un extrait des *Prophéties* de Nostradamus. Et Tremblay a écrit une petite pièce pour l'occasion, ça s'appelait *Les Noces*. Je ne l'ai jamais retrouvée. C'est dommage, il me semble que c'était assez bon. Il l'avait écrite pour Rita. En gros, c'était l'histoire d'une femme dans une vieille robe de mariée médiévale qui déposait des cadavres de jeunes hommes sur la tombe de son fiancé disparu depuis longtemps.

Le jour de la représentation, on disposait d'à peine douze heures pour installer nos affaires dans la salle. Sur les cinquante acteurs, plusieurs ont annulé, d'autres se sont ajoutés… Finalement on était quarante-neuf. Le cinquantième ne s'était pas présenté : c'était un travesti censé danser le rôle de Satan. J'imagine qu'à la dernière seconde il a eu peur d'avoir l'air ridicule.

Le spectacle a été une catastrophe monumentale. Certaines entrées devaient se faire par la salle, mais les acteurs ne savaient pas comment y accéder à partir des loges parce que quelques-unes des portes étaient barrées. D'autres acteurs amorçaient leur monologue dans le noir, mais quand les lumières se rallumaient, ils se rendaient compte qu'ils se trouvaient derrière un rideau et qu'on ne les voyait pas. Gênés, ils devaient traverser et reprendre de l'autre côté. Bref, une soirée bordélique, épouvantable. Mais le public n'a pas bronché, il est resté jusqu'à la fin. Il devait trouver ça comique. En tout cas, moi, c'est sans doute la soirée la plus drôle de ma vie. Sur le coup je n'ai pas ri une seconde. Mais tout de suite après les applaudissements, je n'ai pas pu m'empêcher d'éclater de rire. Mes épaules sautaient toutes seules, et jusqu'à ce que je rentre chez moi ce soir-là, des heures plus tard, je n'allais pas pouvoir m'arrêter.

Après le spectacle, une rencontre avec le public était prévue. J'ai avoué aux spectateurs que la soirée avait été un vrai calvaire. Pour nous faire pardonner, je les ai invités à revenir voir le spectacle quelques mois plus tard, au Gesù. Le père Noiseux, qui était toujours le guide spirituel de ma mère, a été très gentil : il ne nous a rien fait payer pour la location de la salle. Une chance, parce que le bénévole responsable du guichet est parti avec la caisse le soir de la dernière…

Après l'Expo, le Mouvement contemporain est redevenu une troupe apatride : toujours pas de salle pour nos spectacles, retour à la case départ. Mais on n'était pas les seuls dans cette situation. Plusieurs autres troupes multipliaient les réclamations : les Saltimbanques et les Apprentis-Sorciers avaient eux aussi été expulsés de leur local par le même Service des incendies auquel la sécurité du public tenait tellement à cœur. Je ne sais pas si c'est parce que les trois troupes montréalaises avaient fait bonne impression à l'Expo, mais peu de temps après, quelqu'un au ministère a dit qu'il faudrait bien les abriter, ces pauvres enfants ; il a offert au Mouvement contemporain et aux deux autres troupes qui avaient participé à l'Expo un local sur l'avenue Papineau, dans un sous-sol. Rodrig Mathieu, des Saltimbanques, Jean-Pierre Saulnier, des Apprentis-Sorciers, et moi, on s'est entendus quant à une direction artistique commune. On a appelé ça le Théâtre d'Aujourd'hui. Quatre ans plus tard, Jean-Claude Germain en a été nommé directeur artistique et, peu à peu, c'est devenu un véritable théâtre, avec le mandat qu'on lui connaît, soit promouvoir la dramaturgie québécoise.

Un jour, Jacques Hébert a dit à Tremblay qu'il cherchait quelqu'un pour tirer un spectacle de son roman *Les Écœurants*, publié en 1966 aux Éditions du Jour. Tremblay lui a parlé de moi, lui a raconté tout ce que j'avais fait et lui a énuméré les prix que j'avais gagnés. À cette époque, les choses commençaient à bien aller pour moi. Je ne doutais de rien et j'avais les dents longues, pour ne pas dire la tête enflée. Quand Hébert m'a convoqué dans son bureau, je lui ai dit que j'allais lui faire ça, moi, son spectacle. Pas de problème. Même qu'il n'aurait pas besoin d'engager d'autre monde. Ni metteur en scène ni acteur, rien. Je m'occuperais de tout, même de l'adaptation théâtrale du roman.

Finalement, ç'a donné *Je m'appelle François Sigouin*. Le problème, c'est que j'étais un peu paresseux et qu'on était juste deux dans la salle de répétition, c'est-à-dire Gérald, le régisseur, et moi. Les jours passaient et on placotait plus qu'on travaillait. Le jour de la première, à Drummondville, je ne connaissais pas mon texte. Pour sauver la face, j'ai pensé à un *concept* pour la mise en scène : j'avais mis deux lutrins sur la scène, un de chaque côté, et pendant certaines parties, je lirais à voix haute. J'avais justifié tout ça par des raisons qui tenaient plus ou moins la route, mais bon, peut-être parce que Jacques Hébert avait confiance en moi, il m'a laissé faire.

Le plus gros problème qui se posait, c'était lorsque venait le temps de jouer la dernière scène. Je devais la faire assis à l'avant-scène, loin de mes deux lutrins. Pour y arriver, j'ai fait ce qu'aucun autre acteur n'a jamais fait, en tout cas je l'espère : j'avais mis sur le lutrin le texte de la dernière scène à côté de celui que j'étais en train de jouer. Je lisais à voix haute et avec émotion une phrase de l'avant-dernière scène, et tout de suite après, dans un silence que je croyais chargé d'émotion, je lisais un bout de la dernière scène et la répétais en silence pour l'apprendre par cœur. Si seulement j'avais pu lire les deux textes en même temps, la scène que j'étais en train de jouer avec mon œil droit et celle que j'étais en train d'apprendre avec le gauche, tout aurait sûrement été tellement plus simple.

Quand je suis sorti de scène, Jacques Hébert m'a accroché par le collet pour me dire que si je n'avais pas appris mon texte dans deux semaines, il allait arrêter la tournée sans me payer. Je pense qu'aujourd'hui je le connais encore du début à la fin, le texte de *Je m'appelle François Sigouin*. Hébert était une personnalité très populaire au Québec, alors j'ai fait le tour de la province avec le spectacle. Je l'ai joué et rejoué, presque cent cinquante fois en tout. Pendant deux ans, j'ai gagné ma vie avec ça.

J'ai reçu un drôle de téléphone quelques semaines après la mort d'Hébert, en décembre 2007. C'était un de ses fils. En fouillant dans les affaires de son père, il avait retrouvé un jeu de cartes qui venait de Hong Kong. Il se souvenait que son père lui avait dit que c'était pour André Brassard. Il n'avait pas eu le temps de me le remettre, mais là, il voulait le faire, un peu pour accomplir la volonté de son père.

À l'époque, je collectionnais les jeux de cartes. Je m'étais dit que ça me prenait une constante dans ma vie, et comme les chances me semblaient minces pour que ce soit un chum, j'ai opté pour la collection de jeux de cartes. C'était mieux que rien.

J'ai fait ça pendant des années. Je les ai gardés, ces jeux, je ne les aurais jamais jetés. Mais plusieurs d'entre eux n'ont plus de roi de cœur depuis que je les ai donnés aux comédiens de *La Nuit des rois*, de Shakespeare, le soir de la première, au Trident à Québec. C'était en 1974. Il y avait Gilles Renaud, Dorothée Berryman, Marie Tifo, Jocelyn Bérubé, Jean Fugère, Louise LaHaye, Patricia Dumas et Normand Chouinard, tout frais sorti du Conservatoire. Certains m'ont dit plus tard qu'ils avaient encore leur carte, c'est quelque chose qui me touche beaucoup. D'autant plus que j'ai appris il y a quelques années que ce spectacle aurait donné à Robert Lepage le goût du théâtre alors qu'il avait quinze ans. Des fois, on ne perd pas son temps.

Longtemps, j'ai donné comme ça des cadeaux à mes acteurs le soir de la première. Au début, je prenais mon temps et j'en choisissais un pour chacun. Mais c'est devenu compliqué parce que certains me demandaient pourquoi je leur avais donné un crapaud ou un cochon. Comme je suis terriblement anxieux, je craignais que mon geste soit mal perçu et qu'un des acteurs pense que je ne l'aimais pas ou qu'il se mette à m'aimer moins parce qu'il pensait que je l'aimais moins. Un jour j'ai trouvé une boutique, rue Sherbrooke, qui vendait des petits animaux en verre ; pour ne plus risquer de blesser personne, le jour des premières j'en achetais vingt-cinq. Je les faisais envelopper dans du papier de soie et les mettais dans un grand sac. Arrivé au théâtre, je jouais au père Noël et demandais aux acteurs de piger. Plus tard, j'ai donné des petits anges en plâtre et puis encore autre chose. Mais la boutique a fermé et je n'ai rien trouvé d'autre. Et quand j'ai commencé à être malade, je n'ai plus été en mesure de faire le tour des magasins, alors j'ai dû arrêter ça.

Plusieurs acteurs m'en ont fait, aussi, des cadeaux. J'en ai encore partout dans mon appartement. Là, juste derrière moi, il y a un petit bonhomme, une espèce de mandarin qui penche la tête – c'est Pol Pelletier qui me l'a donné. Elle avait joué dans un opéra de Gabriel Charpentier, le seul spectacle que j'ai mis en scène à Stratford. Ça s'appelait *Orpheus* et Pol faisait partie du chœur. Et puis, juste là, j'ai un petit chat que Rita m'a donné pour représenter Duplessis, le personnage des *Chroniques du Plateau-Mont-Royal*. Ici, des derviches tourneurs qui viennent de *Bonjour, là, bonjour* ; là, toute une boîte de cossins délicats qui viennent de la classe avec laquelle j'ai monté *Autodafé*, de Choinière. Je n'ai pas tout gardé, c'en aurait fait beaucoup : j'ai quand même monté pas loin de deux cents spectacles. Quelque part dans un de mes placards, j'ai un paquet de souvenirs reçus au fil des années. Avec mes trophées et toutes ces bébelles-là, mon appartement ressemble au tombeau d'un pharaon.

Partie 3

Un pied en dedans, l'autre en dehors (1968-1979)

II

Je suis conscient qu'à part peut-être quelques vidéos témoins qui traînent là, dans une boîte en carton dans mon portique, il ne reste plus rien de mes mises en scène. J'ai écrit sur le sable, et la marée a tout effacé. Les jeunes que je croise sur la rue Masson ne me connaissent pas ; pour eux je ne suis qu'un vieil excentrique en chaise roulante. Au Salon du livre, après la sortie des *Entretiens* avec Wajdi Mouawad, j'ai accepté de me livrer à une séance de signatures au stand des éditions Leméac. Évidemment, j'ai dû m'asseoir à côté de Tremblay. On ne s'était pas vus depuis déjà quelques années, lui et moi, mais on s'est quand même prêtés au jeu. S'il me restait un peu d'ego, ce jour-là je l'ai perdu. Les gens me regardaient en plissant les yeux, l'air de se demander qui ça pouvait bien être, le vieux fou assis à côté du Grand Écrivain. Quinze personnes sont venues me voir pour que je signe leur exemplaire ou pour jaser ; Tremblay, lui, toute la journée, a vu des tas de gens défiler devant lui. On dit que les écrits restent, c'est sûrement vrai. Les auteurs ont cette chance-là. Les mises en scène sont vouées à disparaître, à ne laisser aucune trace tangible sinon quelques photos en noir et blanc dans les corridors des théâtres. Dès que tu fais le choix de t'embarquer dans cette grande aventure, c'est quelque chose que tu sais et que tu dois accepter. Bien sûr, c'est frustrant. Mais c'est la règle du jeu, on n'y peut rien. C'est un spectacle vivant, il a une vie et une mort. Après la dernière, plus jamais il ne va exister. Ceux qui ne l'ont pas vu ne le verront jamais. Ça rend l'expérience plus précieuse pour ceux qui ont assisté aux représentations.

Tout ce qui disparaît mérite de disparaître, alors si personne ne se souvient d'un spectacle, tant pis. C'est oublié, mort et enterré. Mais si une seule personne s'en souvient, je considère avoir fait mon travail. Si tu rencontres quelqu'un et que tu as une aventure d'un soir avec lui, une aventure extraordinaire, qui te marque à jamais, est-ce que ce moment perd de la valeur si tu ne te maries pas avec ? Je ne crois pas. On est les amants, nous autres. Pas les maris. Et c'est très bien comme ça.

Un peu plus tôt, Tremblay et moi, on était allés voir une tragédie grecque à la Comédie-Canadienne et, en rentrant, après le spectacle, j'ai lancé l'idée d'une pièce avec des chœurs, mais dans notre langue à nous. Je pense que c'est là que le projet des *Belles-Sœurs* est né. Un peu plus tard, quand Tremblay a vu un concours organisé par Cadbury dans lequel il fallait compter les têtes de vache dans un troupeau, il a imaginé l'histoire : ce concours absurde lui avait donné l'idée du million de timbres que gagne Germaine Lauzon au début de la pièce.

Il a terminé d'écrire la pièce en 1965, et quand il me l'a fait lire, j'ai tout de suite été excité. Le texte aujourd'hui est encore à peu près le même qu'à l'époque. Il y a eu certains petits ajouts depuis, notamment le monologue du «maudit cul» de Rose Ouimet – elle s'appelait Rose Ouellet au début, mais quand Tremblay a appris que c'était le nom de la Poune, il l'a rebaptisée –, que Filiatrault a demandé qu'on ajoute pour elle. Elle faisait la folle tout le long de la soirée et je pense que ça la fatiguait de ne pas avoir son moment dramatique, elle aussi. Il y a aussi le *running gag* que j'ai ajouté pendant la mise en scène et qui aujourd'hui est dans le texte : des petites répliques ici et là où les autres femmes se plaignent de n'avoir jamais gagné de concours, elles : «J'ai-tu l'air de quelqu'un qui a déjà gagné quelque chose ? » C'était une façon de montrer qu'elles avaient toutes caressé le même rêve et c'est ce qui déclenchait la mécanique du vol.

Après la fermeture de l'Expo, Jacques Languirand a récupéré le projecteur spécial du pavillon Bell Téléphone. Il était accompagné d'un écran rond qui entourait les spectateurs pour montrer des films 360 degrés. Il a aussi acheté l'ancien édifice de la Bourse, rue Saint-François-Xavier, tout près de la Basilique Notre-Dame dans le Vieux-Montréal. Aujourd'hui, c'est le Centaur qui l'occupe. Avec une équipe d'ingénieurs, Languirand avait en tête de poursuivre le mariage de la technologie et de la création qui avait été amorcé dans l'île Sainte-Hélène.

Je ne sais plus trop comment, mais le texte des *Belles-Sœurs* s'est retrouvé entre ses mains. Il l'a lu et, peu de temps après, nous a appelés pour nous dire qu'il désirait le produire dans son nouveau centre. Il voulait en fait que ce soit le spectacle d'ouverture. La première aurait lieu un mois plus tard et on avait seulement trouvé trois actrices : Rita, Odette Gagnon et Luce Guilbeault, qui voulait à tout prix jouer là-dedans parce qu'elle a toujours pensé que de participer à des projets nouveaux, ça la rendait nouvelle. L'occasion était trop belle, depuis déjà un bout de temps on attendait de pouvoir monter ce spectacle-là. On a donc accepté la proposition de Languirand et on s'est croisé les doigts pour que tout s'arrange tout seul, presque par magie.

En voyant Denise Proulx sur la scène du *Vol rose du flamant*, de Clémence DesRochers, un des spectacles qui m'ont le plus marqué dans ma vie, je me suis frotté les yeux. Je n'en revenais pas : Germaine Lauzon, c'était elle, là, sur la scène. Après la représentation, je l'ai attendue dans le *lobby*. On a jasé un peu et je lui ai offert le rôle. Elle qui était habituée à toujours jouer des bonnes, elle a accepté tout de suite.

La plupart des comédiennes pressenties ne pouvaient pas se joindre à la distribution en raison d'autres engagements – peut-être qu'elles m'ont dit ça pour être polies, je ne sais pas. Quelques jours avant la première, je me suis mis sur le téléphone et j'ai passé à travers tout le bottin de l'Union des artistes. Je me suis fait insulter par plusieurs actrices : c'était épouvantable de vouloir monter un texte comme celui-là, dans une langue comme celle-là. Il y en a même une qui a menacé d'appeler le gouvernement pour faire bloquer le projet. J'avais l'impression que je leur avais demandé de jouer une pièce néo-nazie ou de tuer quelqu'un.

Pour trouver des femmes qui accepteraient de jouer, j'ai finalement demandé à l'Union des artistes de m'envoyer en audition des actrices qui ne jouaient pas beaucoup et qui avaient entre quarante et soixante ans. J'en ai vu une dizaine et, là-dessus, j'en ai gardé quatre. Deux ont fini par rester dans notre gang un petit bout de temps : Mme Anne-Marie Ducharme et notre chère Sylvie Heppel.

Deux semaines avant la première, les répétitions n'avaient toujours pas commencé. On le savait tous, mais personne n'osait en parler : on allait se casser la gueule, et pas à peu près. Malheureusement pour Jacques Languirand et heureusement pour nous, j'imagine, l'entreprise en charge du chantier a fait faillite et le spectacle a été annulé. On était à la fois contents et tristes. Oui, on venait de manquer une bonne occasion de se planter, mais on n'avait toujours pas de théâtre où monter la pièce.

Comme Denise Proulx avait déjà joué au Rideau Vert, entre autres pour la toute première création du théâtre, *Les Innocentes*, de Lillian Hellman, elle connaissait Yvette Brind'Amour, qui en était alors la directrice. Elle jouait aussi dans *Moi et l'autre* : c'est elle qui a remis le texte à Denise Filiatrault. Elle devait le lire, c'était l'œuvre d'un jeune auteur et elle croyait que ça pourrait l'intéresser. Moi, je faisais seulement de la figuration, j'étais donc bien trop gêné pour aller la voir moi-même. Pas besoin de la connaître personnellement pour savoir que Filiatrault est quelqu'un de très intimidant.

Un jour, Denise Proulx est venue me voir pour m'apprendre que Mme Filiatrault aimait la pièce, même qu'elle voulait sans doute jouer dedans. J'ai pris mon courage à deux mains et, entre deux scènes, je suis allé me présenter. On s'est tout de suite bien entendus. C'est elle qui a fait en sorte que ça débloque. On lui doit beaucoup. La saison précédente, elle avait connu un bon succès au Rideau Vert et, comme c'est souvent le cas dans ces moments-là, la direction lui a demandé ce qu'elle voulait jouer l'année suivante. Elle a dit qu'elle voulait jouer *Les Belles-Sœurs*. Elle qui était snobée par le milieu théâtral, elle a dû voir là une occasion de prouver qu'elle n'était pas seulement bonne pour faire rire le monde à la télé et dans les clubs.

Entre-temps, le Centre d'essai des auteurs dramatiques (le CEAD) avait organisé une lecture de la pièce dans l'ancien Théâtre d'Aujourd'hui, dans le sous-sol de l'avenue Papineau. Je me revois encore, j'avais à peine vingt et un ans et j'avais devant moi Denise Filiatrault, Janine Sutto et Hélène Loiselle. Il n'était pas question que j'aie l'air épais. J'étais assis dans le fond de la salle et je tremblais. Je venais d'entrer dans les ligues majeures.

Le mari de Denise Proulx, réalisateur attaché à l'équipe des nouvelles de Radio-Canada, avait réussi à vendre à ses patrons l'idée de parler de notre lecture pendant le bulletin d'information. La pièce était déjà connue : selon la rumeur, des dizaines et des dizaines d'actrices avaient refusé de jouer un certain texte écrit en joual, sous prétexte qu'il était vulgaire.

Bernard Derome était sur place pour nous interviewer, Tremblay et moi. Radio-Canada a diffusé un topo de dix minutes ce soir-là : on peut en voir des images dans *Un miroir sur la scène*, documentaire réalisé par Jean-Claude Dubois en 1999. Un journaliste a notamment demandé à Denise Filiatrault si elle pensait que jouer un texte comme celui-là, c'était faire du théâtre ou s'abaisser. Denise a défendu la pièce, elle a même dit qu'elle la croyait promise à un grand succès commercial et que si elle n'avait pas déjà investi dans un restaurant, elle aurait investi dans ce spectacle-là.

À la lecture, la direction du Rideau Vert avait envoyé André Montmorency comme espion. Il est venu avec un magnétophone caché dans son manteau et a tout enregistré pour faire entendre le texte aux directrices du théâtre. Elles ont dû se rendre compte que ça marchait : le public répondait bien, il riait. Oui, bon, lors d'une lecture, c'est presque toujours les parents et les amis qui sont là. Mais quand même, c'était un vrai succès.

Peu de temps après, Yvette Brind'Amour et Mercedes Palomino m'ont convoqué au théâtre pour une audition de metteur en scène. Elles connaissaient seulement le texte et je peux les comprendre d'avoir voulu vérifier si le p'tit cul qu'elles s'apprêtaient à embaucher pouvait démontrer une certaine dextérité. J'ai donc fait venir mes comédiens au Rideau Vert et, devant les deux dames de la direction, on a joué *Le Silence*, de Nathalie Sarraute, une petite pièce que j'avais mise en scène à la Bibliothèque nationale et dans laquelle je jouais. Elles ont dû aimer ça parce que j'ai eu la job. Peu de temps après, Mme Palomino m'a fait venir dans son bureau pour me faire signer le contrat. Mes amis m'avaient dit : si elle t'offre 400 dollars, compte-toi chanceux. Quand elle m'a demandé à quel salaire je m'attendais, j'ai dit que ça dépendait surtout de ce qu'elle pouvait me donner.

— Huit cents dollars, c'est beau ?

— Oui, madame Palomino. C'est ben correct.

Au fond, je crois que c'était un risque calculé de leur part. Le pari était simple : si je me cassais la gueule, elles n'auraient qu'à dire qu'elles avaient misé sur la jeunesse, alors qu'à l'avenir on les laisse tranquilles avec ça ; si je réussissais, elles pourraient se vanter d'avoir fait confiance à la jeunesse et d'être dans le vent. La création n'était pas encore à la mode, mais depuis le début des années 1960, le public, les critiques et les gouvernements en réclamaient de plus en plus. Là, une fois pour toutes, elles en proposeraient une, alors si les gens haïssaient ça, elles auraient la paix. Mais on peut dire qu'on leur a joué un tour, parce que le spectacle qu'on était en train de créer avait de l'allure.

Avec *Les Belles-Sœurs*, on a voulu se débarrasser de la langue du théâtre classique. Mais de la langue seulement. Il y avait dans ce spectacle la même aspiration que le théâtre classique. Cette grandeur a pris un autre visage en s'ancrant dans notre réalité et en parlant notre langue plutôt que celle qu'on était habitué de voir et d'entendre sur scène. On voulait consacrer le monde d'ici en élaborant de grands personnages de théâtre à partir de clichés comme la belle-sœur et la *waitress*. La pièce met en scène des gens qu'on connaît, qu'on a connus, qu'on a été. Qu'on est. Moi, je n'ai jamais cessé d'être un p'tit gars de Rosemont, je ne renie pas le patelin d'où je viens et je continue de parler comme j'ai toujours parlé. Je sacre comme un charretier et je peux me mettre à citer Claudel, juste comme ça, entre deux bouffées de cigarette ou deux gorgées de Dr Pepper Diet. C'est pour ça que Tremblay a écrit des chœurs comme dans les tragédies grecques. Notre langue, elle est aussi porteuse de grandeur. Il faut la magnifier, trouver sa musique. Lui permettre de s'adresser aux étoiles.

Il y a toujours eu au Québec une lutte entre le bien parler et le mal parler, comme si la parole était un acte moral. Quand j'ai monté *En pièces détachées* un an plus tard, j'ai voulu confier le rôle de Thérèse à Dyne Mousso, une actrice magnifique, d'une grande luminosité. Pour incarner Thérèse, je la trouvais parfaite : elle avait le potentiel de violence et de désespoir nécessaire. Quand je lui ai proposé le rôle, elle a dit qu'elle ne serait jamais capable de parler comme ça sur une scène. Cette génération d'acteurs-là a appris à jouer en France, et j'imagine que c'est un héritage lourd à porter. Certains ont réussi à acquérir une liberté, d'autres n'ont jamais pu échapper au carcan.

Toute ma vie, j'ai essayé de combattre ce complexe d'infériorité que le Québec éprouvait envers le « grand théâtre », et je crois que la création des *Belles-Sœurs* a été une grande bataille, sinon une grande victoire pour cette raison-là. On ne voulait plus se contenter d'essayer d'imiter l'Europe pour se prouver qu'on était corrects. On voulait s'approprier la grandeur du théâtre, dire au monde que nous, Québécois, à qui la religion commandait de rester humbles, on était dignes d'être montrés et entendus sur scène. Et on allait crier et défoncer des portes pour y arriver s'il le fallait.

La vérité, c'est que le français comme on se tuait à le faire entendre au théâtre et à Radio-Canada, le français qui se dit international, il n'est parlé nulle part, même pas en France. Nulle part, sinon dans l'île que doit former le point du *i* du mot *Atlantique* sur une mappemonde. Il faut arrêter de se mentir, ce français-là n'a pas la noblesse des grands auteurs. Il est dépourvu de toute saveur et de toute culture. Il est fade. C'est un français de colonisés, qui pensent parler comme les autres en s'abaissant à cette connerie et en se niant eux-mêmes.

C'est ce qui m'a toujours paru le plus choquant dans cette histoire-là : on montrait notre réalité et les acteurs parlaient notre langue, et il y a eu des gens pour sortir de la salle en claquant la porte, comme si de se voir eux-mêmes les avait choqués. Comme s'ils n'étaient pas assez nobles pour être montrés au théâtre, qu'ils ne méritaient pas ça. On aurait dit que la langue faisait ombrage au propos du texte et à ses qualités dramatiques.

Martial Dassylva, dans son texte paru dans *La Presse* après la première des *Belles-Sœurs*, a reproché à la pièce d'être grossière et indécente. Il a même critiqué le Théâtre du Rideau Vert de l'avoir produite. Il prétendait n'avoir jamais, en une seule soirée, entendu autant de jurons, de sacres et de «mots orduriers de toilettes», alors qu'en vérité, des sacres, dans toute la pièce, il y en a deux, pas plus. Dassylva est même allé jusqu'à nous accuser de «préciosité vers le bas» et à souhaiter que Tremblay se consacre à une œuvre dramatique véritable, c'est-à-dire écrite en *bon* français. Heureusement qu'il y a eu Jean Basile, du *Devoir*, pour comprendre ce qu'on avait voulu faire. Il a écrit une critique dithyrambique : il ouvrait son texte en qualifiant la pièce de chef-d'œuvre.

Il faut dire que le *timing* était bon : si la pièce avait été créée en 1958 ou en 1978, elle n'aurait jamais reçu l'accueil qu'elle a reçu. En 1967, on s'était ouverts sur le monde avec l'Expo et là, un an plus tard, on voulait en faire partie. Je crois qu'on avait enfin la prétention de croire qu'on n'appartenait plus seulement au p'tit Québec, mais à l'univers tout entier. Tremblay et Ducharme ont débarqué en faisant entendre notre langue comme jamais on ne l'avait encore entendue et, en même temps, Charlebois sautait partout sur scène à l'Ostidshow. C'est comme si on était tous arrivés en même temps. C'était la fin, en tout cas le début de la fin de notre complexe d'infériorité en tant qu'artistes, en tant que peuple.

Tremblay et moi, je crois qu'on a répondu à un besoin. Avant, le théâtre canadien-français – on ne parlait pas encore de théâtre québécois – dénonçait surtout les grands malheurs de la société. Avec *Les Belles-Sœurs*, on parlait maintenant du Québec autrement qu'avec la poésie rurale des Félix Leclerc et Gilles Vigneault. Pendant longtemps, c'était à ça qu'on s'était identifiés : aux grands espaces, aux cormorans, aux goélands… C'était très beau, oui, mais personnellement, en tant que p'tit gars de Rosemont, j'y voyais quelque chose de très exotique. De très étranger à moi.

Nous autres, on voulait parler de la ville, et en parler avec des accents de tendresse. Une tendresse un peu trop sous-jacente selon plusieurs – oui, peut-être –, mais une tendresse qui était là quand même. Je veux dire : on n'aurait pas dépensé autant d'énergie rien que pour parler en mal du monde. On critiquait, on dénonçait, mais toujours dans le but que ça change, parce que les gens à qui nos spectacles s'adressaient et de qui ils parlaient, au fond on les aimait profondément : ce sont eux qui nous avaient mis au monde. Il y avait une forme de sentimentalisme, mais dans le bon sens du terme : pas sentimentalisme fleur bleue, mais sentimentalisme parce qu'on traitait de la société québécoise avec des sentiments. Avec des émotions. On n'était pas les seuls là-dedans, bien sûr : Beau Dommage allait évoquer le coin de la rue Beaubien et de la 9e dans la chanson *Montréal,* laquelle m'est d'ailleurs rentrée directement dans le cœur la première fois que je l'ai entendue à la radio. Tout de suite après, j'avais couru m'acheter le disque.

12

Je suis né dans une société profondément résistante à l'étranger, surtout si l'étranger était anglophone et protestant. Mon grand-père, par exemple, appartenait à la race des nationalistes purs et durs ; il tolérait à peine qu'on regarde le *Ed Sullivan Show*. C'est seulement plus tard, lors de mon époque beatnik, que j'ai pris conscience qu'une autre culture existait, pas trop loin de chez nous.

Grâce à mon cachet pour *Les Belles-Sœurs*, je suis allé à New York, et j'y suis ensuite retourné régulièrement pendant plus de dix ans. Je voulais voir ce qui se faisait comme théâtre ailleurs dans le monde. Pour connaître de nouvelles esthétiques, de nouvelles façons de faire... Mais surtout, la vie sexuelle pour un gai était beaucoup plus simple là-bas.

Dès mon premier contact avec la Grosse Pomme, j'ai été saisi par la multiplicité de son activité théâtrale, tellement plus riche et audacieuse que celle de Montréal en 1968. Il y avait Broadway, bien sûr, mais aussi l'Off Broadway et, surtout, l'Off Off Broadway. Autant j'ai été impressionné par le spectaculaire, la qualité, la discipline et le professionnalisme des productions de Broadway, autant me séduisait la liberté du Off Off – qui était souvent du n'importe quoi, il faut bien le dire.

À New York, j'ai vu des choses que j'aurais crues impensables au théâtre, avec pourtant l'étrange impression de me reconnaître. Ce n'était pas un sentiment précis, mais je m'y sentais à la fois perdu et en terrain familier, comme si cette culture qu'on m'avait présentée jeune comme étant étrangère trouvait en moi un écho favorable. Je ne sais plus exactement ce que j'ai vu lors de mon premier, de mon deuxième ou de mon troisième séjour. Je garde en revanche de vifs souvenirs de plusieurs spectacles et de l'esprit libertaire qui y régnait. Je me souviens entre autres de Dramatis Personae, une troupe où les comédiens jouaient des textes d'un intérêt plutôt ordinaire, disons, mais tout nus sous des robes transparentes ; les spectateurs étaient conviés à se déshabiller et à enfiler eux aussi une robe transparente, mais je n'ai vu personne le faire. Je me souviens aussi d'un spectacle sur *Alice au pays des merveilles,* où on nous faisait entrer dans la salle à quatre pattes pour nous faire sentir ce que c'était que de traverser le *rabbit hole.* Ou encore de *La Vie sexuelle de Jésus-Christ,* jouée par des clowns uniquement vêtus d'un nez rouge. Plus sérieusement, il y avait le *Theatre of the Ridiculous,* animé par Charles Ludlam, qui réunissait des éléments d'avant-garde et du milieu des travestis. Sa démarche, bouffonne à première vue, s'est finalement avérée plus consistante que d'autres : c'est lui qui allait aussi créer *Le Mystère d'Irma Vep.* Je me souviens également de *Dyonisos in 69* par le Performance Group : les acteurs s'adressaient directement aux spectateurs, assis un peu partout dans le lieu. Et je me souviens bien sûr de *Hair*, qui venait du Off avant d'être récupéré par Broadway. C'est un des trois spectacles que j'ai vus trois fois en payant. Les deux autres sont *L'Opéra de Quat'Sous* monté par Jean Gascon, au début des années 1960, et *Le Vol rose du flamant*, de Clémence DesRochers.

Mais la révélation majeure de mon premier voyage a quand même été d'assister à quatre spectacles du Living Theatre, dont *Mysteries and Smaller Pieces*, au Performing Garage et à la Brooklyn Academy of Music. Le Living présentait quatre de ses spectacles dans une même fin de semaine, il me semble que c'était dans le cadre d'un récital d'adieu. J'étais encore assez pauvre à l'époque, alors j'ai dû me payer un siège tout en haut de la salle, dans le *pit*. Mais, au bout d'une demi-heure, les comédiens nous ont fait signe de venir les rejoindre sur la scène. Ils nous ont passé des *bidis*, et comme je pensais que c'était de la drogue parce que je n'en avais jamais fumé, j'ai fait semblant d'être gelé.

Je comprenais peu à peu que le théâtre, c'était plus que ce que j'en connaissais. Ce qui m'a tout de suite frappé, c'est le rapport complètement transformé entre la scène et les spectateurs. Là, les spectateurs montaient sur la scène, d'autres fois les acteurs descendaient dans la salle pour faire des numéros, des impros… Aujourd'hui, peut-être qu'on trouverait ça drôle, mais en ce temps-là c'était sérieux, sinon sacré. Assis sur la scène avec les autres spectateurs, j'avais l'impression d'assister à une sorte de révolution.

Les rares personnes qui ont assisté à l'*École des bouffons* de Ghelderode, que j'ai montée dans l'ancien Théâtre d'Aujourd'hui, n'ont pas eu à faire le voyage jusqu'à New York pour voir le Performance Group : j'avais pratiquement fait une copie carbone de ce que j'avais vu là-bas. Disons que l'influence n'était pas encore digérée. Ce dont je suis un peu plus fier, par contre, c'est la pièce que j'ai montée en 1969 pour la Comédie-Canadienne. C'était un texte de Françoise Loranger intitulé *Double Jeu*. Comme personne ne pouvait faire la régie, je m'en suis chargé. Comme ça, je serais obligé d'être présent à toutes les représentations, et je pourrais changer le spectacle à ma volonté au fur et à mesure qu'on avancerait dans les représentations.

Je voulais impliquer les acteurs, alors chaque soir je leur demandais de raconter sur scène un moment de leur vie. Jamais le même. Ça durait une dizaine de minutes en tout. À la fin de la pièce, ils allaient dans la salle serrer la main du public et se présenter. Il y avait entre autres Dyne Mousso, Gérard Poirier, Lionel Villeneuve, Denise Proulx et Rita Lafontaine.

Juste avant l'entracte, le personnage du professeur, joué par Louis Aubert (de son vrai nom Aubert Pallascio), demandait aux spectateurs si certains d'entre eux souhaitaient improviser une petite scène avec les acteurs; ils auraient l'occasion de le faire en revenant de la pause.

Au début, je pensais que personne ne se proposerait, mais dès le premier soir ils ont été dix à venir nous voir pendant l'entracte. Pour ne pas y passer la soirée, j'ai décidé qu'on prendrait seulement trois couples. Ils sont montés sur scène avec nous; moi, je suis sorti des coulisses avec mes gros écouteurs et j'ai fait la régie depuis le plateau : je voulais être là pour jouer avec les autres.

Le soir de l'avant-dernière, un groupe de manifestants culturels a fait un scandale mémorable. Juste avant que le spectacle ne reprenne, deux gars et trois filles sont montés sur scène. Ils nous ont dit vouloir improviser eux aussi. Ils tenaient des boîtes et étaient nu-pieds dans leurs souliers. On était en janvier, je me disais que quelque chose de bizarre se préparait. Louis Aubert leur a dit qu'il était trop tard, désolé : les spectateurs-acteurs avaient déjà été choisis. Il a donc invité les cinq jeunes à retourner s'asseoir. Mais ils ne voulaient rien savoir. Ils nous ont accusés de restreindre leur liberté, et moi qui étais transporté par les idées du Living Theater, je me suis dit qu'ils avaient raison. Je suis donc intervenu pour annoncer que ce soir on ferait une exception : tout de suite après la petite impro des trois autres couples, ce serait leur tour. Denise Proulx est venue me souffler dans l'oreille qu'elle croyait avoir vu des rats bouger dans leurs boîtes, en tout cas des animaux. Encore une fois, je n'en ai pas fait une grosse affaire. Je me disais que sûrement elle exagérait. Elle exagérait souvent.

À la fin des trois scènes, ils ont commencé à se déshabiller. Les trois filles ont ouvert les boîtes et en ont sorti des pigeons. Puis, devant tout le monde, elles leur ont tordu le cou. Un des gars a sorti un grand couteau et tranché la gorge d'un coq. Il y avait du sang sur lui, du sang partout sur la scène et peut-être même sur les spectateurs de la première rangée. Le sang giclait, le public hurlait. Et moi, pendant ce temps-là, je dois dire que j'étais touché. Pour moi, c'était vraiment un beau moment de théâtre. Violent, oui. Mais beau. Quelqu'un a crié qu'il fallait appeler le 9-1-1, la police, et c'est comme si ça m'avait sorti d'un rêve. En me retournant vers le public, j'ai réalisé qu'il y avait pratiquement une émeute dans la salle. J'exagère à peine.

J'ai tenté de calmer les spectateurs. Je voulais leur dire que selon moi ça ne valait pas la peine de jouer la fin du spectacle. Parce qu'après un moment théâtral de cette force-là, ça n'aurait aucune valeur. Mais l'un d'eux nous a dit qu'il nous fallait terminer la pièce, que c'était notre devoir. Certains acteurs étaient pour, d'autres contre, et d'autres étaient carrément en train de virer hystériques.

Finalement on a terminé la représentation, mais je ne sais pas comment les spectateurs ont pu regarder ça comme si de rien n'était. Moi, mes mains en tremblaient encore, et jusqu'aux derniers applaudissements je n'ai pensé qu'à ça. J'ai fait la régie comme un somnambule.

J'ai appris par la suite que c'est Lionel Villeneuve, dans sa grande bonté, qui avait fait sortir les manifestants par l'entrée des artistes pour éviter que la police les attrape. C'est aussi lui qui avait ramassé leurs vêtements. Lionel avait toujours le bien des autres à cœur, c'était quelqu'un de tellement aimant.

13

On m'a souvent dit que j'avais inventé une nouvelle façon de faire du théâtre et qu'en ce sens j'avais marqué mon époque. Je ne sais pas. Peut-être. Je laisse ces questions-là aux autres, on l'écrira dans le journal le jour de ma mort. La vérité, c'est que je ne voulais pas créer des affaires nouvelles simplement pour créer des affaires nouvelles. Je voulais d'abord et avant tout faire ce qui me touchait, moi, et d'une façon personnelle. L'original, c'est ce qui provient de l'origine. C'est ce qui est personnel au créateur.

Dès mes premiers spectacles, à l'âge de dix-sept ans, je me suis toujours écouté dans le processus de création. Comme j'avais lâché l'école, j'étais assez ignorant, alors je devais me fier à mon instinct. Mais pour être parfaitement honnête, je dois dire que j'ai été chanceux. Je pense que c'est les Beatles qui m'ont sauvé. Avant, quand j'entrais dans un autobus avec mes cheveux longs, les gars me traitaient de tapette ; après, je me suis fait traiter de Beatle, ce qui ne venait pas avec une raclée. Aussi, tout à coup dans les années 1960, être jeune est devenu une qualité : tout le monde voulait son jeune. Avant, on disait : « Il a peut-être du talent, mais il est jeune… » En 1968, changement de ton : « Il a peut-être du talent, mais il est jeune ! » Ç'a sûrement facilité mon entrée dans le métier. D'une société *novophobe*, on est passé à une société *novophile* – un universitaire m'a un jour expliqué que *novo* venait du latin et *phile*, du grec, et qu'on ne pouvait pas mêler les deux racines dans un même mot, mais bon, tant pis. Tout ce qui était nouveau était maintenant merveilleux.

Le succès qu'on connaissait depuis *Les Belles-Sœurs*, Tremblay et moi, ça choquait bien du monde. On arrivait de nulle part : une espèce de boum nous a soudainement projetés à l'avant-scène. De mon côté, j'ai changé de statut. Ça m'a mis sur la carte. Auparavant j'étais un jeune prometteur, et là je devenais un jeune teneur de promesses. J'étais celui qui livrait la marchandise, celui qui était capable de sauver un show. La saveur du mois. Finalement, ç'a duré plus longtemps qu'un mois, et je dois le dire, j'en suis assez fier. J'aurais pu me contenter de mon petit succès, mais ça ne m'a jamais tenté. Tremblay et moi, quand on entendait les gens applaudir à la fin de la première d'un de nos spectacles, on ne se félicitait pas l'un et l'autre pendant des mois. On se regardait et on disait *next*, au suivant. Pendant les vingt premières années de notre collaboration, dans un sens, on faisait des spectacles dans le but d'en faire d'autres : pour avoir assez de reconnaissance pour nous faire réengager et retourner explorer l'univers que peu à peu on façonnait ensemble.

On m'a proposé plein de choses et j'ai toujours dit oui. D'une part pour gagner de l'argent, d'autre part pour me faire aimer. J'ai mis en scène des spectacles de variétés : des shows de Donald Lautrec et de Renée Claude, ce qui n'était pas aussi satisfaisant pour l'ego, mais quand même agréable. J'avais la chance de rencontrer des gens, de discuter avec eux et d'apprendre à les connaître. J'ai aussi tourné presque un an avec Pauline Julien. Je n'étais pas son metteur en scène : pas moyen de lui dire quoi faire, elle changeait d'idée toutes les dix minutes. J'apprenais ce que ça voulait dire, être au service de quelqu'un. Des fois, je la conseillais, lui proposais des petites idées, et souvent elle ne voulait rien entendre. D'autres fois, oui, elle jugeait que j'avais raison et m'écoutait. Mais c'était son répertoire, c'était elle qui chantait, alors c'était très difficile de me mettre entre l'arbre et l'écorce. Il valait mieux me mêler de mes affaires, essayer de ne pas nuire… et aider, si je le pouvais.

J'ai aussi fait des publicités : de soutiens-gorge, de maisons mobiles et d'hôtels. J'en ai fait trois seulement. Comme je n'ai pas obéi aux directives des producteurs, plus jamais ils ne m'ont engagé. J'ai toujours trouvé débile de simplement exécuter les ordres d'un autre. Si tu sais ce que tu vas faire avant même d'avoir commencé, ça ne sert à rien. Pour moi, le travail est aussi un voyage d'exploration. Quand on s'embarque dans la création, on ne sait pas d'avance ce qu'on va dire ; on le découvre tout au long du processus. Les seules personnes qui savent ce qu'elles veulent et qui y parviennent, ce sont celles qui rédigent les publicités. Elles n'ont besoin que de trente secondes pour dire ce qu'elles ont à dire : cette soupe-là est meilleure que l'autre ; cette auto-là va plus vite que l'autre.

Tout était prévu – je crois que mon *talent* de metteur en scène était réquisitionné uniquement dans le cas où, par exemple, il aurait plu et qu'il aurait fallu trouver une solution de rechange pour tourner la scène. Ce n'était pas moi qui avais engagé les acteurs, ni choisi le scénario. C'était un travail d'exécutant.

Mon changement de statut a aussi fait en sorte qu'on faisait maintenant appel à moi pour des projets d'envergure. Peu de temps après mon retour de New York, Jean-Louis Roux m'a demandé au téléphone si je voudrais monter une adaptation de *Lysistrata*. Jean-Louis Roux qui, je dois le souligner, à ce moment-là était pour moi l'homme à abattre. Partout où j'allais, je disais haut et fort qu'il fallait le débarquer du TNM au plus sacrant. Il représentait la vieille garde du théâtre québécois, contre laquelle je me battais. Des années plus tard, quand j'ai eu cinquante ans, j'ai été très inquiet de n'entendre personne crier à ma fenêtre pour me contester et exiger mon départ. Est-ce que j'aurais fait l'unanimité ? Moi qui voulais brasser le monde, j'espérais que non. Bien sûr, c'était agréable de penser que personne ne voulait ma tête, mais d'un autre côté c'était un peu inquiétant. Même si on n'est plus en 1968, les jeunes doivent réclamer la tête de leur père et chercher à dépasser leurs maîtres. Ils n'ont pas d'excuse : ils ne crient pas assez fort. Le neuf doit pousser sur le vieux, sinon ça produit une société constipée.

Comme c'était pour une coproduction entre le Centre national des arts et le TNM, une grosse patente, j'ai mis en sourdine mes ambitions révolutionnaires et j'ai accepté la proposition de Jean-Louis Roux. Je me sentais comme les bonnes par rapport à Madame dans la pièce *Les Bonnes* de Genet : d'un côté j'avais toujours voulu tuer le TNM, mais de l'autre je ne le pouvais pas parce que c'était trop beau.

Jean-Louis Roux m'avait invité à manger avec lui au Paris. Je n'étais jamais allé là avant : j'avais toujours considéré que ça ne me concernait pas. Je n'ai jamais su quelle fourchette, quel couteau prendre. En fait, je n'ai aucune manière. Comme le dit Cyrano : « Moi, c'est moralement que j'ai mes élégances. »

Assis en face de lui, j'avais l'impression de me trouver au milieu d'une autre classe sociale. Autour de moi, ce n'était plus mon p'tit Rosemont, mais les hauts lieux du grand Montréal. J'étais passé de l'autre côté de la clôture. Pour ne pas avoir l'air trop fou, j'ai commandé un steak. Rien de trop sophistiqué. J'étais tellement stressé, je jouais le jeu du grand monde ; toutes mes grandes revendications quant au parler québécois ont pris le bord assez vite. Sans me donner un accent français, j'étais quand même loin de parler comme je le faisais avec ma gang.

À la fin du repas, Roux m'a tendu une adaptation de *Lysistrata* écrite par Éloi de Grandmont, un des fondateurs du TNM. Il avait fait un bon travail sur *Pygmalion* : il l'avait *québécisé,* et c'était d'ailleurs pour ça que Roux avait pensé à moi pour la mise en scène. Bien malgré moi, j'étais devenu le représentant officiel de la langue québécoise.

Avant de partir, Jean-Louis Roux m'a dit de le rappeler aussitôt que j'aurais lu le texte pour lui dire ce que j'en pensais et si j'acceptais sa proposition. J'ai hoché la tête en essayant de prendre un air nonchalant, et dès qu'il a franchi la porte du Paris, j'ai compté jusqu'à dix et ouvert l'enveloppe. J'étais tellement excité, j'en avais les mains qui tremblaient. J'allais monter un spectacle au TNM ! Arrivé chez moi, je me suis allumé une cigarette et j'ai relu la pièce une deuxième fois, une troisième et une quatrième. C'était très difficile à admettre, mais j'haïssais ça. L'adaptation semblait avoir été inspirée par Astérix. Un personnage s'appelait Aspirine, un autre, Codéine. Je n'ai pas dormi de la nuit. Les jours suivants, partout où j'allais je pensais à ça. J'étais en train de travailler sur *Double Jeu*, et dans les corridors de la Comédie-Canadienne, je faisais les cent pas en me demandant ce que je devais faire. La job que m'offrait le TNM était prestigieuse, c'était un grand honneur. Mais le projet, c'était de la cochonnerie !

Deux semaines plus tard, j'ai décidé de dire la vérité à Jean-Louis Roux : je jugeais le texte très mauvais, mais j'aimerais quand même travailler avec lui. Je pense qu'il devait s'y attendre. Jean-Louis n'est pas un imbécile ; il devait bien se rendre compte que le texte n'était pas bon. Sans doute espérait-il que quelqu'un le sauverait en le refusant à sa place. Comme ça, il n'aurait pas à porter le bonnet du méchant devant son ami Éloi de Grandmont.

Je lui ai dit qu'avec mon ami Tremblay je pourrais sûrement faire une adaptation qui aurait de l'allure, en tout cas meilleure que celle qu'il prévoyait monter. Roux a accepté. Tout de suite après, je me suis jeté sur le téléphone pour informer Tremblay. Je ne lui en avais même pas parlé, mais selon moi il ne pouvait pas refuser. Au début, il était content, mais quand je lui ai révélé le peu de temps dont on disposait pour tout le processus, il y a eu un long silence à l'autre bout du fil. La première aurait lieu à peine un an plus tard, et entre-temps il fallait commencer à travailler avec les acteurs. Finalement, Tremblay a écrit la pièce au fur et à mesure que les répétitions avançaient.

Il était déjà prévu que Charlebois signerait la musique et qu'un décorateur égyptien, très à la mode à l'époque, concevrait les décors. Pour plaisanter, je prétendais que Jean-Louis Roux avait la manie de créer des affiches avant des projets, c'est-à-dire qu'il rassemblait des noms en pensant que ça ferait un bon spectacle. Avec Charlebois, ça s'est réglé assez vite : il voulait que Nanette Workman ait le rôle de Lysistrata, et nous on voulait plutôt Filiatrault, alors rapidement on s'est rendu compte qu'on était d'accord sur le fait qu'on n'était pas d'accord. Il a donc quitté le bateau. Puis, peu à peu, Tremblay et moi, on a déployé nos tentacules et pris possession du projet.

Il y avait du monde dans cette pièce, en veux-tu en v'là. Les cinq personnages féminins principaux avaient chacun deux suivantes et un mari. Sans compter un chœur de vieux et un chœur de vieilles. En tout, quelque chose comme trente-huit comédiens, et la plupart venaient de milieux différents, ce qui était quand même dur à gérer. Entre autres : Denise Filiatrault, Élisabeth Lesieur, Kim Yaroshevskaya, Ginette Letondal, Louisette Dussault et Carole Laure, inconnue à l'époque, qui tenait un petit rôle dans le chœur de vieilles. Elle avait à peine dix-huit ans, mais son personnage était masqué.

Comme pour *Les Belles-Sœurs*, j'ai dirigé les chœurs avec une baguette, à la manière d'un chef d'orchestre. Mais je passais d'un orchestre de chambre à un orchestre symphonique. Je battais la mesure, faisais signe de donner plus ou moins d'intensité, d'aller plus rapidement, plus lentement. Parfois, je me dis que j'aurais dû devenir chef d'orchestre. Mais je ne connais rien à la musique. Même pas capable de lire une partition. Je n'ai jamais pris le temps de m'y intéresser comme je l'aurais voulu, c'est un autre de mes grands regrets. Mais bon, à un moment donné il faut faire des choix, on ne peut pas tout faire dans une vie : chaque décision prise, c'est aussi mille autres qu'on ne prend pas. Plus on vieillit, plus il faut renoncer à certaines affaires. C'est terriblement tragique. On abandonne des centaines de vies possibles chaque jour.

Ma façon de diriger les chœurs a dû être une façon de compenser. Par contre, je n'ai jamais osé assumer ce fantasme-là jusqu'au bout : souvent mes actrices me demandaient pourquoi je ne venais pas sur la scène avec elles pour battre la mesure pendant le spectacle. La vérité, c'est que j'ai toujours eu trop peur qu'elles se trompent à cause de moi. Je sais, c'est niaiseux, mais je me sentais incapable de prendre une telle responsabilité sur mes épaules. D'ailleurs ça m'aurait semblé exhibitionniste. Et il aurait fallu que je sois dos au public. Et ça, non, je n'aime pas ça du tout.

Cette pièce-là m'a confirmé que je pouvais bel et bien faire du *spectacle*, du *show*. Après avoir vu les magnifiques comédies musicales de Broadway, ces grandes machineries parfaites mais insignifiantes, je voulais vérifier si je pouvais faire pareil. Faire des produits comme des œuvres. J'ai toujours voulu distinguer le produit et l'œuvre. Le produit, c'est un spectacle bien emballé, bien ficelé, dont le sens, s'il n'est pas absent, n'est pas forcément essentiel. L'œuvre met en scène la parole d'un auteur qui tente de mettre au monde un univers. Avec *Lysistrata*, je savais que si j'avais voulu gagner ma vie avec des produits, j'en aurais été capable : je me rendais compte que j'avais le tour. Mais ce n'était pas ce qui m'intéressait.

C'était assez bon, je pense. En tout cas le spectacle a été bien reçu. Seulement, les acteurs l'ont joué en juin pour l'ouverture du CNA, en juillet pour un festival d'été qui n'a pas marché et en septembre à Montréal, donc ils ont dû se côtoyer pendant un an et je pense qu'à la fin ils commençaient tous à se taper sur les nerfs.

14

Avec mon cachet de *Lysistrata*, j'ai fait mon premier voyage à Paris. C'est à l'époque où les Boeing 747 sont apparus. Les compagnies de transport se sont retrouvées avec de gros avions, et comme il fallait bien les remplir, elles ont baissé le prix des billets. Traverser l'océan est soudain devenu quelque chose d'accessible, et avec Rita et d'autre monde de notre gang, j'en ai profité. Tremblay, lui, est resté à Montréal.

Alors que je croyais haïr les Français et rejeter assez violemment leur culture et leur théâtre, ou en tout cas la version que pouvaient nous en offrir à l'époque le Théâtre du Rideau Vert, le Théâtre-Club et le Théâtre du Nouveau Monde, j'ai été surpris en débarquant aux Invalides de pleurer devant le pont Alexandre-III. C'était tellement beau. En me promenant dans les rues de Paris et en allant au théâtre là-bas, je me suis rendu compte que, malgré ma méfiance envers la culture française, j'en faisais partie. Je n'aurais plus honte de mon héritage, de mes racines.

Il me semble que c'est à ce moment-là que j'ai pris conscience d'avoir deux mères : l'Amérique et l'Europe. L'Amérique, avec cette ignorance du passé qui la caractérise et qui permet de croire qu'on peut tout inventer, et l'Europe, qui contient la mémoire de toute notre civilisation et nous rappelle que le monde n'a pas commencé avec nous, qu'on fait partie de l'histoire de l'humanité. Longtemps j'en ai déduit qu'on était assis entre deux chaises. Et puis, en y repensant, j'ai compris qu'on avait plutôt le rare privilège d'être des métis. C'est sans doute pourquoi, vers 1973, avec John Goodwin et Tremblay, quand il a fallu trouver un nom à notre compagnie, j'ai spontanément proposé celui de la Compagnie des Deux Chaises, tout en étant conscient qu'il nous restait à inventer notre propre chaise.

À Paris, un jour j'ai reçu un télégramme de Tremblay disant que la Ville de Montréal nous avait commandé une comédie musicale. Ça aurait lieu pendant l'été, au Jardin des Étoiles, un grand cabaret chic construit pour l'Expo et qui était encore opérationnel. C'était une salle assez spéciale, en forme de triangle, avec du public sur les trois côtés. Évidemment, j'ai couru m'acheter un billet pour retourner au Québec au plus sacrant : je n'avais pas le droit de rater ça.

On disposait de peu de temps avant la première, alors comme pour *Lysistrata*, on a créé le spectacle au fur et à mesure que les répétitions avançaient. Ç'a finalement donné *Demain matin, Montréal m'attend*. Mais, à ce moment-là, c'était une version cabaret de cinquante minutes seulement. On le jouait deux fois par soir.

Les répétitions avaient lieu dans l'ancien Expo-Théâtre. Pendant les pauses, avec François Dompierre, qui faisait la musique, le chorégraphe et les comédiens, on allait jouer avec un cerf-volant sur le bord du fleuve. Il faisait beau, c'était l'été, et autour de nous il y avait les vestiges de l'Expo. C'était vraiment très agréable.

Le soir de la première, une file de monde faisait le tour de la salle. J'ai cru qu'un autre spectacle était programmé le même soir dans l'île Sainte-Hélène. Eh bien non, c'était pour nous autres. Ç'a été un succès immédiat, et pendant les trois semaines prévues à l'affiche, tous les soirs on a joué à guichet fermé. Il y avait quand même Filiatrault et Louise Forestier pour attirer tout ce monde-là. Carole Laure, aussi, envers qui je voulais me racheter après lui avoir fait jouer une vieille femme dans *Lysistrata*. Je pense qu'après *Les Belles-Sœurs*, Tremblay et moi, on commençait à devenir des espèces de vedettes locales. Les gens savaient qui on était, nos spectacles étaient attendus. C'est là que j'ai commencé à le comprendre.

Ç'a pris encore deux ans pour qu'on puisse créer *Demain matin, Montréal m'attend* dans ce qui est aujourd'hui son intégralité, au Théâtre Maisonneuve de la Place-des-Arts.

Quand le Rideau Vert a voulu reprendre *Les Belles-Sœurs* en 1971, j'ai hésité. J'avais déjà repris le spectacle en 1969, et j'avais trouvé débile de faire les répétitions à l'imparfait : « Où est-ce que tu t'assoyais, déjà ? Ah oui, pis là, sur telle réplique on se levait. » J'ai demandé de tout recommencer : nouveau décor, nouveaux costumes, nouvelle distribution, et la direction du Rideau Vert a accepté.

Il y avait un plateau ovale incliné avec un frigidaire et un poêle sur roulettes ; il fallait que les actrices les déménagent et pensent à barrer les roues en dessous pour que ça tienne en place. C'est là que j'ai rencontré Monique Mercure, Michelle Rossignol, Amulette Garneau, la p'tite Ève Gagnier et Denise Morelle. Par la suite, chaque fois que j'ai repris le spectacle, je les faisais échanger leurs rôles. Idéalement, j'aurais voulu faire une distribution à la manière d'un Cube Rubik, avec trois actrices pour trois rôles – les trois plus jeunes, les trois plus vieilles, les trois comiques, etc. Chaque soir j'aurais fait des combinaisons différentes : telle actrice jouerait tel rôle, telle autre jouerait tel autre, pour renouveler la distribution et garder mes actrices sur la pointe des pieds. Pour brasser la bouteille, comme avec du Dr Pepper : pour faire de la mousse et m'assurer qu'il y a encore des bulles.

Les acteurs souffrent souvent d'insécurité, alors dès que ça marche ils ont tendance à chercher à se réconforter en jouant tout le temps de la même façon. C'est pour essayer de trouver une solution à ce problème-là que j'ai eu l'idée de les faire jouer sur des plans inclinés. Ça répondait à une grande insatisfaction vis-à-vis des acteurs : selon moi ils n'avaient pas assez d'énergie sur la scène. Le déséquilibre les forçait à rester dynamiques et les empêchait de tomber dans la routine.

J'avais vu ça quelque part, peut-être dans un de ces livres de théâtre pleins de photos. En tombant là-dessus, j'ai dit eurêka ! Je me suis mis à faire des plans inclinés dès les années 1970 et j'ai continué jusque dans les années 1980. À la fin, je ne voulais pas que les acteurs soient arrêtés ; je voulais qu'ils soient suspendus dans les airs. Le pire, ç'a été le plateau de la création de *Sainte Carmen de la Main*. Il était tellement incliné que c'en était devenu dangereux.

Le plateau incliné représente mon attitude face à la création. On ne doit jamais tomber dans ses pantoufles, l'art demande une part d'inconfort à ceux qui le pratiquent. Il faut toujours pousser notre questionnement plus loin. C'est sûr que tu cherches à te sécuriser quand tu fais quelque chose d'aussi terrifiant. Tu cherches des formules, des zones de confiance. Comme tout le monde, l'artiste est quelqu'un qui doute, qui n'est pas sûr de lui. Mais comme tout le monde, il doit finir par l'accepter s'il veut passer à travers la vie.

Moi, j'ai toujours détesté faire pareil. À moins que ce soit très payant, mais c'est rarement le cas. C'est la raison pour laquelle je me méfie des répétitions. À un moment donné, je me suis rendu compte que le mot «répéter» voulait aussi dire ânonner, radoter... Ça charrie des images ennuyantes. Il y a quelque chose de fastidieux là-dedans: on dit et on redit, comme on récite ses tables de multiplication ou une fable de La Fontaine, pour ensuite la recracher à toute allure. En anglais, ça s'appelle un *rehearsal*, c'est-à-dire qu'on repasse sur un sillon déjà creusé pour retourner la terre. En italien, en russe et en allemand, on dit plutôt une épreuve, un essai: *prova, proba, probieren*... Pour moi, ça évoque l'image des graveurs qui tirent des épreuves de leurs œuvres pour les corriger au fur et à mesure. Je trouve ça plus vivant.

C'est aussi la raison pour laquelle j'ai cessé d'aller voir les représentations de mes spectacles. Parce que câlisse, c'est plate! Je l'ai vu, le show, c'est moi qui l'ai monté et il ne changera pas, il ne changera plus: il est coulé dans le béton, et on ne peut plus travailler.

Une fois, à Ottawa, pendant un spectacle en anglais, je m'étais retrouvé assis à côté du metteur en scène. J'avais jugé le show ennuyant, mais d'être à côté de lui me gênait à tel point que je me sentais obligé de mimer un air attentif pendant toute la représentation. J'ai pensé qu'il ne fallait jamais imposer ça à personne. Ceux qui ont aimé mon spectacle viendront me le dire, les autres rentreront chez eux sans avoir à me croiser. De toute façon, à la générale, j'ai regardé la pièce de la salle, de tous les points de vue possibles, pour m'assurer que toutes les images fonctionnent. J'irai pas me taper le spectacle encore une fois à la première. Et de toute façon, les représentations sont filmées, alors je reste chez moi : je peux fumer, boire ma liqueur et avoir la paix.

15

Il y a tellement de choses que je voudrais dire à propos de Denise Pelletier. C'était une créature incroyable. J'ai toujours été impressionné par Filiatrault, mais autrement. Mme Pelletier, c'était du Grand Théâtre. Je veux dire, du « Graaaaand Théâââââtre ». Elle avait une capacité surhumaine de faire vibrer l'âme, je ne sais pas pourquoi, une sorte de caisse de résonance qu'elle avait en elle : un pouvoir d'évocation, une énergie, du coffre qui me faisait chaque fois tomber sur le cul.

En 1970, j'ai monté avec elle *L'Effet des rayons gamma sur les vieux garçons*. Tremblay avait vu la pièce de Paul Zindel à New York en mai 1970 et, dès son retour, il a commencé à la traduire. La première a eu lieu au Quat'Sous quatre mois plus tard. C'était la première fois qu'une œuvre théâtrale des États-Unis était traduite en québécois. Tremblay avait eu du flair parce que peu de temps après, la pièce remportait le Pulitzer.

Ensemble, on avait convenu que la seule personne qui pouvait jouer ça, c'était Denise Pelletier. Mais pas moyen de la rejoindre. John Goodwin, qui venait de devenir notre agent, à Tremblay et à moi, a réussi à la retrouver : elle était en vacances en Europe. Il lui a envoyé le texte et finalement, elle nous a répondu que ça l'intéressait. Peu de temps après, nous voilà, Goodwin, Tremblay et moi, à l'aéroport de Dorval avec des bouquets de fleurs plein les bras, doux comme des petits pois.

Pendant les répétitions, un problème de décor est apparu : une prise de courant n'était pas du bon côté pour *mon image*. Afin de rééquilibrer le plateau, gêné, j'ai dit à Denise qu'il fallait tout renverser, faire un effet miroir.

— C'est pas possible.

— Voyons donc, Denise, c'est les mêmes intentions, les mêmes déplacements, c'est juste pas à la même place !

— André, comprenez que j'ai mes repères, moi, dans le décor. Quand je suis à telle place, ma mémoire marche avec le lieu où je suis, avec ce que j'ai dans mon champ de vision. Faut pas me changer tout ça.

— C'est juste que pour mon image…

— Pour votre image ? Pour votre image, franchement, André ! Vous en ferez d'autres !

— Très bien, madame, vous avez raison. Tant pis pour mon image si vous êtes pas à l'aise dedans.

J'étais très jeune. Elle avait raison de me remettre à ma place. Un détail ne gâchera jamais une bonne pièce et n'en sauvera jamais une mauvaise. Qu'est-ce que ç'aurait changé, au fond, si elle avait joué six pieds à droite ou six pieds à gauche ?

Au cours du xxe siècle, plusieurs méthodes ont été développées par différents metteurs en scène, que ce soit celle de Stanislavski, de Brecht ou encore de Grotowski, et beaucoup d'autres que je ne connais pas parce que je suis assez ignorant : je suis plus un praticien qu'un théoricien. Il y a aussi la *Method Acting* américaine, de l'Actor's Studio, un dérivé bâtard de la pensée de Stanislavski. Elle doit avoir une valeur, mais je la trouve tellement schizophrène, trop axée sur le personnage et son nombril. L'acteur – et ça, je le tiens de Brecht, j'imagine – a besoin d'être plus conscient de sa position dans le monde. La méthode américaine incite à une introspection, ce qui peut être utile à un moment donné, mais il faut éviter que ça devienne une barrière.

Je me suis souvent demandé si moi aussi j'en avais une, méthode, et j'en ai conclu que non. La méthode, pour moi, a quelque chose de didactique et de magistral, et ça me fait chier. Je n'ai pas de méthode, plutôt une attitude. Celle du chercheur. C'est-à-dire que je suis curieux et que j'écoute. Je me pose des questions et jamais je n'hésite à dire que je ne sais pas quelque chose quand je ne le sais pas. On est là pour chercher, pas pour avoir trouvé. C'est la plus grande sagesse qui soit : savoir qu'on ne sait pas. Et le dire aux autres, pour les amener à chercher à leur tour. Et à proposer des choses. Pour les intégrer dans le processus.

J'ai toujours tenté d'organiser mes spectacles le plus tard possible. Pour rester dans le désordre et ainsi permettre à la vie de surgir. Il doit rester des doutes, des déséquilibres. Je ne veux pas m'arrêter dans ma pensée, après tout je me suis mis à créer des plans inclinés pour empêcher mes acteurs de sombrer dans un statisme et un immobilisme, émotif et physique. C'est bon pour le corps autant que pour la pensée.

Le metteur en scène agit comme un guide avec ses acteurs. Il doit rester deux pas devant eux. Deux pas, mais pas plus. Il ne leur dit pas ce qu'ils doivent faire ni comment ils doivent le faire : il les laisse trouver et les oriente dans leurs choix. En fait, c'est comme des exercices de tir. Tu dis aux acteurs : « Vise plus à gauche. Plus haut, plus bas. » Ils sont un peu comme des archers aveugles. Ils ont besoin que tu les guides, que tu les diriges.

Il faut – est-ce que je suis en train d'écrire une autre méthode, coudonc ? – que les acteurs acceptent de recevoir des choses sans savoir d'où ça vient. Je leur propose des idées, mais je ne perds pas de vue que des idées, ça reste des idées tant que ce n'est pas incarné. Et les personnes qui incarnent les idées, ce sont les acteurs. Je leur lance quelque chose et eux essaient de le digérer. Un moment donné, j'ai dit à un étudiant que dans telle scène, il manquait un peu de tendresse. Lui : « Oui, mais hier, tu m'as dit de mettre de la violence. » Moi : « Pis, ça ! Y a-tu juste du bacon dans un club sandwich ? » Le metteur en scène distribue les ingrédients qui constituent le club sandwich, et c'est la responsabilité de l'acteur de décider combien il met de morceaux de tomate, de tranches de bacon, etc. C'est ma responsabilité de nourrir les acteurs. Je suis leur mère. Le père, ce serait l'auteur, qui lance son blanc. Le metteur en scène le reçoit et se le rentre dans le ventre, puis il accouche de quelque chose. À la fin de la dernière générale, avec les acteurs j'avais un petit rituel : je faisais comme si je sortais le spectacle de mon ventre, coupais le cordon et le leur lançais. C'était à eux de jouer.

Ça prend des antennes pour ramasser et accumuler toutes les particules d'humanité qui flottent dans l'espace. Et ensuite s'en servir. C'est un peu comme une loupe qui concentre la lumière du soleil en un seul point : un faisceau entre dans l'acteur – tout ce qu'il voit, connaît, vit, apprend – et après avoir condensé tout ça en lui, par son imaginaire, sa personnalité, ses souffrances, sa vie, sa poésie, son corps, ses sentiments, son âme, il projette un faisceau condensé vers le public. Il émet le texte, en tentant de faire en sorte que les mots qui l'ont touché touchent aussi les autres. C'est dans ce sens-là que j'ai déjà dit des acteurs qu'ils étaient des *émetteurs en scène*. Le talent d'un acteur, en fait, c'est sa capacité de recevoir, de filtrer et d'émettre. Un grand acteur, c'est simplement celui qui capte, filtre et émet davantage.

Quand les acteurs me posent une question, je ne leur fournis pas des réponses toutes faites. Je partage avec eux le plaisir de l'ignorance, et parfois, quand ils se rendent compte qu'ils peuvent m'en apprendre, ils finissent par l'apprécier. Il faut comprendre que le doute est possible seulement si tu as profondément confiance en toi. Je suis capable de dire «je ne sais pas» parce que je sais que dans deux, trois semaines, si je suis à l'écoute de ce qui se passe, je vais le savoir. En fait, quand je dis «je ne sais pas», je veux dire que je ne le sais pas maintenant et qu'il ne faut pas s'inquiéter, je vais finir par le savoir. Si je ne le trouve pas deux semaines avant la première, j'ai assez de métier et de trucs pour pouvoir, grâce à la technique et à la mémoire, régler les problèmes de toute façon. Autant je suis frémissant, petit chat mouillé dans ma vie personnelle, autant je peux dire sans me vanter que je n'ai aucun doute quant à mes compétences en tant que metteur en scène, à mon intelligence et à mon attitude face au travail. J'ai fait assez de bons spectacles pour savoir que je suis à ma place, mais j'en ai aussi fait assez de mauvais pour savoir que je ne suis à l'abri de rien. Je ne me suis jamais senti comme un imposteur. Dès la première fois que j'ai fait du théâtre et que j'ai joué *La Thébaïde* à l'école, j'ai su que j'étais à ma place. Mais pour ça, il faut apprendre à dompter son insécurité. C'est ce que je répétais souvent à mes étudiants à l'École. Il faut arrêter de se laisser dominer par sa peur. Comme dans un rodéo, on doit apprendre à la dompter pour devenir son cavalier et lui demander de nous emporter : arrivé au bord du précipice, on saura l'arrêter. On ne devient un créateur qu'en sachant chevaucher son insécurité : il faut être assez sûr de soi pour être capable de n'être pas sûr. Mais ceux qui savent qu'ils ne trouveront jamais rien parce qu'ils sont sans talent, ils sont incapables de dire « je ne sais pas ». Ils donnent un coup de poing sur la table et disent : « Ça va être ça ! », et ils vont le justifier grâce aux instruments de prédilection de leur insécurité, qui sont l'Autorité et la Théorie. Moi, un metteur en scène qui m'aurait dit ça, je pense bien que je l'aurais envoyé chier. Quand l'École a ouvert le programme de mise en scène, en 2000, je venais d'avoir mon AVC, alors je n'ai pas pu participer à son élaboration, mais une chose que j'aurais faite, ç'aurait été d'interdire le verbe « vouloir » à la première personne du singulier. La volonté est quelque chose qui ne peut pas appartenir à la création artistique. On ne crée pas toujours ce qu'on veut : on se laisse guider par ce qui est en train de se passer, on doit être à l'écoute.

Un jour, un acteur m'a demandé d'arrêter de dire que je ne savais pas, ça le rendait inquiet. Je lui ai répondu que s'il n'était pas prêt à vivre son insécurité, il valait mieux pour lui changer de métier, et au plus sacrant. La seule règle au théâtre, c'est qu'il n'y en a pas.

Depuis longtemps, je choisis mes mots avec prudence pour parler d'un spectacle ou du jeu d'un acteur. Après une répétition, je vais dire que c'était pas pire, et des fois que c'était bien. C'est le maximum. Quand tu dis à un acteur qu'il est extraordinaire, ça l'empêche de travailler. Ça lui crée un stress, il a l'impression qu'il doit toujours répondre à ça, être à la hauteur des standards qu'il a lui-même fixés. Ces mots-là sont terriblement dangereux. Si tu as le malheur de dire à quelqu'un que c'est bon, ce qu'il a fait pendant sa scène au deuxième acte, il ne sera peut-être plus jamais capable de la rejouer aussi bien. Il se mettra à ruminer, à se demander ce qu'il a fait de spécial pour être si bon cette fois-là. C'est-tu parce que le cendrier était plus loin? C'est-tu parce que la chaise était retournée? C'est-tu parce qu'il avait pris un temps avant de dire ça? Il voudra s'imiter lui-même et ne trouvera plus la vérité de ce qu'il a fait. Il ne vivra plus la scène, il tentera de la reproduire. Alors mieux vaut parler de ce qui ne marche pas plutôt que de ce qui marche. Ça semble méchant, mais au fond c'est une façon de protéger les gens d'eux-mêmes.

Un objet ne te donnera jamais plus que ce qu'il est censé te donner – un grille-pain va griller ton pain, une laveuse va laver ton linge, une balayeuse va aspirer ta poussière –, alors il n'a pas le droit de t'en donner moins. Sinon, tu le jettes aux vidanges et tu le remplaces. Mais un être humain, si tu veux qu'il te donne plus, il faut qu'il ait le droit de donner moins. En répétition, si tu exiges toujours le même niveau de performance, tu vas l'avoir: l'acteur fera exactement ce que tu t'attends de lui. Mais tu n'auras que ça, jamais plus. L'acteur doit savoir que ce n'est pas une catastrophe si un jour il est moins en forme que d'autres. Ça lui donne une liberté qui lui permettra de t'étonner plus tard. L'obéissance empêche les gens d'explorer des zones nouvelles qui existent en dehors des consignes. Il y a déjà assez de la nature pour nous imposer des lois, si en plus il faut que la race humaine s'y mette... Bien sûr, il y a des lois qu'on accepte, par exemple les feux de circulation, pour éviter un chaos social: l'être humain étant ce qu'il est, c'est-à-dire profondément mesquin et égoïste, il se garrocherait

pour traverser la rue avant les autres et des accidents sur-
viendraient toutes les dix secondes. Ces lois-là, il faut les
accepter. Mais d'un autre côté, si ton meilleur ami ou la
personne que tu aimes est en train de se faire poignarder
de l'autre côté de la rue et que le feu est rouge, tu vas
quand même traverser la rue pour aller le défendre. Plus
aucune loi ne tiendra. J'ai tendance à penser que toutes
les lois doivent être balancées par le gros bon sens, sinon
mieux vaut être remplacé par des machines, ce qu'on
n'est pas loin d'être en ce moment.

16

C'était important pour moi de ne pas devenir Mme Tremblay. C'est le piège qui me guettait : autant j'étais fier de ce qu'on faisait ensemble, autant je ne voulais pas être catalogué comme son metteur en scène officiel, et ne plus être que ça. Après avoir monté *En pièces détachées* à Winnipeg et *Les Belles-Sœurs* à Toronto, je me suis tanné. C'est que souvent les actrices me considéraient comme *Celui qui sait*. Dès qu'un problème survenait, elles se tournaient vers moi et me demandaient quoi faire, et comment. Je l'avais déjà montée, la pièce, et ç'avait marché, alors est-ce qu'on ne pourrait pas faire pareil ? Je leur répondais : « La solution, trouvez-la vous-mêmes. Proposez-moi quelque chose. » Elles voulaient bien faire, mais l'obéissance est une chose à bannir dans la création artistique. C'est nocif.

J'ai eu envie de m'attaquer à des classiques. Je suis retourné aux *Bonnes* de Genet, mais cette fois-ci je les ai montées en anglais, au Centaur. En 1974, quand Jean Herbiet m'a demandé de monter *La Fausse Suivante* de Marivaux au CNA, ça m'a d'abord fait peur. Je ne m'étais jamais attaqué à Marivaux et je n'étais pas certain de savoir comment m'y prendre. Il y avait une façon française de jouer Marivaux, tout en éventails et en papotage. Je croyais que c'était la seule façon de faire, et ça ne me disait rien. Mais en plongeant dans le texte, j'ai eu tellement de plaisir à découvrir la perversion des personnages, leurs contradictions… Je me suis rendu compte que le texte m'appartenait autant qu'au reste de l'humanité. De la même façon que je parlais d'égal à égal avec Tremblay, j'ai décidé de parler d'égal à égal avec Marivaux, et plus tard avec Corneille, Racine, Euripide, Claudel… Quand il était question d'argent, tout était en livres et ça ne me disait rien du tout. Alors j'ai fait des recherches et, pour m'approprier le texte et pour que les spectateurs comprennent de quel genre de montant il était question, chaque fois qu'un personnage parlait de 3 000 livres, par exemple, on projetait une diapositive sur laquelle il était écrit « 3 000 livres = 50 000 dollars ». Puis j'ai découpé les scènes comme des combats, avec une cloche après chacune et des diapositives qui disaient par exemple « le chevalier *vs* la comtesse », des choses comme ça. Je refusais de considérer le texte comme un ordre. Le metteur en scène n'est pas l'outil du texte, mais son interprète. Il doit se plier aux exigences du spectacle qui est en train de naître : le texte n'est pas un mode d'emploi. Il faut être à l'écoute de ce qui se passe entre les comédiens, et si on sent qu'il doit y avoir un silence alors que le texte dit d'enchaîner, eh bien on se fout du texte et on laisse un silence. Si quelque chose est écrit dans le texte, tu n'es pas obligé de le faire. Si une réplique dérange le rythme du spectacle, tu n'es pas obligé de la dire. Je préfère collaborer avec le texte. Le comprendre et le compléter.

À partir de ce moment, j'ai commencé à faire ce que j'ai fini par appeler du *coupaillage*: je biffais des répliques en entier, déplaçais des bouts de texte, me permettais de tout refaire l'enchaînement des scènes et de repenser le déroulement de la pièce. J'ai même déjà commis l'impensable et changé un mot: dans *Iphigénie*, les personnages parlent de la même ville en l'appelant parfois Ilion, parfois Troie, alors pour ne pas mêler les spectateurs, j'ai décidé que les acteurs diraient toujours Troie.

Au début, quand je me suis mis à faire du *coupaillage* avec les textes de Tremblay, il le prenait assez mal. J'imagine qu'il voyait ça comme une insulte à son travail ou quelque chose du genre. Mais quand il a vu que je faisais de même pour Shakespeare, disons qu'il s'est résigné.

Quand le metteur en scène s'embarque dans un processus de création, il a une responsabilité envers l'auteur: il tient son avenir et son destin entre ses mains. Si le texte est monté comme du monde, ses mots seront entendus et l'auteur aura peut-être envie d'en écrire un deuxième, puis un troisième, un quatrième... J'ai eu la chance de monter un des premiers textes d'Olivier Choinière, *Autodafé*. Je pense avoir fait une bonne job. C'était sa pièce de finissant à l'École. Dès que je l'ai lue, je lui ai dit de ne pas se chercher un autre metteur en scène, ce serait moi. On l'a reprise au Théâtre La Chapelle deux ans plus tard, en 1999, avec un assez bon succès, et aujourd'hui Olivier est un auteur très actif. Et aussi mon ami. Il m'a même offert un rôle un peu plus tard pour *Le Bain des raines*, qui a été joué au Bain Mathieu.

Il m'est aussi arrivé de manquer mon coup, comme avec *Le Marquis qui perdit*, de Réjean Ducharme, que j'ai monté en 1970 pour le TNM. Là, j'étais vraiment à côté de la *track*. Quelque temps après la première, Ducharme a dit qu'il n'écrirait plus pour le théâtre. J'ai lu ça dans le journal et je dois avouer que je me suis senti niaiseux ; je n'étais pas fier de moi. Ducharme, c'est tout un auteur. Et il n'écrirait plus de théâtre à cause de moi ? Heureusement, six ans plus tard il a écrit *Ha ! Ha !*, une très bonne pièce, alors j'ai pu mieux dormir la nuit.

Peut-être pour essayer de me déculpabiliser, à peu près vingt-cinq ans plus tard, j'ai repris *Le Marquis qui perdit* avec les étudiants d'une classe de l'École. Et là, ça m'a plu, oui. Un peu plus, en tout cas. Ç'a été ma rédemption.

La langue d'un auteur, il faut la trouver. Ça prend beaucoup de travail pour arriver à dire convenablement un texte. Pour ne pas tomber dans l'imitation du français comme on l'entend sur la rue Saint-Denis ou du français parisien. C'est ce que trop de jeunes comédiens et metteurs en scène oublient aujourd'hui. Souvent, quand je vais au théâtre, j'ai l'impression d'entendre un film doublé en français par de mauvais acteurs. On ne doit jamais se contenter de reproduire une langue qu'on a déjà entendue quelque part et bêtement imiter l'idée qu'on se fait du ton ou d'une mise en scène ; jouer Ionesco comme on joue Ionesco à la Huchette ou bedon jouer Beckett comme on a toujours vu Beckett être joué. Il faut se demander chaque fois : c'est quoi, au juste, du Beckett ? C'est quoi, au juste, du Ionesco ? Il faut se méfier des idées reçues, même de ses propres préjugés. Quand on aborde un auteur pour la première fois, il faut ouvrir ses oreilles et écouter. C'est notre responsabilité en tant que metteur en scène : le spectacle qu'on est en train de créer va participer aux préjugés que les gens vont se faire de l'auteur. Ce n'est pas vrai qu'on peut toujours distinguer le texte et la mise en scène quand on va voir un spectacle.

En 1986, quand j'ai monté *Le Ruban* au CNA, j'ai essayé de lire le texte comme si je n'avais jamais lu de Feydeau de ma vie. Parce que quand j'avais monté *Le Dindon*, en 1979, j'avais commis un péché : dans les années 1960, j'étais allé voir un Feydeau mis en scène par Jean Gascon, et j'avais tellement aimé son travail – c'est sans doute le spectacle où j'ai le plus ri de toute ma vie – que, pour ma mise en scène, j'avais essayé de retrouver ce qui m'avait tant plu. Je m'étais donc mis à tenter de reproduire, d'imiter, et ça, ce n'est jamais bon.

Feydeau est un contemporain d'Ibsen, alors je croyais qu'il devait y avoir plus que les portes qui claquent et les amants dans le placard. Je posais beaucoup de questions au texte ; je cherchais à comprendre la motivation des personnages, ce qu'il y avait derrière. Je détestais un acteur de la distribution, il passait son temps à me dire : « C'est pas ça, Feydeau. Ça prend du rythme, ça prend du rythme ! » Je me suis rappelé ce que Denise Filiatrault m'avait confié, une fois : elle aimait bien se moquer de ma passion pour enculer des mouches. Des fois, il ne faut pas se casser la tête, on joue du Feydeau comme ça parce que c'est drôle et qu'on veut faire rire les gens, point à la ligne.

Moi, tant que je n'entends pas correctement la langue de l'auteur, tant que je ne reconnais pas ses mots dans la bouche de mes acteurs, je n'arrive pas à voir d'images. Oui, il faut que je puisse reconnaître en dehors ce que j'ai en dedans pour commencer à penser à un décor, à des déplacements. Il faut parvenir à un mariage entre la voix du texte et celle de l'acteur ; j'attends donc de sentir un contact entre les deux. J'attends que l'acteur ait mis le doigt dessus.

Pour la scénographie, je fonctionne sensiblement de la même façon. J'ai une vague impression de ce que ça devrait être : les concepteurs m'envoient des propositions, je réagis. C'est comme ça que je m'oriente, grâce à mes réactions viscérales devant une image qu'on me montre : je reconnais ou je ne reconnais pas. Si je ne reconnais pas, à partir de mes commentaires il y a des allers-retours entre eux et moi. Des fois, ils peuvent m'arriver avec six maquettes. Ils me proposent des images, je réagis. Jusqu'à ce que je reconnaisse. Pas reconnaître comme on reconnaît quelqu'un qu'on connaît déjà. Je ne cherche pas à ce qu'on me fasse le décor que j'aurais en tête en lisant la pièce tout seul chez moi. Non, reconnaître comme quand tu rencontres du monde pour la première fois et que tu as l'impression de savoir qui c'est. Tu ne les as jamais vus de ta vie, mais tu les reconnais.

L'année qui a suivi ma production de *La Fausse Suivante*, le CNA a voulu produire *Andromaque*. Après le succès de mon Marivaux, je croyais que c'est à moi qu'on en confierait la mise en scène. Mais non. Ça m'a tellement mis en colère que je suis allé voir Buissonneau pour lui proposer de monter la pièce au Quat'Sous. J'étais déjà censé monter *Périclès*, je lui ai proposé de changer de programme. Je voulais monter *Andromaque*, et le faire avant le CNA, pour qu'à Ottawa ils soient gênés de leur production à côté de la mienne. Ils avaient fait une erreur, c'est à moi qu'ils auraient dû confier leur spectacle, j'allais leur montrer.

Buissonneau a hésité un instant, mais je pense qu'il s'est rendu compte de l'importance de ma démarche. Alors il a accepté. Buissonneau, il a cru en moi dès le début. Même quand j'avais quinze ans et que j'allais lui demander des costumes ou une salle de répétition pour un spectacle à l'école. Dans un sens, c'est un de mes pères. Quelques-uns comme lui m'ont aidé à mes débuts ; je leur serai toujours extrêmement reconnaissant, à lui, André

Pagé, Jacques Languirand ou Lionel Villeneuve. C'est avec ces gens-là que je me suis réconcilié avec la figure du père, avec la « mâlitude ». J'ai même déjà demandé à Lionel Villeneuve de m'adopter. Carrément. Étrangement, j'ai joué son fils une couple de fois à la télévision.

Pour la mise en scène d'*Andromaque*, je me suis inspiré des trapézistes : j'ai toujours été fasciné par le moment précis où ils se laissent tomber pour être rattrapés par l'autre. C'est là, maintenant. Pas une seconde plus tôt, pas une seconde plus tard. Là.

Le plateau était très incliné, avec deux échelles derrière. Les acteurs, habillés comme des acrobates, avec des collants et une cape, faisaient leur entrée par là. Ils avaient chacun un suivant : Lorraine Pintal, Gilbert Lepage, Suzanne Marier et Mario Desmarais. Ils les accompagnaient jusqu'en haut, leur enlevaient leur cape ; les acteurs montaient sur un petit plateau et ils entraient en scène. Et quand ils sortaient, leur suivant les attendait en avant de la scène avec leur cape.

Les gens de la revue *Mainmise* ont adoré le spectacle ; ils y voyaient un écho aux idées de la contre-culture. Ce n'était pas académique du tout, comme production. C'était très *sloppy*, très *trash* : une fois, Frédérique Colin, qui jouait le rôle d'Hermione, est allée s'asseoir sur le bras du fauteuil. Rita jouait Andromaque, Gilles Renaud, Pyrrhus et Hubert Gagnon, Oreste. Aussi, il y avait toujours un souffleur visible sur scène – finalement, on n'en a eu besoin qu'une seule fois. Je ne me souviens plus si quelqu'un avait oublié son texte ou s'il avait juste voulu avoir recours au souffleur pour avoir recours au souffleur.

Malheureusement, de toute cette production-là, il ne reste qu'une seule photographie quelque part au Quat'Sous. J'espère qu'ils ne l'ont pas oubliée dans la bâtisse quand ils l'ont démolie, le 6 février 2008.

Avec le succès, je me suis senti capable d'ouvrir des portes. J'avais envie de faire du cinéma, alors j'ai proposé un projet aux gens de l'ONF. Ils ont accepté. Tremblay et moi, on a donc écrit ce qui allait devenir *Françoise Durocher, waitress*. Depuis longtemps il nous semblait que deux types de Québécoises n'avaient pas été abordés au théâtre et au cinéma : les belles-sœurs et les *waitress*. Comme on avait réglé le premier cas, il était temps de nous attaquer aux *waitress*. Il s'en trouvait quelques-unes dans ce que Tremblay avait écrit : Lise Paquette, Pierrette Guérin, Thérèse… Pour le scénario, j'ai entremêlé des scènes déjà existantes et demandé à Tremblay d'ajouter un ou deux dialogues pour les lier. On a entre autres gardé le chœur des commandes d'*En pièces détachées*, qui est devenu le mantra débilitant qui traverse tout le film.

Le tournage s'est assez bien déroulé, les problèmes sont surtout survenus par la suite. J'avais une salle de montage pour moi tout seul, et je voulais être certain que le résultat final soit à mon goût. De la même façon que je travaillais avec les textes de théâtre, je coupais la pellicule, la recollais, puis je visionnais le résultat. Le film n'est pas vraiment narratif : c'est une suite de tableaux, alors il y avait des milliers de possibilités. Et comme je suis un éternel insatisfait, j'ai dû passer un an à monter mes images de toutes les façons imaginables. Je faisais se répéter certaines scènes et mettais en parallèle différentes prises, en ajoutant parfois une où l'actrice éclatait de rire. Puis j'essayais encore autre chose…

À un moment donné, les gens de l'ONF se sont choqués, il fallait que ça sorte. Ils m'ont envoyé un monteur qui a fini le travail. Heureusement, d'ailleurs, sinon je serais peut-être encore enfermé dans une salle de montage aujourd'hui.

Comme le film a été bien reçu par la critique – il a raflé trois Génie à Toronto –, un peu plus tard, quand l'ONF et Jean-Pierre Lefebvre ont voulu réaliser une série pour présenter la culture du nouveau Québec au reste du Canada, sur la douzaine d'émissions prévues, ils en ont consacré une à Tremblay et moi. Ça s'intitulait *Adieu Alouette*, et l'émission sur nous, *Dynamic Duo*; l'objectif était de faire découvrir un autre visage que celui du Québec de Duplessis. Ils ont montré des extraits des *Belles-Sœurs*, des entrevues... À la fin, on avait eu l'idée de faire se rencontrer l'univers de la Main, qu'on avait commencé à explorer avec *Demain matin, Montréal m'attend*, et celui des *Belles-Sœurs* – autrement dit les travestis et les bonnes femmes du Plateau – à l'occasion d'un gros party dans la cour d'une des belles-sœurs. On s'était entendus sur un canevas et des caméramans filmaient à la manière du cinéma direct.

Quand la gang de la Main arrivait, la chicane pognait et ça virait à la bataille : les filles de la Main traitaient les belles-sœurs de quétaines et d'insignifiantes, les belles-sœurs traitaient les filles de la Main de pécheresses et de damnées. Le film se terminait par une très belle scène : Tremblay et moi, on était assis sur la galerie en train de regarder tout le monde partir quand je me tournais vers lui pour lui demander ce qu'on venait de faire là. Puis on descendait faire le ménage dans la cour.

J'ai eu envie de continuer d'explorer la rencontre de ces deux univers. Il me semblait que le choc entre ces deux mondes venait de révéler une nouvelle énergie, quelque chose à propos de l'intolérance, et ça me touchait. C'est là que j'ai eu l'idée d'*Il était une fois dans l'Est*.

Je venais de lire un roman de Pierre-Jean Rémy, *Le Sac du palais d'été*. Sa structure est très intéressante : les personnages ne se connaissent pas tous, mais ils sont liés les uns aux autres et leurs histoires se font écho. Pour le scénario du film, j'ai entrelacé l'action d'*Hosanna* et celle des *Belles-Sœurs* – certaines scènes étaient enchâssées, et le film se terminait avec la douleur d'Hosanna après qu'il a été humilié au club, mise en parallèle avec celle de Germaine Lauzon après qu'elle s'est fait voler ses timbres chez elle – pour montrer comment elles s'opposaient et se répondaient, et pour essayer de donner une vision globale de l'univers de Tremblay.

La moitié du film a été tournée au deuxième étage d'un club du centre-ville qui avait fermé quelques années plus tôt. On avait installé nos bureaux au troisième. Il y avait un grand bain sur pattes, et le soir, de la mousse jusqu'aux oreilles, je répondais aux questions de l'équipe de production. En plus des acteurs, pour la scène de l'humiliation d'Hosanna, je devais gérer au-dessus de 300 figurants. Je les avais tous choisis moi-même. On avait posé des affiches dans les bars pour recruter du monde. Des centaines de personnes se sont présentées. On a passé des entrevues, pris des photos... Longtemps je me suis souvenu du nom de chacun.

Le tournage a été une aventure extraordinaire. J'étais un p'tit cul de vingt-six ans et là, rue Stanley, quand je disais « On y va », parce que j'avais décidé qu'il pleuvrait, la pluie se mettait à tomber et les acteurs à s'animer ; je disais « C'est beau », la pluie cessait et les acteurs s'immobilisaient. Je n'avais pas de formation de réalisateur, j'improvisais, alors j'étais incapable de prononcer « Action ! » et « Coupé ! » sans me sentir comme un imposteur. Mais le sentiment que j'éprouvais, c'était magique. J'étais Dieu, d'une certaine façon.

Il était une fois dans l'Est a été choisi pour représenter le Canada au festival de Cannes en 1974. Je ne m'y attendais tout simplement pas. C'était mon premier long métrage.

Pour que les Français comprennent quelque chose, il a fallu sous-titrer le film. Deux semaines avant la première, j'ai retranscrit chacune des répliques, mais dans une langue que les Français sauraient reconnaître. Heureusement, j'étais payé pour ça. Ça me fâchait de devoir subir la dictature parisienne. Le Parisien se contente de sa langue, il est incapable de curiosité. Dans sa tête, il est au centre du monde, pourquoi est-ce qu'il devrait s'adapter? Un jour, dans un festival de la francophonie à Limoges, je me suis choqué. J'ai dit aux Parisiens qui étaient là que s'ils ne changeaient pas d'attitude, mieux valait appeler leur festival les *Parisianophonies*.

À Cannes, beaucoup de gens disaient qu'on allait gagner la Palme d'or, mais la vérité c'est que tout le monde dit ça à tout le monde pour pouvoir manger sur le bras des équipes de production. Et comme de fait, on n'a pas gagné. On a quand même eu notre revanche peu de temps après, dans un festival de Chicago, où on a reçu un prix pour l'ensemble de l'interprétation. Ça m'a rendu très fier.

Après la première, un journaliste nous a demandé pourquoi on était attirés par les sujets marginaux. J'ai répondu: «Parce qu'on est homosexuels, sans doute.» Après, ils nous ont dit qu'il ne fallait jamais dire des affaires comme ça là-bas. Je n'ai pas dit ça pour défendre la cause homosexuelle: je ne me suis jamais considéré comme un militant. Pour moi, l'orientation sexuelle est quelque chose d'aussi déterminant que la couleur des yeux ou celle des cheveux. Autrement dit, ça ne te définit pas comme individu. Mais quand même, c'est quelque chose qui va au-delà de l'activité sexuelle. Depuis dix ans maintenant je n'ai plus de libido, et je me considère encore comme un homosexuel.

17

En tant que spectateur de théâtre, j'ai toujours eu un côté voyeur. Quand je regarde des films de cul, la plupart du temps ce qui me frustre, c'est que les gars font comme s'il n'y avait personne en train de les regarder. Moi, j'aime qu'on me fasse l'honneur de se dénuder devant moi, et pour moi. J'aime ce rapport-là, ce *je-le-fais-pour-toi*. Comme dans les pornos, quand l'acteur regarde la caméra et te sourit. Ou comme au théâtre.

Dans ce sens-là, je garde encore en mémoire mon aventure avec Peter Berlin, l'acteur porno gai mythique des années 1970. Je l'ai rencontré une première fois à New York ; je n'ai pas couché avec lui, mais j'ai fait ce qu'il y a de plus proche. J'étais sur le coin d'une rue, en train d'attendre pour traverser à la lumière, quand je l'ai vu. Il était juste là, à un mètre. Je me suis dit : c'est lui. C'est Peter Berlin. J'ai pris mon courage à deux mains et je suis allé lui parler.

— Hello, qu'est-ce qu'il faut que je fasse pour passer du temps avec toi?

— *Two hundred bucks.*

Je me suis dit de la marde, hostie, c'est Peter Berlin. On a pris un taxi jusque chez lui. Dès qu'il a ouvert la porte de sa chambre, il s'est déshabillé, il s'est mis de l'huile et il s'est mis à se masturber. Et moi j'étais là, devant lui, assis dans son lit en train de me toucher, les yeux grands ouverts. Quand ç'a été fini, je lui ai donné 200 dollars, j'ai dit *thank you* et je suis parti.

Je l'ai revu à Paris quelques années plus tard, aux Tuileries. Le soir, j'allais toujours faire mon tour dans les jardins. Je passais les clôtures, plein de gais se tenaient là. J'en regardais un, il me regardait, puis je le suivais jusque dans un bosquet ou bien on allait chez l'un ou chez l'autre. Et puis un jour, juste comme ça, je suis retombé sur lui. Il faisait son paon au milieu de toutes les petites tapettes parisiennes. Je lui ai demandé s'il se souvenait de moi et s'il voulait venir à mon hôtel.

— *Four hundred francs.*

Et la même chose s'est passée : arrivé à mon hôtel, il se met de l'huile, se caresse… À un moment donné il me regarde droit dans les yeux et me dit: « *I'm a beautiful narcissistic hustler.* » Il vient, je le paye et il s'en va.

C'est un des meilleurs spectacles que j'aie vus de ma vie.

En août 1974, pour mon party d'anniversaire, toute l'équipe de *Bonjour, là, bonjour* a eu l'idée de m'offrir un Polaroid en cadeau. Mes amis ne savaient pas ce que j'allais en faire, mais bon, avec le sens de la modération qui me caractérise, je me suis mis à prendre des photos disons… pornographiques. Et à en faire à tour de bras.

Quelques années plus tôt, je m'étais tanné de la séduction dans les bars et je m'étais rabattu sur les jeunes prostitués. C'était plus pratique que de sortir jusqu'à 4 heures du matin pour peut-être ramener quelqu'un chez moi. Je me souviens de soirées terribles passées au Taureau d'Or, au Tunisia, au PJ's et à l'Hawaiian Lounge. Comme je suis assez petit, je rentrais là comme un nageur : je me mettais en état d'apnée et plongeais dans la foule. Il y avait tellement de fumée de cigarette que c'était impossible de respirer. Je me faufilais, je contemplais la faune marine et j'espérais qu'un beau grand gars à la surface me remarque et essaie de me pêcher. C'est à la même époque, dans un *after-hour,* que j'ai vu l'image la plus triste de ma vie : quand les lumières se sont rallumées vers 3 heures du matin, je suis tombé sur un gars à quatre pattes essayant péniblement de se relever. Il a rajusté sa perruque, pris son dentier dans sa poche et l'a remis dans sa bouche, ce qui m'a fait comprendre que pendant toute la soirée, il avait été une bouche offerte à tout venant. Ou plutôt à tout voulant venir.

Les jeunes prostitués m'ont quand même sauvé la vie. Je n'étais pas du tout prudent, et avec mon karma de courailleux – disons que j'embrassais beaucoup de sièges de toilettes sales –, ç'aurait sûrement pas été long avant que je sois du lot des artistes qui ont contracté le sida. Le pire, c'est que j'ai été chanceux, parce que ce n'est même pas la raison pour laquelle j'ai arrêté de sortir dans les bars. Ça ne me tentait plus, c'est tout. Sûrement parce que j'avais commencé à prendre de la coke. Mes soirées libres, au lieu de sortir, je me faisais une ou deux lignes et je regardais un film de cul ou j'appelais une escorte. Je ne voyais pas pourquoi j'aurais été traîner, risquer de me faire casser la gueule et de me faire voler mon argent. J'ai eu une période où je vivais plutôt dangereusement. Je ne prêtais pas trop attention à qui je ramenais chez moi. Et moi qui aime les p'tits bums plus que les grands universitaires, disons que j'étais plus à risque pour ce genre de malchance. En voyant ce qu'il y avait dans mon appartement, souvent ils décidaient de revenir le lendemain avec leur gang et, en mon absence, ils en profitaient pour me voler. Une fois, un gars est entré chez moi avec un couteau. Il m'a dit qu'il avait besoin de 200 dollars, tout de suite, et que si je ne les lui donnais pas, il me découperait en morceaux.

Alors que je commençais à préparer le tournage du *Soleil se lève en retard*, j'allais au carré Dominion me ramasser un prostitué deux fois par jour. En fin d'après-midi, vers 6 heures, puis en soirée, vers 10 heures. Quand j'ai reçu mon Polaroid, je me suis dit que j'arrêterais de lancer mon argent par les fenêtres : au moins il me resterait quelque chose. Assez rapidement, j'ai accumulé environ 300 ou 400 photos de jeunes garçons. Je les gardais dans un gros sac en plastique, que je cachais derrière ma télévision. Aussi, ça répondait à mon grand besoin de tout archiver. J'ai une âme de statisticien, je crois. Et toutes ces photos, c'était comme un témoignage de la beauté terrestre. Un registre des anges.

À l'époque, j'habitais au troisième étage d'un bloc de la rue Drolet. Au deuxième vivait une famille dont tous les membres étaient laids. Mais alors là, vraiment laids. Moralement laids, aussi. Leur fille était tout simplement monstrueuse. J'imagine que la laideur du père s'était multipliée par celle de la mère pour donner une laideur au carré. Quand elle est née, elle était déjà une espèce de grosse toutoune, et là, à dix-sept ans, elle devait peser au moins deux cents livres. Elle était énorme et pleine de boutons. On aurait dû l'empailler et l'envoyer à La Ronde, dans la maison hantée.

Elle avait un œil sur un p'tit gars qui habitait plus loin dans la même rue ; elle le suivait toujours des yeux quand il passait devant le bloc, et lui il levait les yeux, et j'imagine qu'elle croyait que ce serait l'homme de sa vie.

Un jour, il s'est arrêté devant l'immeuble et a monté les escaliers. La famille laide était assise sur le balcon. Quand il est arrivé au deuxième, la fille l'a regardé en souriant, les yeux à demi ouverts, comme pour faire la belle. Elle est restée comme ça pendant au moins une dizaine de secondes : elle attendait je ne sais pas quoi, peut-être qu'il l'invite à aller manger une crème glacée, quelque chose comme ça. Mais il s'est plutôt faufilé entre tous ces corps obèses et affreux pour aller sonner chez moi. On a parlé un peu, lui et moi, et rapidement, d'une certaine façon il est devenu mon chum. Il avait quatorze ans, mais il n'avait pas quatorze ans. Je veux dire qu'il savait ce qu'il faisait.

C'est pas les enfants qui m'intéressaient, je ne suis pas pédophile. Mais disons que les p'tits gars en haut de seize ans m'ont toujours plu. Tant qu'ils ont du poil. Un psychologue m'a déjà dit que je me dédoublais : tout l'amour que je n'avais pas reçu, je voulais le donner à l'adolescent que j'avais été à travers le corps d'un autre. En vérité, c'était moi-même que j'essayais d'apprendre à aimer. Une espèce de transfert, m'a-t-il expliqué. Dans mon temps, les *transferts*, ça permettait seulement de passer d'un autobus à un autre, mais en tout cas.

La police est venue sonner chez moi un soir. Je pensais qu'ils en voulaient à mon pot. Ils allaient sûrement fouiller mon appartement de fond en comble et lancer tous mes livres par terre ; je leur ai dit de rester là, j'allais leur apporter ce qu'ils cherchaient. Quand je leur ai tendu mon sac, les deux policiers se sont regardés un instant, l'air perplexe. Ce n'était pas ce qu'ils voulaient.

— Quoi, d'abord ?

— Il y aurait pas des gars qui viennent icitte ?

— Oui, des fois.

— Et quessé tu fais avec ?

— Ça, ça vous regarde pas.

Jamais je n'aurais pu me douter qu'ils en avaient après mes photos. Je n'avais pas l'impression que c'était mal, ce que je faisais ; en fait je n'ai toujours pas cette impression-là.

Comme j'étais convaincu d'être innocent, quand ils m'ont demandé de rentrer, je me suis tassé du cadre de porte avec mon pot dans les mains et les ai laissés passer. Mais bon, innocent, je l'étais surtout dans l'autre sens du terme. Les deux policiers se sont mis à fouiller mon appartement et, finalement, ils ont trouvé mon sac plein de photos. Ils ont ramassé le tout et, en me regardant gravement, m'ont dit qu'ils me reviendraient bientôt là-dessus. Puis ils sont partis. J'étais toujours debout dans le salon en train d'essayer de comprendre ce qui venait de se passer quand, deux minutes plus tard, ils sonnaient à nouveau. Gêné, un des deux m'a dit qu'ils devaient aussi prendre mon pot. J'ai baissé les yeux, je le tenais encore dans ma main. Je le leur ai donné et ils sont repartis.

Je n'ai jamais su qui m'avait dénoncé : la famille d'en bas qui n'en pouvait plus de savoir la moralité offensée dans l'appartement juste au-dessus de leurs belles têtes d'obèses, ou encore un p'tit gars qui trouvait que je ne l'avais pas assez payé. Plus probablement la famille. J'ai même déjà pensé que c'était la fille monstrueuse, pour se venger de s'être fait voler son amourette par le méchant voisin homosexuel.

Les jours suivants, j'ai continué la préparation du film *Le Soleil se lève en retard* : je terminais le *casting*, choisissais les lieux de tournage, tout ça. Le tournage devait commencer le lundi matin, et le vendredi d'avant, il y a eu un party de production avec toute l'équipe.

Pendant la soirée, quelqu'un est venu me dire que deux gars me demandaient à la porte. J'ai levé la tête : c'étaient les deux policiers qui étaient venus chez moi quelques jours plus tôt. Je n'avais toujours pas appris ma leçon, alors tout de suite j'ai donné mon sac de pot à un ami et lui ai dit de vite aller cacher ça.

Devant tout le monde, les policiers m'ont emmené vers leur voiture. Je paniquais, le tournage devait commencer trois jours plus tard. J'ai dit à quelqu'un d'aller informer de ma situation Pierre Lamy, qui était le producteur et mon ami, pour qu'il me trouve un avocat.

J'ai passé la nuit en dedans. Selon les gardiens de la cellule, je ne sortirais pas de là de sitôt parce que c'était trop épouvantable, ce que j'avais commis. J'étais trop dangereux. Depuis que les policiers étaient venus chez moi, ils avaient visité les bars pour tenter de trouver des gars qu'on voyait sur mes Polaroids. Dix jeunes leur ont dit que non seulement je les avais photographiés, mais que j'avais couché avec eux et que je les avais payés.

Au changement de garde, à minuit, quand les policiers ont appris que j'étais là pour homosexualité, ils m'ont mis dans une petite cellule sans lit. J'ai dormi par terre, et pour être plus confortable sur le plancher de ciment, j'ai dû chiffonner mon manteau et m'en servir comme oreiller.

Le lendemain matin, Pierre Lamy a versé une caution de 5 000 dollars pour que je puisse sortir. J'étais ébranlé. Pour essayer de me remonter le moral, il m'a invité à déjeuner dans un petit *dinner*. En ouvrant *La Presse*, je me suis rendu compte qu'en dernière page du premier cahier ma photo s'étalait. Le titre : « André Brassard se fait arrêter pour détournement de mineurs. » Je n'ai pas fini mon assiette, j'avais l'impression que tous les clients me regardaient et murmuraient entre eux : c'est lui, là, Brassard le méchant.

Si ma grand-mère ne l'avait pas encore appris à ce moment-là, Françoise Latour s'est fait un devoir de lui montrer l'article le jour même. « Regardez ! C'est ça, les Brassard », qu'elle lui a dit. La chienne.

Ç'a été très dur. Mais ironiquement, je me souviens des bons mots d'une charmante petite madame sexagénaire qui faisait de la figuration dans le film. Pendant un *break*, timide, elle est venue me voir pour me dire qu'elle trouvait ça épouvantable, tout ce qui m'arrivait. Puis elle a ajouté que son fils aimait beaucoup ce que je faisais. Elle m'a montré des photos de lui, il devait avoir quelque chose comme quinze ans.

— Si jamais vous avez quelque chose pour lui…

En cour, j'ai décidé de ne pas me défendre. J'ai plaidé coupable, c'était plus simple. De toute façon, la majorité des gars sur les photos avaient dix-huit ans ou plus. Et je ne les avais quand même pas drogués. Je n'étais pas leur premier client et ne serais certainement pas leur dernier. Je ne les avais pas attirés avec des bonbons ou en jouant de la flûte, je les avais trouvés là où il se vendait du cul, et eux vendaient leur cul. Mais mon avocat m'a appris que ce qu'on pourrait appeler le « droit de botte », ce n'est pas à dix-huit ans qu'on l'obtient, mais à vingt et un. À dix-huit ans, tu es assez responsable pour décider de l'avenir de ton pays, mais pas de celui de ton cul !

Finalement, j'ai dû passer quarante-cinq fins de semaine en prison. C'était une peine de trois mois, mais comme je travaillais je pouvais la répartir comme ça. Tous les samedis matin, je prenais un taxi et me rendais à la prison de Bordeaux. Il fallait arriver vers 10 heures, mais avec le temps j'ai appris qu'on pouvait niaiser et placoter avant de rentrer, ce qui fait que je ne rentrais pas dans ma cellule avant 13 heures. Et le lendemain à la même heure, mon ami Hubert m'attendait dans le parking. Donc, ce n'était pas vraiment une fin de semaine qu'il fallait passer en dedans, mais une journée. C'est tout. Rien de tellement énervant, finalement. Et comme j'ai été gentil en prison, j'ai seulement dû faire trente-deux fins de semaine et demie. Ça faisait mon affaire, mais je dois avouer que ça m'a révolté. Je veux dire, décidez-vous : si ce que j'ai fait est grave, punissez-moi et donnez-moi le fouet. Mais sinon, c'est rien. Et si c'est rien, câlissez-moi patience ! Là, on me donnait une petite punition qui n'en était pas vraiment une, quelque chose entre les deux : on te punit mais en même temps, on ne te punit pas. La société se donne bonne conscience en tapant sur les doigts des pas fins qui n'ont pas payé leurs billets de stationnement et les méchants monsieurs qui se payent des prostitués, et c'est tout.

Au début, j'allais socialiser avec les autres prisonniers. La plupart ne me connaissaient pas, c'est l'avantage de ne pas être une vraie vedette : personne ne venait m'achaler. Des fois je sortais dans l'espèce de cour intérieure pour regarder des gars jouer au baseball dans ce qu'on appelait Bordeaux Beach. C'était assez agréable. Mais ça ne m'apportait rien du tout et je me suis tanné. Je me suis mis à faire mon sauvage. Je ne parlais plus à personne : je restais dans ma cellule toute la journée. Les gardes ne disaient rien. Comme tout le monde, ils voulaient gagner leur vie et avoir la paix, pourquoi est-ce qu'ils auraient fait du zèle ? Un gars ne voulait pas sortir ? Eh bien, il ne sortait pas. D'ailleurs, ils ne barraient même pas les portes des cellules. Ils les fermaient, oui, mais elles n'étaient pas barrées. Si tu voulais sortir, tu sortais, aussi simple que ça.

Pour passer le temps, je m'apportais des lunchs : je mettais des somnifères et des joints dans du Saran Wrap, je roulais tout ça et me le rentrais dans le cul. En arrivant à la prison, j'allais chier et j'étais tranquille pour le reste du temps que j'avais à faire en dedans. Aussi, je pouvais m'apporter cinq dollars en monnaie pour m'acheter des affaires dans les machines distributrices, alors je me nourrissais de cochonneries pour éviter la cafétéria. La bouffe n'était pas mangeable et je voulais à tout prix éviter les autres prisonniers.

J'en ai profité pour lire tout Shakespeare. Mais mon avocat a dû m'obtenir une dispense pour ça. Quand tu arrives à la prison, tu enlèves ton linge, ils te donnent un uniforme et tu n'as pas le droit d'apporter quoi que ce soit. Je ne sais pas ce que mon avocat leur a dit, mais j'ai eu le droit à un livre, seulement un. Je me suis acheté Shakespeare dans la Pléiade et j'ai eu la paix pendant un bon bout de temps.

Quelques mois après avoir purgé ma peine en prison, on a sonné à ma porte. Par la fenêtre, à travers le store, j'ai vu que c'était la police. Je me suis habillé en vitesse, me suis passé de l'eau sur le visage et me suis sauvé par la porte arrière. Mais les policiers avaient prévu le coup : deux agents m'attendaient dans la cour. J'étais accusé d'avoir embarqué un p'tit gars dans une camionnette bleue et de l'avoir violé. J'ai essayé de leur expliquer : ça ne se pouvait pas, je n'avais pas de permis de conduire, je n'avais même jamais conduit de ma vie. Mais ils ne voulaient rien entendre. Ils avaient montré des photos à la victime et elle m'avait identifié.

Ils m'ont emmené au poste. De temps en temps, un détective venait me prier d'avouer, ce serait plus simple. Je niais et il repartait. Il a dû faire ça quatre ou cinq fois.

Sept heures plus tard, des agents sont venus me chercher pour me faire mettre en rang avec d'autres hommes, côte à côte devant un miroir teinté. Le p'tit gars était de l'autre côté : les policiers voulaient voir s'il me reconnaîtrait. Ils nous ont fait mettre de face, de profil, puis encore de face. Puis ils m'ont ramené dans ma cellule :

— Avoue donc.

— C'est pas moi, crisse !

— C'est correct, il t'a pas reconnu. Tu peux t'en aller.

Longtemps j'ai eu peur de la police. Chaque fois que je voyais passer une voiture avec des gyrophares sur le toit, j'avais envie de courir me cacher. Le cœur me débattait et j'essayais de marcher avec l'air le plus naturel possible. Quand elle tournait au coin de la rue, je soufflais et m'allumais une cigarette en tremblant.

Un jour, une voiture de police s'est immobilisée à côté de moi. Encore une fois, je n'avais rien à me reprocher, mais à l'époque on aurait dit que, pour les homosexuels, ce n'était pas suffisant. Un policier plus grand que nature en est sorti et est venu vers moi.

— C'est-tu toi, André Brassard ?

Un temps.

— Euh... oui, c'est moi.

— Je suis allé voir ta pièce, *Bonjour, là, bonjour,* pis j'ai braillé.

La seule affaire fatigante avec mon arrestation, c'est que vingt-cinq ans plus tard ça m'a rebondi dans la face à l'aéroport de Dorval. L'École nationale avait reçu une invitation pour une rencontre des écoles de théâtre d'Amérique. C'était à Monterrey, au Mexique. Monique Mercure, à qui l'invitation était adressée à titre de directrice générale, n'était pas disponible – il me semble qu'elle jouait au théâtre cette semaine-là. Je me suis sacrifié et y suis allé.

À Dorval, après avoir fait la file, comme d'habitude j'ai dit que je n'avais rien à déclarer, et on m'a donné un carton vert. En regardant autour de moi, je me suis rendu compte que tout le monde en avait un blanc. Ils allaient me fouiller. Je ne savais pas pourquoi, peut-être qu'ils ne m'aimaient pas la face. De toute façon, je n'avais rien à me reprocher : je n'avais même pas de coke dans mes bagages.

Quand les douaniers ont consulté mon dossier, leur visage a changé. L'air grave, ils m'ont dit qu'ils étaient désolés mais qu'ils ne pouvaient pas me laisser partir.

— Comment ça ?

Les deux douaniers ont rougi.

— À cause de… votre dossier, monsieur.

Le réel problème n'était pas que je m'en allais au Mexique, mais que je devais faire escale aux États-Unis, à Houston plus précisément. Les Américains ne voulaient pas qu'un paria comme moi mette le pied dans leur beau et grand pays de rêves et de liberté, même pas pour une heure : j'allais le souiller. J'étais maintenant accusé de *moral turpitude,* c'est-à-dire de morale ignoble. Un peu plus on me disait que j'étais un ogre.

Je n'avais rien fait sur le territoire américain, mais le Canada, pour encore une fois lécher les semelles des États-Unis, fait une copie de tous ses dossiers criminels et les remet au FBI. C'est mon ami C… qui m'a expliqué ça : il a travaillé à la frontière canadienne. Pour pouvoir retourner aux États-Unis, je devrais demander un pardon. Mais pour ça, il me faudrait payer un avocat. Dix mille dollars, au bas mot.

J'ai eu beau essayer d'expliquer aux douaniers que pendant la seule heure que je passerais là-bas, je n'irais pas dans les ruelles sombres du *Red Light* me trouver un p'tit gars pour faire des cochonneries avec, ils ne voulaient rien entendre. J'étais barré, tant pis pour moi. Je les ai remerciés et j'ai reviré de bord. Il était 8 h 15 du matin et j'étais là, tout seul à Dorval, la queue entre les jambes.

Je suis retourné à l'École le lendemain seulement. Monique Mercure était très angoissée ; les gens de Monterrey avaient téléphoné entre-temps pour signaler mon absence. Ma valise était arrivée, elle, mais pas moi.

Je ne suis plus jamais retourné aux États-Unis. Je n'ai donc jamais pu aller dans la maison de Tremblay à Key West. De toute façon, Genet aussi a été interdit de séjour aux États-Unis : un autre point en commun avec lui. Je les collectionne.

18

J'ai toujours beaucoup aimé Jean Archambault. Il a fait partie de la distribution de mes premiers spectacles au-dessus du Patriote et il a été dans ma gang pendant des années. C'est un acteur très talentueux, mais malheureusement sans technique. C'est lui qui avait joué Hosanna lors de la création de la pièce du même nom et dans *Il était une fois dans l'Est*, mais quand j'ai repris la pièce au Port-Royal, qui allait devenir le Théâtre Jean-Duceppe, j'ai eu peur que sa voix ne puisse pas remplir cette immense salle un peu bâtarde, alors j'ai offert son rôle à André Montmorency. Évidemment, Jean l'a mal pris. Surtout qu'il venait d'être remplacé par Yvon Deschamps dans *Le soleil se lève en retard*.

Pierre Lamy manquait un peu d'argent pour produire le film, alors il est allé voir Pierre David pour lui demander de subventionner le projet. David a accepté, mais à la condition que le premier rôle masculin revienne à Yvon Deschamps. Il voulait s'assurer d'une certaine rentabilité, et Rita Lafontaine, qui jouait aussi dans le film, n'était pas encore une vedette de télévision. On avait le choix entre ne pas faire notre film et le faire sans Jean Archambault. On ne voulait pas se faire des amis, on voulait faire notre film. D'une façon ou d'une autre, il n'aurait pas pu jouer dedans.

Yvon a lu le scénario et l'a l'aimé. Assez en tout cas pour nous rejoindre chaque soir sur le plateau de tournage tout de suite après être sorti de scène. Ça lui faisait de grosses journées. Finalement, Rita et lui formaient un beau p'tit couple à l'écran.

Quelque temps plus tard, Yvon m'a demandé de m'occuper de son spectacle. Au début, je pensais qu'il voulait que je le conçoive, alors je suis allé le voir avec des plans. Mais il m'a fait comprendre assez vite que c'était *son* show. Moi, j'étais seulement là pour l'aider. Pour lui faire des observations, lui dire que telle partie était trop longue, que telle autre devrait être développée. En fait, je servais surtout de garde-fou. Pendant que je travaillais sur son spectacle, j'ai rencontré les personnes qui allaient me fournir en cocaïne pendant des années.

Dans les restaurants après les représentations, je ne buvais pas de bière avec les gars : selon moi ça appartenait à l'univers mâle. Je n'ai jamais considéré que c'était un problème, mais ça faisait en sorte que j'étais tenu à l'écart. En 1968, le pot est devenu à la mode ; ça s'est avéré une bonne solution de rechange sur le plan social. Mais bien vite j'ai trouvé que c'était insignifiant. Alors j'ai commencé à prendre du hasch. Et puis quelques années plus tard, en 1975 à peu près, la coke a fait son apparition dans mon entourage.

Au début c'était assez compliqué. On se regroupait en *coopérative* : on était une gang à mettre notre argent en commun, puis on le donnait à une fille qui assurait pouvoir nous en trouver. Elle partait au bout du monde et tous les investisseurs se ramassaient au même endroit pour l'attendre. Des fois elle revenait, des fois non. Quand on était chanceux, on procédait au partage du butin. On l'essayait, on trippait, on jasait… C'étaient des belles soirées.

Pendant quelques années, c'est resté comme ça. Aucune implication ni nécessité. J'en prenais à l'occasion, c'était tout. Après le tournage du *Soleil se lève en retard*, je me suis trouvé un accès plus direct. J'ai commencé à en consommer plus sérieusement.

C'est à cette époque-là que j'ai rencontré mon ami C… Lui et moi, on prenait beaucoup de coke ensemble, ça ouvrait la porte à des trips de cul extraordinaires. C… était un p'tit bonhomme de dix-sept ans à l'époque. Un bum. J'avais déjà mis ma méthode en pratique avec les prostitués et les escortes. Des p'tits gars de cet âge-là, ce n'est pas toujours très très imaginatif. Quand ils arrivaient chez moi, ils étaient plus ou moins intéressés, alors je leur faisais sniffer deux lignes, fumer deux joints, et je partais pour au moins le cinquième ou le sixième ciel. C'était une façon de donner du talent à des gars pas toujours doués. Et moi, j'étais sûr d'en avoir pour mon argent.

Au début, C… me devait des sous et il cherchait quelqu'un avec qui coucher. C'était juste ça : mêler l'utile à l'agréable. Rien d'autre. Avec lui, j'ai fait la même chose qu'avec tous les autres : je l'ai conquis et dès qu'il a commencé à manifester de l'intérêt, je me suis mis à le repousser. Mais à un moment donné il m'a rentré dans un mur : ça ne se passerait pas comme ça. Pas avec lui. Non, je ne réussirais pas à casser ce qu'il y avait entre nous deux, alors je ferais mieux d'arrêter ce petit jeu-là, et tout de suite. Je l'ai regardé et, pour la première fois de ma vie, je n'ai pas dit non. J'ai dit ok, monsieur. Finalement, il a fait partie de ma vie pendant treize ans. Je pense que c'est ce qui se rapproche le plus d'une histoire d'amour dans ma vie. En tout cas, de ce que je connais de l'amour.

Avec le recul, je me suis dit que j'avais peut-être couru après. J'avais cherché sans le savoir à ce qu'il me brusque et me force à m'ouvrir. Peut-être que c'était ce que j'avais attendu toute ma vie. Qu'on me contraigne à l'amour. Qu'on me le mette dans la face et qu'on m'empêche de fermer les yeux.

Aujourd'hui, je suis encore en contact avec lui. Il habite Chambly, mais il lui arrive de louer une voiture et de venir passer une couple de jours à Montréal. Je ne veux pas raconter sa vie, ça ne m'appartient pas. Ce que je peux dire, c'est que les treize années qu'on a vécues ensemble ont été parfois merveilleuses, parfois très instables. J'ai pris les moments qui passaient. Le bonheur ne dure pas nécessairement. Ce sont des instants ici et là, des fragments, et c'est sans doute la nostalgie qui nous les fait rabouter les uns aux autres et nous donne l'impression qu'il n'y a eu que des moments heureux. J'essaie de ne pas être trop naïf ni trop dur.

Il n'avait pas fini son secondaire quand je l'ai rencontré et moi, j'ai cru en lui et l'ai envoyé à l'université, en journalisme. Je reste fier de l'avoir mené jusque-là. Grâce à moi, il a lâché ses amis de Montréal avec qui il se traînait dans la dope et s'est pris en main, d'une certaine façon. Mais des fois, il décidait subitement qu'il était *straight*, alors il me volait de l'argent et disparaissait pendant quelques jours, sinon plusieurs semaines. Je restais sans nouvelles, rien. Je me faisais du mauvais sang. Et puis le lendemain ou l'hiver suivant, il revenait et me demandait si je voulais le reprendre. Chaque fois j'acceptais. Avec le temps j'ai fini par m'y faire.

À la création de *Sainte Carmen de la Main,* j'ai fait une crise de mégalomanie. C'était en 1976, pendant les Jeux olympiques de Montréal. La pièce était programmée chez Duceppe. Ma mise en scène multipliait les références à la tragédie grecque : il y avait des chœurs masqués, montés sur des souliers à plateforme. Les acteurs entraient sur scène les uns derrière les autres ; ils portaient de grandes toges effilochées, et parfois ils marchaient sur le costume de celui qui était devant, s'enfargeaient et manquaient de tomber la face la première.

On devait d'abord jouer le spectacle dans un genre de festival en marge des Olympiques, trois soirs seulement. Ç'a été terrible : pour monter notre décor, les techniciens ont eu aussi peu de temps que si on était un spectacle en tournée, déjà bien rodé. Cinq minutes avant l'entrée des spectateurs, je réglais encore certains points d'éclairage. Le soir de la première, j'ai trouvé le tout plutôt bon. En tout cas, pas trop pire. Mais à voir la face du monde à la fin de la représentation, j'avais le sentiment que ce n'était pas partagé. Le soir de la deuxième, assis au fond de la salle, je me demandais ce qui n'allait pas – il n'était pas trop tard pour corriger le tir pour chez Duceppe – quand, deux ou trois rangées devant moi, une spectatrice s'est tournée pour dire à son amie : « Ils me feront pas accroire qu'ils sont habillés de même su'a Main, jamais de la vie ! » Je me suis dit : « Brassard, réveille, tabarnak ! Tu travailles pour le monde d'icitte, pas pour le festival d'Avignon. » Sans doute qu'en Europe ma conception aurait été lue et décodée. Mais là, j'étais à Montréal. Et c'était donc au monde de Montréal que je m'adressais : il fallait lui parler pour qu'il me comprenne. Sinon, ça ne servait à rien, autant jouer le spectacle dans le désert devant une hyène et un homme des sables.

Quelques semaines avant la première chez Duceppe, j'ai reçu un télégramme annonçant l'annulation de toutes les représentations, à l'exception des dix garanties par le contrat. Vingt minutes plus tard, je leur répondais de manger de la marde. Pas dans ces mots-là, mais c'est ce que ça voulait dire.

Je n'ai jamais su pourquoi la direction avait pris cette décision. Peut-être parce qu'elle trouvait notre spectacle loin des goûts de ses spectateurs. Peut-être qu'un membre du conseil d'administration n'a pas aimé le propos, qu'on pourrait qualifier de révolutionnaire. Un peu plus tôt, dans la nuit du 13 au 14 juillet, la Ville de Montréal avait démantelé l'exposition Corrid'Art, jugeant les artistes trop revendicateurs. C'était peut-être relié. Mais au fond, je ne le sais pas. J'ai retravaillé souvent chez Duceppe par la suite, mais on n'en a jamais reparlé. Pas que c'était tabou, juste que ce n'était jamais le temps : tu n'arrêtes pas une réunion de production pour dire coudonc, tsé, la fois où vous aviez annulé les représentations de *Sainte Carmen de la Main*, en 76, c'était pourquoi, au juste ?

Mais on avait quand même été payés ; on a donc loué un petit théâtre au-dessus d'un garage boulevard Saint-Laurent, coin Ontario : le Théâtre de la Main. On y a joué la pièce pendant une semaine. Gratuitement. C'était une lecture : les comédiens étaient habillés en noir et des lutrins formaient le seul élément de décor. De toute façon, la salle était beaucoup trop petite pour l'attirail extravagant et immense prévu chez Duceppe. On a fait salle comble tous les soirs. Il faut faire confiance au dépouillement comme au grandiose.

19

À la création de *Bonjour, là, bonjour,* en 1974, je n'étais pas satisfait de mon travail. Pendant les premières minutes de la première, j'ai pu blâmer une chauve-souris qui allait et venait de la scène à la salle, ce qui distrayait les spectateurs. Mais à la fin de la représentation, j'ai dû m'avouer que la chauve-souris n'y était pour rien, ou si peu. Mon spectacle était trop dispersé, pas assez homogène : je m'étais trompé. Faut dire que l'action se passe dans cinq lieux différents, alors c'était facile de s'égarer. Dès que tu commences à travailler sur un spectacle, tu dois te faire une idée assez vite et foncer dans une même direction. Tes heures de répétition sont comptées : ne va pas ajouter un atelier, l'UDA va te tomber dessus assez vite. Il y a deux étapes : la recherche et l'organisation de la représentation. À un moment donné, tu dois te contenter de ce que tu as trouvé ; il est trop tard pour changer quoi que ce soit et tu dois vivre avec tes choix, même si ça s'avère être les mauvais. Le soir de la première, tu regardes le désastre et tu endures. D'autres fois, c'est un coït interrompu : la recherche va bien, mais il fallait l'arrêter pour dire aux acteurs où ils entrent, où ils sortent.

C'est une des raisons pour lesquelles j'ai souvent dit que je m'ennuyais des compagnies. Des acteurs qui se donnaient pleinement dans un processus de création. Qui donnaient leur corps à la science, dans un sens. Bien sûr, les compagnies entraînent d'autres problèmes. C'est un nid de guêpes : il y a des luttes de pouvoir, des chicanes entre les acteurs pour obtenir les meilleurs rôles, des tensions entre les différentes personnalités. Tout ça est dû au fait que tu fréquentes quotidiennement le même monde. Un peu comme dans une école de théâtre, où les étudiants finissent par vouloir se sauter dessus pour s'arracher la face. J'imagine que c'est pour ça qu'en Allemagne une loi interdit de rester plus de cinq ans dans une même compagnie. Ç'a dû être instauré par le ministère de la Santé publique.

En repensant à *Bonjour, là, bonjour*, pendant des mois je me suis demandé ce que j'aurais pu, ou plutôt ce que j'aurais dû faire à la place. Quand le Centre Saidye Bronfman m'a demandé de reprendre la pièce en 1977, j'ai tout de suite accepté. Trois ou quatre fois dans ma vie, j'ai eu envie, comme ça, de remonter certaines pièces. Pour me donner une deuxième chance. On se laisse parfois tenter par la possibilité d'un décor qui tourne et de costumes pleins de splendeur et de paillettes, et on oublie d'écouter ce qui se passe entre les acteurs. Je repensais aux éclairages, au décor, je notais mes idées et quand l'occasion se présentait, je me rachetais. Toutes les pièces de Tremblay, sauf peut-être les dernières, je les ai montées au moins deux fois. J'ai monté *Les Bonnes* six fois et *Les Belles-Sœurs* huit fois.

La même année, Tremblay avait vu une mise en scène de sa pièce à Vancouver. Ce qui lui avait plu, surtout, c'était qu'on avait intercalé les répliques les unes entre les autres. Il m'avait téléphoné de là-bas et m'avait raconté tout ça presque en criant dans le combiné. En raccrochant, je m'étais dit qu'il n'était pas question qu'il aime plus une production de Vancouver qu'une autre de Montréal. S'il aimait ça, les trucs intercalés, j'allais lui en donner, moi, de l'intercalage !

En faisant bien attention de ne pas pervertir la pièce, j'ai mis le texte sens dessus dessous. Des personnages se coupaient la parole et les tantes, qui sont sourdes, répétaient et répétaient toujours les mêmes questions, jusqu'à ce que leurs répliques ne soient pratiquement plus que du bruit.

Comme c'était en anglais, j'ai pu offrir le rôle du père à Jean-Louis Roux. Il a tout de suite accepté. Il avait un accent vaguement britannique, et comme il représentait le vieux monde, c'était d'à-propos. Je lui avais déjà offert plusieurs rôles pour des pièces de Tremblay, mais chaque fois il les avait refusés : comme Dyne Mousso, il se disait incapable de parler québécois. Mais je suis têtu, et on dirait que, parce qu'il m'avait dit qu'il ne pourrait jamais jouer du Tremblay, l'idée qu'il en joue un jour m'obsédait. J'en faisais presque une maladie.

Il faut comprendre que Jean-Louis, j'ai appris à l'aimer. Il m'a embauché une couple de fois dans mes débuts, et en connaissant l'homme des années après avoir réclamé sa tête au TNM, je lui ai découvert de grandes qualités humaines. J'ai fini par me prendre d'une grande affection pour lui. Un an ou deux avant que je lui demande de jouer dans le *Bonjour, là, bonjour* anglophone, il avait joué pour moi dans une mise en scène du *Balcon* de Genet. Il avait été très bon.

Dans un premier temps, j'ai voulu trouver un lieu pour réunir toutes les parties de la pièce, qui s'en allaient sinon dans tous les sens. Un jour, encore en feuilletant un livre de photos de théâtre, je suis tombé sur une image de *Mesure pour mesure*, de Shakespeare : autour d'une table, des personnages mangeaient pendant que d'autres, debout dessus, les manipulaient avec des fils, comme si c'étaient des marionnettes. Pas une mauvaise idée en soi, mais bon, ce n'était pas ce qui m'intéressait. Moi, ça me rappelait les soupers de famille. À l'époque, je ne voulais rien mettre entre les acteurs et le public, entre le texte et le spectacle, et la table me semblait le lieu théâtral réduit à sa plus simple expression : des gens réunis autour d'un repas qui parlent, se racontent des histoires. Rien que ça.

Au début du spectacle, les acteurs se tenaient debout derrière leur chaise. Les lumières dans la salle s'éteignaient, ils s'assoyaient et la pièce commençait. Les deux tantes servaient une tranche de rosbif et des petits pois aux autres personnages. Les acteurs n'avaient pas le goût de manger – sur scène devant des centaines de spectateurs, j'imagine qu'on n'a pas d'appétit, le corps ne veut rien savoir, un peu comme les danseurs nus qui ne peuvent pas bander –, alors ils jouaient dans leur assiette avec leur fourchette plus souvent qu'autrement et, parfois, feignaient de prendre une bouchée.

Les personnages faisaient face au public. Pour qu'ils puissent se parler, ils faisaient comme s'il y avait un grand miroir à la place du rideau et s'adressaient les uns aux autres en parlant en direction de leur reflet. Pour que ce soit clair, il a fallu un travail de précision de fou au niveau des regards. J'ai appelé ça la « relation miroir ».

Je ne sais pas si c'est moi qui ai inventé ça, j'aime bien penser que oui.

Pour la musique, j'ai utilisé le deuxième mouvement de la 7e symphonie de Beethoven, dirigée par Karajan. Les autres chefs d'orchestre font toujours ce mouvement-là trop lentement ou trop vite, seulement lui a su trouver un équilibre. L'anecdote, c'est que le père de Tremblay était sourd. Quand Tremblay a commencé à faire de l'argent, il lui a acheté un appareil auditif et lui a fait écouter de la musique. Je lui ai demandé quelle était la première chose qu'il lui avait fait entendre. C'était ça, le deuxième mouvement de la 7e symphonie de Beethoven, dirigée par Karajan. Cette espèce de marche accompagnée de violons, c'était tellement théâtral… Je ne pouvais faire autrement que de m'en servir.

Plus tard, en 1987, quand j'ai monté *Le Vrai Monde ?*, Tremblay m'a proposé de faire jouer des extraits de la 5e symphonie de Mendelssohn. Il disait que c'était « au-delà de la douleur », j'ai toujours trouvé ça très beau. Pour montrer combien je suis quétaine et ignorant sur le plan musical, au début je n'ai rien voulu savoir : je jugeais ça trop paisible, trop doux. Moi, je voulais du Tchaïkovski, en tout cas quelque chose d'intense, de vibrant, et j'ai fini par m'étouffer dans ma propre quétainerie. J'ai donc choisi Mendelssohn.

Ça m'en aura pris, du temps, mais de plus en plus, en écoutant de la musique, j'arrive à faire taire la moitié du cerveau qui veut tout comprendre, et j'accepte de m'abandonner. J'ai tendance à vouloir tout analyser avec minutie – c'est mon côté rationnel et obsessif, je n'y peux rien. Avant, je voulais associer la musique à des images ou à une représentation de quelque chose. J'imagine que c'est la raison pour laquelle j'ai longtemps été plus un amateur de chanson que de musique classique. Ça me prenait des mots, une histoire. J'étais capable de vibrer, oui, mais seulement après avoir compris la raison de la vibration. Longtemps j'ai considéré ça comme un handicap, ça me fermait les portes d'un théâtre plus poétique, plus abstrait. Tous les coups d'instinct que j'ai eus pendant la création de mes spectacles, j'avais besoin de les justifier, de leur trouver une explication logique. Avant d'avoir quarante ans à peu près, jamais je ne me suis donné le droit de recourir à une image ou à une impression simplement parce que j'en avais envie. C'est la vieille idée judéo-chrétienne qui me poussait à penser comme ça, j'imagine : si c'est trop facile, ce n'est pas bon.

En voyant le succès remporté par la production au Centre Saidye Bronfman devant un public essentiellement anglophone, Jean-Louis Roux et moi, on s'est dit que ce serait bien de présenter le spectacle à notre monde à nous, c'est-à-dire à la communauté francophone. Trois ans plus tard, en 1980, il a donc programmé la pièce au TNM. Mais comme il était toujours incapable de parler québécois, il a laissé son rôle à Lionel Villeneuve.

J'ai encore souvent utilisé la table par la suite. Après les plateaux inclinés, on peut dire que j'ai connu ma période table. Beaucoup ont dit que c'était un tic ; moi, je jugeais l'idée très stimulante. Ce qui me trottait tout le temps dans la tête, c'était de réussir à avoir une table qui serait une table, mais qui, l'heure venue, deviendrait une scène. Tant que je ne saurais pas comment m'y prendre, ça resterait seulement une idée. Et une idée juste pour une idée, comme Filiatrault le disait, c'est une idée de tapette et ça ne vaut rien.

J'ai dû chercher pendant près de dix ans comment y arriver. J'ai essayé pendant la mise en scène de *Bonjour, là, bonjour* que j'ai faite pour le Trident, à Québec, en

1985, puis celle chez Duceppe, douze ans plus tard, en 1997. À un moment donné, j'ai dit à Marthe Turgeon – à la Grande Turgeon, comme j'ai toujours aimé l'appeler – qu'elle devrait tenter de monter sur la table. Je ne savais pas quand exactement, seulement dans quel monologue. Elle a essayé une fois, une autre, encore une autre… ça ne marchait jamais. Et puis tout à coup, juste comme ça, ça s'est passé. Elle est montée sur la table, puis Marie-France Marcotte l'a suivie pour lui répondre. Les deux sœurs ennemies, l'aînée et la cadette, étaient debout sur la table pour se disputer le petit frère, joué par Jean-François Pichette, qui, lui, était resté assis. Vingt-trois ans après sa création, j'avais enfin monté *Bonjour, là, bonjour* à mon goût.

C'est un autre des spectacles dont je suis fier. Je pense que je me suis étonné moi-même. Si je ne m'étais pas connu, je me serais sûrement intéressé à mon travail et j'aurais cherché à me rencontrer.

Partie 4

Qu'ils mangent d'la marde !
(1980-1988)

20

En 1980, pour le référendum sur la souveraineté, à peu près tous les artistes francophones de la province se sont mobilisés pour le Oui. On a fait des shows, chanté, dansé, joué… Mais quand est venu le temps d'agir, les Québécois ont eu peur de perdre leur chèque de pension, peur de ne plus trouver d'oranges à l'épicerie, peur de perdre leur emploi, et tout seuls dans l'urne, ils ont coché Non. Le p'tit Québec est redevenu le p'tit Québec et il a oublié toutes ses belles idées de grandeur assez vite, merci. Je pense que ç'a été un traumatisme majeur pour toute la communauté artistique de ma génération. On a ressenti une espèce de mépris de la part des gens pour qui on s'était battus. Comme s'ils nous avaient dit de nous mêler de nos affaires. De mon côté, en tout cas, j'ai eu l'impression que les gens ne nous croyaient pas, qu'ils ne nous écoutaient pas, qu'ils ne nous aimaient pas. Que pour eux, on était des clowns de service, des bouffons qui les divertissaient quand ça leur disait, c'est-à-dire deux heures par semaine, et *that's it, that's all*. Je ne sais pas si c'est le fruit du hasard, mais c'est à ce moment-là que Charlebois s'est mis à dire «Moi plus jamais chanter en créole» et que Tremblay, avec *Damnée Manon, sacrée Sandra*, a terminé son cycle des *Belles-Sœurs* et s'est mis à l'écriture des *Chroniques du Plateau-Mont-Royal*. Comme s'il n'avait plus envie de s'adresser à la collectivité et qu'il ne voulait plus communiquer qu'à une seule personne à la fois, dans l'intimité du roman. De mon côté, quand M. Donald MacSween me téléphonerait deux ans plus tard pour m'offrir le poste de directeur artistique du théâtre français du CNA, à Ottawa, j'y penserais sérieusement. Avant le référendum, je lui aurais raccroché au nez : jamais je n'aurais trahi mon peuple, non, jamais je n'aurais accepté d'aller me vendre. Mais là, j'en avais tellement gros sur le cœur… J'ai répondu que j'allais y penser. J'avais un peu la chienne, faut dire. J'ai téléphoné à mes amis et leur ai demandé s'ils pensaient que ça ferait de moi un traître. Ils m'ont tous encouragé à y aller, puis rappelé que diriger un théâtre avait toujours été mon rêve. J'ai pensé : «Si les Québécois veulent pas nous écouter, eh bien qu'ils mangent d'la marde ! Si le p'tit Québec veut se noyer, qu'il se noie, tabarnak ! »

Quelques jours plus tard, je faisais mes valises et partais à Ottawa.

Du jour au lendemain, je me suis retrouvé à des kilomètres et des kilomètres de tout le monde que je connaissais. J'habitais tout seul dans une maison de la rue Forbes, au beau milieu de la capitale de l'ennui. Il n'y avait rien à faire, personne à qui parler. Mais j'étais heureux : je ferais découvrir les auteurs qui me touchaient le plus. J'avais décidé de monter *Périclès*, *Britannicus*, *Oncle Vania*, une saison de classiques. Oui, je rentrais là avec mes grands chevaux. Mon but, c'était de me faire plaisir en essayant de faire plaisir à mon nouveau public.

Pour me mettre à travailler, je me suis établi une routine que je pourrais résumer comme ça : deux lignes, deux joints, un poignet. Après ça, j'avais l'esprit clair et je pouvais travailler jusqu'en fin de soirée. Je m'y suis tenu tout l'été qui a précédé ma première saison au CNA. J'ai choisi la programmation, préparé mes mises en scène, décidé quelle production de l'extérieur j'allais inviter... À partir de ce moment-là, la coke a toujours été une amie pour moi.

Peu de temps après mon arrivée à Ottawa, C... est venu me rejoindre. On appelait notre dealer à Montréal et faisait livrer notre dope par le système de colis des autocars. C... en prenait déjà beaucoup, mais à Ottawa, peut-être parce qu'il n'y avait rien d'autre à faire, il s'est mis à consommer de la coke comme un défoncé. Puis il m'a emprunté des sous pour en acheter en grosse quantité et ensuite la revendre. J'ai fini par lui couper les vivres, ça n'avait plus d'allure : comme tout bon dealer, ou plutôt comme tout mauvais dealer, il la sniffait toute au lieu de la vendre.

J'en prenais beaucoup, moi aussi. Je n'ai pas de *break*, pas de limite. Comme si j'avais toujours cherché à prendre ma revanche sur la vie, à me venger de mon enfance. Quand j'étais petit, chez nous, il fallait toujours de la modération. Mes grands-parents avaient élevé treize enfants, c'était donc normal de faire attention, de faire des sacrifices et de manger des restes. En vieillissant, je me suis dit : moi je ne ferai pas de sacrifices ; je ne mangerai jamais des restes. J'aurais pu avoir un beau grand condo aujourd'hui, mais j'ai tout sniffé mon argent, il ne me reste presque rien. J'ai agi avec la coke comme avec le reste, comme avec le théâtre, comme avec la vie : la pédale au fond. Intensément, peut-être trop. Dès que j'avais de l'argent, je le dépensais pour m'en remettre dans le nez. J'en ai tellement pris que je me suis brûlé la cloison nasale.

Après ma première saison à Ottawa, des abonnés m'ont écrit : « Monsieur Brassard, ça va assez mal dans nos vies, on veut pas en plus se faire dire que ça va mal quand on va au théâtre. » Comme metteur en scène, je ne me préoccupais pas trop du public. En répétition, seule l'exploration comptait pour moi. Mon travail à Ottawa m'a fait prendre conscience qu'on faisait les spectacles avant tout pour les gens qui venaient les voir. Je me suis rendu compte qu'il y a le message et le massage, les deux motivations principales qui amènent les gens au théâtre. Toute ma vie, j'ai surtout travaillé dans le sens du message, mais comment en vouloir à la personne fatiguée de vouloir se faire flatter la bedaine ? Le massage n'est pas moins bon que le message : c'est aussi noble de soulager les maux des autres. Aujourd'hui, on vit peut-être dans une uniformisation du massage. Ça, c'est déplorable.

Pour ma deuxième saison, je n'ai pas programmé le répertoire du Rideau Vert des années 1950, mais disons que j'ai voulu être moins rébarbatif. Les abonnés payaient, ils pouvaient donc s'attendre à une certaine considération. Juste de sortir de chez eux, de fermer la télé ce soir-là, de ne pas aller jouer au hockey et de plutôt venir nous voir… il fallait les respecter pour ça. Et même si, plus souvent qu'autrement, ils le faisaient pour les mauvaises raisons, par mondanité ou quelque chose comme ça, ils étaient quand même curieux de savoir ce qu'on avait à leur dire. Il y avait donc une espèce de politesse élémentaire à respecter.

Le système d'abonnement est un couteau à deux tranchants. Un certain nombre de spectacles est garanti et tu n'as pas à attendre que les médias fassent leur critique pour remplir la salle. Mais on lui accorde peut-être trop d'importance. Quand tu planifies ta saison, tu dois vendre des abonnements, donc tu dois organiser la saison. Si une pièce fonctionne bien, tu ne peux pas la prolonger, il est déjà prévu que le spectacle suivant commencera à telle date. Aujourd'hui, on fait des pièces pour faire marcher les théâtres et non des théâtres pour faire marcher les pièces. C'est ce que dénonçait John Saul, le mari d'Adrienne Clarkson, l'ancienne gouverneure générale : nous vivons dans un siècle qui a bâti des machines pour se rendre service et nous sommes maintenant au service des machines. Ça me fait penser au personnage de Fantine, dans *Les Misérables*, qui, pour manger, vend ses dents. Au théâtre, aujourd'hui, c'est la même chose : on vend ses dents pour pouvoir manger.

Les abonnés viennent voir de la création, mais il ne faudrait surtout pas que ce soit trop créatif. Ils ont leurs petites habitudes, et il ne faut pas trop en déroger. Ils veulent leur p'tit Shakespeare, leur p'tit Molière et, s'il vous plaît, des acteurs qu'ils connaissent déjà et qu'ils ont vus à la télévision. Et tout semble leur donner raison : on leur répète sans arrêt qu'ils sont chez eux, on leur déroule le tapis rouge et on leur fait tirer des voyages pour les remercier. Après un spectacle, des abonnés écrivaient sur les fiches prévues pour les commentaires : « Un autre de même et je me réabonne pas ; c'est pas ça que j'ai acheté. » Il fallait que je me réajuste pour leur plaire, en tout cas pour ne pas trop leur déplaire. On oublie que le TNM a déjà créé *Les fées ont soif* et que Jean-Louis Roux a eu le courage de faire des choses qui ont dérangé. La vérité, c'est qu'on a trahi ces gens-là. Ceux qui sont morts doivent se retourner dans leur tombe, et les vivants devront penser à demander à se faire enterrer avec le couvercle de leur cercueil vers le bas, pour être du bon bord quand on les trahira à leur tour.

Les abonnés m'ont souvent mis en colère, mais en même temps, tout au fond de moi, je pense les comprendre : je suis aussi épais qu'eux autres. J'ai déjà dit que je ne pouvais pas leur en vouloir parce que je suis comme eux sur le plan gastronomique. Je mange toujours la même chose, autrefois c'était des steaks-frites, maintenant c'est le même sandwich au jambon sur pain de campagne. Au printemps, je change pour du jambon à l'érable, une petite fantaisie que je me permets. Je le commande en face et on vient me le porter. Les employés de Première Moisson me connaissent tous maintenant, je n'ai qu'à leur dire que je prends mon sandwich habituel et ils savent exactement de quoi je parle.

21

Le premier titre auquel j'avais pensé pour mon livre, c'est *Toute une vie l'autre bord de la table.* Je regrette de ne pas m'être impliqué davantage, d'être resté en retrait. Ç'a été le cas avec le théâtre, ç'a été le cas avec l'amour. Il y a toujours eu une table entre moi et les autres pour me protéger. Faut dire que je me suis quand même mouillé quand j'ai fait *Damnée Manon, sacrée Sandra,* en 1981. Je n'en ai malheureusement rien gardé, pas un seul document. Ce show-là, je ne l'ai pas seulement mis en scène, je l'ai joué : c'est moi qui interprétais les deux personnages, Sandra et Manon. J'avais maquillé différemment les deux moitiés de mon visage, et d'une réplique à l'autre, je me tournais la tête, comme ça pour jouer Manon, comme ça pour jouer Sandra. Je voulais réagir à ma grande insatisfaction quant au jeu des acteurs : j'étais tanné qu'ils se contentent de toujours faire la même chose – j'avais beau incliner de plus en plus mes plateaux, ce n'était jamais à mon goût, il restait toujours un certain statisme. Une fois pour toutes, j'allais leur montrer, moi, comment on fait ça, du théâtre. Mais je me suis vite rendu compte que ce n'était pas si facile. Au début, je m'étais assis derrière une table – encore une maudite table ! – en me disant : « C'est provisoire, la table va partir la semaine prochaine. » Elle n'est jamais partie. Pas un seul soir j'ai été foutu de jouer le spectacle différemment. J'ai eu un peu honte de mon jugement sévère sur les acteurs : ma révolte contre eux était surtout théorique. Mais bon, ce n'est pas parce que je n'avais pas su le faire que j'allais arrêter pour autant de le demander, de l'exiger. Si on attendait des autres seulement ce qu'on est capable de faire soi-même, on n'irait pas loin.

Une semaine avant la première, j'ai présenté le show à trois de mes amis, dans mon salon. À la fin, un peu fébrile, je leur ai demandé si c'était écoutable ou bedon si j'annulais tout ; si on pouvait exiger du monde de se déplacer pour ça et lui faire payer quelque chose comme 10 dollars. Ils m'ont regardé un long moment et m'ont dit : ben oui !

J'ai fait ça humblement dans un petit café-théâtre, coin Berri et Rachel, qui s'appelait Les Fleurs du mal. Aujourd'hui, je ne sais pas ce que c'est devenu, je ne vais jamais dans ce coin-là. Comme je ne voulais pas tasser une autre production, je jouais dans les trous qui restaient sur l'horaire : le dimanche après-midi, le lundi soir et les vendredi et samedi à minuit. En tout, 450 personnes m'ont vu : trente par représentation pendant quinze jours.

Le soir de la première, j'avais la chienne. Dès la première scène, on m'éclairait par-derrière pour qu'on voie juste ma silhouette sur scène. J'en profitais pour regarder l'assistance. Chaque fois que je reconnaissais quelqu'un, j'avais de la gratitude. J'étais toujours heureux de constater que des acteurs et des amis s'étaient déplacés pour me voir. Ça me motivait, ça me donnait le goût de leur donner un bon show.

Ce dont je suis le plus fier dans toute cette aventure, c'est que le soir de la dernière, à la fin du spectacle, il n'y a pas eu d'applaudissements. Juste un long silence. Parfois, ça arrive et, au bout de cinq ou dix secondes, quelqu'un se met à applaudir, puis le reste du monde suit. Mais là, non. Rien. J'ai salué la foule et dit que c'était beau, pas besoin d'applaudir, je comprenais. J'étais tellement heureux. J'avais l'impression que le public n'avait pas voulu briser quelque chose. Il devait être ému. Ç'a toujours été mon rêve, d'une certaine façon, qu'on applaudisse plus tard. Pour laisser vivre cette suspension à la fin d'un spectacle. Et attendre que ça retombe. Oui, rester là, dans le silence. Peut-être pour prendre le temps de repenser à ce qu'on vient de voir, pour se recueillir, les yeux grands ouverts, la tête pleine, le cœur battant.

Les ovations spontanées, celles qui commencent alors que la lumière n'a même pas fini de s'éteindre, m'ont toujours énervé. Je me dis que les spectateurs n'ont rien compris pour applaudir si vite : ils ne respectent même pas l'artiste qui a voulu faire un *fade-out*. Aujourd'hui on ovationne n'importe qui, n'importe quoi, même pas besoin de chanter le *Ô Canada*. On peut se lever sur sa chaise et hurler pendant les parties de hockey si on veut, mais au théâtre, ça m'énerve. On a tellement besoin de héros qu'on est prêt à accueillir n'importe quelle niaiserie comme un chef-d'œuvre. On aime tout au Québec. Tout le monde est bon, tout le monde est beau, tout le monde est fin. Il y a en ce moment une espèce d'hystérie générale. Ça me semble provenir d'une volonté de vivre de l'enthousiasme. On se l'impose, peut-être pour se donner l'illusion que la vie est moins plate. Un spectacle correct devient vite extraordinaire et si tu dis que c'est bon, tu as l'air *cheap*. Ça finit par tout niveler par le bas parce qu'on est aussi heureux de voir arriver le pape ou Madonna que la gagnante de *Star Académie*. Il n'y a plus d'exigences, la barre est rendue tellement basse. Il se fait tellement de marde que la marde ne sent plus rien. Il n'y a plus de révolte, il n'y a plus rien. Je compte faire un spectacle bientôt, ça s'appelle *Épître aux jeunes acteurs pour que soit rendue la parole à la parole*. C'est un petit texte d'Olivier Py. Je vais le mettre en scène et je veux aussi jouer dedans. En chaise roulante s'il le faut, mais oui, je vais le faire. Ça commence comme ça :

> *Il vous faudra, jeunes gens, braver une solitude plus grande car le désert est arrivé au point ultime de son orbe. Le désespoir est nulle part, le désespoir est partout, vos pères vous ont abandonnés et je viens, aujourd'hui, en frère réveiller votre révolte.*

Ç'a déjà voulu dire quelque chose, un *standing ovation*. Mais il fallait le mériter. André Pagé m'a un jour engagé comme acteur, il me semble que c'était en 1965, à l'Égrégore, rue Dorchester. Ça m'a permis de faire du théâtre aux côtés de la grande Denise Pelletier. Elle n'était pas très en forme, elle répétait avec John Hirsch pour jouer *Mère Courage* au TNM deux semaines plus tard.

Un soir, pendant une représentation, un spectateur est entré en panique dans les loges pour nous dire que Mme Pelletier avait un trou de mémoire. C'était pendant un monologue, alors personne ne pouvait lui donner la réplique et lui permettre de retrouver le fil. J'ai couru jusqu'aux coulisses : elle était en train de parler aux spectateurs. Elle s'excusait, expliquait que ça ne lui était jamais arrivé d'arrêter au beau milieu d'une pièce. Mais qu'il fallait comprendre, là, elle était fatiguée. Elle a fait son numéro d'excuses avec un panache exceptionnel. Quand elle a eu terminé, la foule s'est levée pour l'ovationner.

22

À Ottawa, je me suis retrouvé assis sur un trône. Je n'ai jamais eu une job aussi payante. En plus de mon salaire, j'avais droit à un compte de dépenses très généreux. Chaque année, je pouvais aller à Paris, à New York, à Londres, n'importe où… sur le bras du CNA. Même si les abonnés réclamaient des pièces qu'on pourrait qualifier de faciles, le directeur artistique devait savoir ce qui se faisait comme théâtre ailleurs dans le monde, pour rester à l'affût. J'aurais pu en profiter davantage, j'aurais même pu prendre une sabbatique et passer toute une année en Europe : mon travail, ce n'était pas nécessairement de monter des spectacles, mais de gérer la saison. Mais non, crisse de fou, j'aimais trop ça être en salle de répétition et travailler avec mes acteurs. C'est quelque chose dont je suis fier : j'aurais pu me contenter de mon salaire de directeur artistique et me faire payer des voyages, mais j'ai travaillé plus que j'ai jamais travaillé. J'ai fait beaucoup de bonnes choses, et j'avais à cœur de faire des bonnes choses. Les sept, huit années que j'ai passées là-bas sont sans doute les plus stables et les plus créatives de toute ma vie. C'est à Ottawa que j'ai monté mes meilleurs spectacles. Je pouvais me concentrer sur mon travail, et quand je rentrais à la maison, mon souper était sur la table. Je montais en moyenne trois spectacles par année et je n'avais de comptes à rendre à personne, j'étais mon propre patron. Je décidais quelle pièce j'allais monter, et avec quelle somme d'argent.

Je ne voyais plus du tout mon ami Tremblay. On se parlait au téléphone une fois de temps en temps, c'était tout. Un jour, il m'a envoyé une boîte avec un T-shirt télégramme qui disait : «Attache ta tuque, il y en a une nouvelle qui s'en vient pour 1983. » Les T-shirts télégrammes, c'était une petite compagnie que des jeunes sans emploi avaient fondée. Au lieu d'envoyer un télégramme ordinaire, tu pouvais le faire imprimer sur un T-shirt et eux le livraient. Je l'ai encore quelque part, le T-shirt que Tremblay m'a envoyé. Mais là, je ne rentre plus dedans.

Quelques mois plus tard, il m'est arrivé avec une nouvelle pièce. C'était *Albertine*. On l'a montée un an plus tard, en 1984, au Centre national des arts, et j'ai offert la coproduction au Rideau Vert.

À Ottawa, toutes les chicanes et les p'tites rancunes d'autrefois ont complètement disparu. Au lieu d'être arrogant et de faire mon p'tit boss des bécosses, j'ai eu envie d'être ouvert et généreux. Les quelques personnes avec qui j'avais des conflits, je les ai appelées pour leur dire que je ne leur en voulais pas et que mieux valait mettre derrière nous nos désaccords. J'ai eu envie de rétablir des ponts que j'avais coupés à cause de mon tempérament de jeune loup, autant avec des acteurs qu'avec des théâtres. J'étais encore officiellement en chicane avec Duceppe depuis la création de *Sainte Carmen de la Main*, alors je leur ai offert la coproduction de certains spectacles.

J'avais la chance de choisir avec qui je voulais travailler, avec quel théâtre je voulais coproduire mes spectacles. Personne ne disait non parce que Ottawa mettait souvent beaucoup plus d'argent qu'eux pouvaient en mettre : ça leur donnait pratiquement un spectacle gratuit. Et souvent c'étaient des projets qui, sinon, auraient été impensables sur le plan budgétaire. Il y avait parfois des dizaines et des dizaines d'acteurs et des décors incroyables.

À l'époque, je commençais à réfléchir sur la vie. À ce qu'on fait sur la Terre, ce type de questions. En travaillant sur *Albertine*, je me suis rendu compte que je ne pouvais pas accepter la question du destin. C'est pourquoi la pièce comme on peut la lire aujourd'hui est légèrement différente du spectacle que j'en ai fait à l'époque. Le texte est plus fataliste, plus tragique au sens où l'entendaient les Grecs. Pour moi, le destin, c'est comme le vent sur un voilier. Heureusement, on a un gouvernail pour nous diriger. On n'a pas une latitude absolue, mais quand même plus grande que ce qu'on pense. C'est ce que je crois. En tout cas, c'est ce que j'espère. Je n'étais pas voué à faire du théâtre, c'est moi qui l'ai choisi. J'avais le choix et j'ai voulu être artiste. Oui, certains événements semblaient l'annoncer, mais il reste que j'aurais pu faire autre chose, devenir acteur par exemple. Mais j'ai décidé d'être metteur en scène, et à une époque où ce n'était pas évident du tout. Je veux dire : ce n'était même pas un véritable métier encore, il a donc fallu me battre quand même un peu. Pourquoi je voulais faire ça ? Je ne savais pas. Ces questions-là sont venues plus tard. Au début, je faisais des spectacles parce que je voulais faire des spectacles et c'était tout. Avec le temps, j'ai compris que c'était une nécessité. Sur les plans personnel et social. Ça me permettait de mieux vivre et de prendre ma place sur la planète. L'art, c'est ce qui parle à l'âme, et ces temps-ci je me rends compte que c'est quelque chose qu'on a tendance à oublier. Le matériel n'est pas tout. Il n'y a pas que le budget. Je ne pense pas que le déficit zéro, on l'ait atteint à ce niveau-là, dans le cœur.

Ce qui me dérange, surtout, c'est que tout est devenu industriel. D'ailleurs, celui qui a inventé l'expression « industrie culturelle », je lui arracherais la tête. Une industrie, par définition, ça fait un prototype et, ensuite, ça le reproduit des millions et des millions de fois, et toujours de la même façon. Au théâtre, chaque spectacle est unique : on doit donc plutôt parler d'artisanat. Si on veut parler d'une industrie culturelle, comme dans n'importe quelle industrie, il doit y avoir de la recherche et du développement. Que ça plaise ou non au ministère de la Culture et à M. Harper, l'art ne fait pas juste produire : il a droit à l'essai, mais surtout à l'erreur. Et c'est en se trompant qu'il grandit. Aujourd'hui, les formulaires de subvention te demandent de décrire en détail l'œuvre que tu vas faire avant même d'avoir commencé à travailler. Monter un show et savoir ce qu'il va devenir, c'est aussi imbécile que de faire un enfant et de dire que, plus tard, il va être un médecin ou un astronaute. Un spectacle, c'est l'enfant du texte et du metteur en scène. Et on doit le laisser naître et grandir avant de lui choisir une garde-robe pour le présenter devant le monde.

Aujourd'hui, le produit a remplacé l'œuvre, et les artistes sont tombés dans le piège de justifier économiquement l'existence de l'art. Plus personne ne parle de la valeur d'aller s'asseoir devant des danseurs, des chanteurs, des acteurs. Il n'y a aucun jugement moral ni esthétique, rien qu'un jugement commercial. On se demande si c'est rentable et c'est tout : plus ça vend, plus c'est bon. C'est rendu qu'on fait de la saucisse ! On s'arrange pour qu'un show rapporte le plus possible en minimisant les coûts.

Après les coupures de Harper, une annonce à la télé disait que chaque dollar investi en culture en rapportait sept : même si c'est vrai, je pense que c'est une stratégie stérile. Il ne s'agit pas de ça. Alors que tout est régi par des motifs économiques, le théâtre devrait s'en libérer. Parce que plus la société se déshumanise, plus le théâtre devrait s'humaniser. La tâche des carmélites, c'est de prier pour les gens qui n'ont pas le temps de le faire ; peut-être qu'aujourd'hui le travail de l'artiste est similaire : il réfléchit à l'état du monde et crée pour ceux qui n'en ont pas le temps.

Je suis très fier d'être un artiste. Choisir les arts, c'est choisir la vie, c'est choisir l'humain. C'est une prise de position dont on néglige souvent l'importance. Ce choix amène à livrer un combat contre ce monde qui est uniquement utile, un monde de fonctionnaires et d'administrateurs. Au fond, peut-être que c'est une bonne chose qu'il n'y ait pas d'argent à faire au théâtre. Ça nous évite la présence de beaucoup d'enfants de chienne.

Je n'ai jamais écrit de ma vie, et je n'écrirai jamais : je suis trop paresseux pour ça. Mais j'ai toujours eu un don pour comprendre les textes des auteurs, souvent mieux qu'eux-mêmes. La plupart des textes de Tremblay, je pense que j'ai passé beaucoup plus de temps que lui à me demander comment ils fonctionnaient. Pendant que je travaillais sur *Le Vrai Monde ?* en 1987, j'ai dit à Tremblay qu'il lui manquait une scène. Qu'il manquait la fin. Tremblay a hésité. Selon lui la pièce fonctionnait déjà très bien, inutile d'en rajouter. Je me suis choqué, je criais à l'autre bout du fil : « Ça se peut pas qu'ils se parlent pas, ces deux-là ! Envoye, je veux du sang, câlisse ! » Ç'a donné une belle scène. Je ne sais pas, c'est un instinct.

Pour les répétitions d'*Albertine*, j'ai découpé le texte en plusieurs parties. J'appelais chacune par une lettre, ça allait jusqu'à P, donc en tout il y avait seize blocs. Je voulais comprendre la mécanique de la pièce : quand on faisait des lectures, je m'amusais à remonter le texte de toutes les façons possibles. Un jour, je disais aux filles qu'on faisait A, D, F, G, E, B, etc. Elles le lisaient et j'écoutais. Le lendemain, un peu comme au bingo, je donnais une nouvelle série de lettres et elles recommençaient.

Tout ça a fini par fatiguer Tremblay, et aujourd'hui je me rends compte qu'il avait raison. J'ai peut-être exagéré un peu. C'est correct que le metteur en scène s'approprie un texte, mais il y a quand même un sacrable de boutte, comme disait mon grand-père. Mais bon, de toute façon sa pièce est publiée comme lui la voulait, et c'est cette version-là qui passera à l'histoire. Trois mille personnes ont vu mon spectacle et peut-être qu'en lisant le texte aujourd'hui elles ne verraient pas de différences.

23

On dirait que je ne peux pas parler de mon histoire sans raconter celle de Tremblay. Des fois j'ai l'impression que je dépends de lui; d'ailleurs c'est grâce à Tremblay que je peux me payer cet appartement de la rue Masson. Je reçois toujours un salaire de sa compagnie, même si je n'ai pas travaillé pour lui depuis bientôt une dizaine d'années. J'ai souvent dit que Tremblay était le père et moi, la mère. Eh bien, je me sens maintenant comme une mère au foyer après que les enfants ont quitté la maison. Je n'ai plus rien à faire. Je m'ennuie, je tourne en rond. Avant mon AVC, j'ai eu la chance de ne jamais vivre deux jours pareils, alors maintenant, je trouve ça terriblement difficile. Je n'ai aucun problème avec la solitude. Mais avec l'ennui, c'est une autre histoire.

Ma rencontre avec Tremblay, c'est quelque chose de grave. Pas dans le sens d'un incident néfaste, non. Grave comme la gravure. Ça m'a marqué à jamais. C'est inscrit dans ma chair. Je ne peux pas parler à sa place, mais si on regarde ça aujourd'hui, un peu plus de quarante ans après notre rencontre, on ne peut pas dire que notre vie sentimentale ait été l'affaire la plus réussie de notre carrière. Dès que l'un avait un chum, l'autre s'effaçait et disparaissait pratiquement. En 1975, quand j'ai rencontré mon ami C…, j'ai presque perdu contact avec lui. Et sept ans plus tard, je suis parti à Ottawa et ça n'a pas aidé. On n'a pas discuté autant que je l'aurais voulu, il y a encore tout plein de sujets que j'aimerais aborder avec lui. J'imagine que le temps va finir par nous manquer. Le temps commence déjà à nous manquer.

Le 13 juillet 2008, je lui ai écrit pour le féliciter pour sa Légion d'honneur. Ce sont les Français qui la lui ont remise pour célébrer les liens qui les unissent au peuple québécois. Avec lui, il y avait aussi Lise Bissonnette, Diane Dufresne et certains politiciens, notamment Jean Charest et toute sorte de monde. Quand tu regardes les rangs de la compagnie, je ne suis pas certain que ce soit une gang avec laquelle je partirais à la guerre. Pour certains, oui, bien sûr. Mais bon, disons que je serais tenté de regarder derrière pour m'assurer que personne ne s'apprête à me tirer dans le dos.

Par courriel, je lui ai envoyé la chanson *Mon légionnaire,* chantée par Édith Piaf. Je fais souvent ça ; il n'y a pas si longtemps, j'ai envoyé *Maîtresse d'acteur,* de Barbara, à mon ami Guy Nadon. Guy, c'est un de mes amis les plus fidèles. On a fait *Richard III* ensemble, en 1989, et *L'Illusion comique,* en 1990, où il était très drôle. Guy est né le 28 août, moi le 27, alors pendant longtemps on a célébré nos anniversaires ensemble. On se préparait un souper et chacun avait le droit d'inviter un cadeau, c'est-à-dire que parmi tout le monde qu'on connaissait, on choisissait une personne qu'on avait envie de voir et elle venait manger avec nous autres. C'est sûrement agréable de se faire inviter en tant que cadeau. On doit se sentir apprécié.

Dans tout ce que Tremblay a écrit pour le théâtre, je pense qu'il y a des trucs vraiment très bons. Oui, certaines pages sont carrément des chefs-d'œuvre. Il y a des envolées, un lyrisme. J'ai été éminemment privilégié de le côtoyer toutes ces années. C'est un auteur qui a une langue, qui a un univers. C'est un écrivain. Comme Genet, comme Claudel… Je ne veux pas trop en dire sur lui, ça lui ferait bien trop plaisir de lire ça. Il a toujours été affamé de compliments. J'imagine que c'est un grand insécure qui a besoin de se faire dire qu'on l'aime. Sur ce plan-là, avec moi il n'était pas tellement choyé. Je suis moi aussi un grand insécure, mais dans mon cas ça se traduit par une incapacité à dire je t'aime et un refus de me le faire dire. Je n'ai jamais rien donné à personne. Et je n'ai jamais laissé personne me donner quoi que ce soit. Ce qui m'arrive aujourd'hui, ça doit être tant pis pour moi.

Tremblay et moi, je crois qu'on s'est rejoints par la question du refus. En tout cas, c'est par cette porte-là que je suis plus souvent qu'autrement entré dans ses textes. Moi, j'ai toujours remis les choses en question, c'était mon cheval de bataille. Chez Tremblay, souvent les personnages refusent la réalité. Tu as deux univers : la famille et la Main. Ceux qui n'en peuvent plus de la famille finissent par s'exprimer dans la marginalité, et la Main est le lieu où ils se réunissent. C'est leur porte de sortie, la lumière qui attire les papillons. Les femmes rejettent leur famille et la figure de la mère pour se tourner vers celle de la putain. C'est le cas de Pierrette Guérin et d'Angéline Sauvé dans *Les Belles-Sœurs*, et de toutes les autres filles de cette génération-là, qui sont petites dans les romans de Tremblay et un peu plus vieilles par la suite dans les pièces : Thérèse, Hélène, Carmen... Les deux, on a fait la même chose dans un sens : on n'allait plus voir nos familles, on se tenait plutôt en gang dans les restaurants et on faisait du théâtre. Il y a aussi les travestis qui cherchent à échapper au monde et à eux-mêmes en s'inventant une réalité et un personnage. En ce sens j'ai toujours aimé la dernière scène d'*Hosanna*, quand le personnage d'Hosanna enlève sa perruque et se montre comme il est vraiment lui-même, Claude Lemieux et rien d'autre.

Est-ce que j'ai imité les travestis de mon ami Tremblay, en cherchant moi aussi à me protéger grâce au théâtre ? C'est tellement facile de faire vivre sur scène l'amour de deux personnages. Mais de le vivre soi-même, c'est une autre histoire.

24

Mon séjour à Ottawa a ravivé ma flamme nationaliste. Là-bas, on te crache dans la face chaque jour et tu dois te faire accroire qu'il pleut. Je recommençais à avoir le goût de me battre, de monter aux barricades. Une année, on a préparé une enquête de marché. À partir des codes postaux, on a pu voir dans quels coins de la ville habitaient la majorité de nos abonnés, ce qui nous a permis de cibler où il valait mieux envoyer notre programmation pour la saison suivante. Le nombre de coups de téléphone d'Anglais qu'on a reçus, ce n'est presque pas croyable : « *What is that ? That garbage, what the fuck is it ?* » Au CNA, ils ont été obligés d'engager une fille rien que pour répondre au téléphone parce qu'ils recevaient trop d'appels de ce genre-là. L'année suivante, ils nous ont forcés à mettre notre publicité dans une enveloppe sur laquelle était écrit en français et en anglais : « Ceci est de la publicité pour le théâtre francophone. Si vous ne la voulez pas, excusez-nous. » Autrement dit : si vous ne voulez pas voir des mots en français, bouchez-vous le nez, fermez les yeux et jetez l'enveloppe. On aurait dit que c'était de la publicité pour de la pornographie, hostie ! Que le français, c'était quelque chose d'obscène. J'étais furieux. Je marchais dans la rue et j'aurais voulu sauter à la gorge de tout le monde que j'entendais parler anglais.

Je serais très fier d'appartenir à un petit pays. Moi, mon rêve, ce serait d'être la Hollande de l'Amérique. Je suis allé une couple de fois à Amsterdam et je dois dire que cette ville-là m'a toujours semblé extraordinaire. La moitié des gens qui habitent là-bas n'y sont pas nés ; ils ont choisi d'y aller. Et c'est peut-être pour ça qu'ils ont l'air heureux. « Ma maison, c'est votre maison », disait Vigneault. Mais on ne l'a pas, notre maison. Et ç'a l'air qu'on ne la veut pas. Chacun aime mieux avoir sa p'tite cabane à lui tout seul, avec ses p'tites affaires à lui tout seul. On est un peuple de trous de cul. Au niveau de la maturité, politique comme humaine, le peuple québécois est un bébé. Il se flatte la bedaine en regardant le Cirque du Soleil, Céline Dion et Julie Payette et se dit qu'il est donc bien beau, qu'il est donc bien fin : comme eux ont réussi, il se dit que d'une certaine façon il a réussi lui aussi, alors il n'a pas besoin de se forcer.

On attend Moïse pour nous sortir de l'Égypte, oui, on attend qu'il y ait un humble berger pour nous dire : « Venez-vous-en par icitte, suivez-moi ! » On espère quelqu'un qui va faire ce qu'il faut à notre place, qui va nous dire où aller, parce que la vérité, c'est qu'on est trop peureux pour le faire nous-mêmes et qu'on a besoin de quelqu'un à blâmer au cas où ça ne fonctionnerait pas. René Lévesque, ç'a été ça. Un sacrifié. Brecht a dit : « Malheur au peuple qui a besoin de héros. » Malheur à nous, hostie. Malheur à nous.

J'ai l'impression que nos âmes sont en train de mourir, comme des poissons qui frétillent dans le fond de la chaloupe quand ils n'ont plus d'air. Je vois le pays comme une immense chaloupe dans laquelle frétillent toutes les âmes qui auraient pu devenir quelque chose, mais qui au lieu de ça frétillent, et frétillent encore. De temps en temps, quelques-unes réussissent à retourner à l'eau, c'est-à-dire que quelques fous font de quoi avec leur vie. Mais la plupart continueront de frétiller et de frétiller, pris par des spasmes de plus en plus violents jusqu'à ce qu'ils cessent de bouger, les deux yeux grands ouverts, tellement loin et en même temps tellement près du lac.

Je ne sais pas ce qui se passe aujourd'hui, mais j'ai l'impression que beaucoup de choses se perdent. L'esprit critique. L'âme. La pensée. La discussion. Ça ne discute plus à la télévision, ça placote. Il n'y a plus grand monde qui veut réfléchir. On est à la recherche du fun au lieu du plaisir. Le fun, c'est quand tu ne penses qu'à toi, à ta petite jouissance, et moi qui ai dû avoir des milliers de *one night stands*, je sais de quoi je parle. Le plaisir, par contre, oui, le plaisir véritable, c'est quand tu penses à l'autre et que son plaisir fait aussi partie du tien. Il y a un engagement envers ton partenaire. Et c'est au lit comme au théâtre. Et au théâtre comme dans la vie. La vie et le travail, c'est une seule et même patente : ce sont des vases communicants. Un acteur n'arrête pas à 5 heures à la fin de la répétition et un metteur en scène ne laisse pas son dossier sur son bureau en se disant qu'il y reviendra le lendemain. Le théâtre, on le porte en nous, c'est un élément de notre vie, sinon la vie elle-même.

Le théâtre exige une grande générosité sur le plan émotif, un état d'impudeur presque total. De la part du metteur en scène et des acteurs. Travailler sur un texte, on fait ça à âme ouverte, comme les médecins travaillent à cœur ouvert. On se donne, on va puiser des choses très intimes en nous. Avec pour résultat des rencontres souvent exceptionnelles et même de très grandes amitiés. Il y a dans la ville des espèces de fils qui me relient à plusieurs personnes. Des fois, quand je revois quelqu'un avec qui j'ai travaillé même quinze ans plus tôt, on se parle comme si on s'était vus la veille. J'ai eu la chance de compter sur des acteurs qui m'ont toujours soutenu au lieu de contrecarrer mes idées les plus folles. C'est ce qui me renverse le plus quand j'y pense : je n'ai pas toujours vraiment su où je m'en allais, ils auraient pu m'envoyer promener. Mais non, ils m'ont écouté et ont tenté de faire ce que je proposais. C'est sûrement pour ça que je les ai toujours traités comme des frères, des sœurs, des pères et des mères. Pour moi qui ai abandonné l'école très tôt, c'est avec le théâtre que j'ai fait mon éducation, que j'ai pu comprendre le monde. J'ai appris à réfléchir avec mes acteurs, c'est avec eux que je me suis interrogé quant au sens de la vie.

Je dois dire qu'un des grands privilèges d'être metteur en scène, c'est de pouvoir choisir avec qui on travaille. On s'entoure des gens qu'on aime, et nos affinités sont souvent bien plus importantes que leurs aptitudes techniques ou leur spécialisation professionnelle. Bien sûr on veut qu'au final le spectacle soit bon. Mais pour ça, il ne suffit pas de réunir tous les plus grands spécialistes de chaque domaine : le meilleur acteur pour jouer tel type de personnage, le meilleur scénographe, le meilleur éclairagiste, le meilleur costumier… Monter un spectacle, ce n'est pas du côté technique que ça se passe. Pendant plusieurs semaines, on va littéralement vivre avec certains individus. Ce qui se passe entre les êtres, le caractère harmonique des rencontres, la chimie des âmes, pourrait-on dire, ce sera toujours plus important que le reste. Le plus étrange, c'est que pendant un mois et demi, deux mois, on passe tout notre temps avec le même groupe de personnes, et du jour au lendemain, quand la production se termine, on doit se dire au revoir et renoncer à l'intimité qui s'était développée entre nous. On se dit « à bientôt » et on ne sait pas quand ça va être, au juste, *bientôt*. Des fois c'est deux mois plus tard. Et des fois certaines personnes disparaissent et ça ne vient jamais.

Chaque fois que j'entends *Didon et Énée*, de Henry Purcell, je repense à Denise Morelle. En 1980, dans ma mise en scène de *L'Impromptu d'Outremont* au TNM et au CNA, elle chantait : « *Remember me but forget my faith.* » Quatre ans plus tard on la retrouvait morte dans un logement de la rue Sanguinet. Agressée sexuellement, puis assassinée. Je ne veux pas parler de coïncidence ni même de destin, mais disons que c'est la vie. Ou plutôt que c'est plus grand que la vie. Pendant ce spectacle-là, sans que personne n'en ait jamais eu conscience, elle parlait pour elle-même. Elle nous disait adieu.

L'année de sa mort, Denise était censée jouer dans ma mise en scène d'*Albertine en cinq temps*. Je lui en avais parlé après avoir lu le texte de Tremblay et l'idée l'emballait. Elle aurait été parfaite pour le rôle d'Albertine à soixante ans. Finalement, c'est Gisèle Schmidt qui l'a joué, très bien d'ailleurs. Mais tout au long de la production, je n'ai pu m'empêcher de penser à Denise Morelle. Même que parfois je me surprenais à la voir sortir des coulisses. Je me frottais les yeux et me retrouvais face à Gisèle.

Il y a plein de textes comme ça qui sont hantés. Des fois, en relisant une pièce, je me souviens de Lionel Villeneuve, je me souviens de Denise Pelletier, je me souviens de Jacques Lafleur, je me souviens de Jean-Louis Millette, je me souviens de Jean-Pierre Ronfard, je me souviens de Sylvie Heppel, je me souviens de Gisèle Schmidt, je me souviens d'Ève Gagnier, je me souviens d'Amulette Garneau, je me souviens de Pierre David, je me souviens de Marielle Lavoie, je me souviens d'André Pagé, je me souviens de Jean Gascon. Pendant ma lecture, je m'arrête et demande aux morts de m'attendre. J'arrive, ce ne sera pas long.

25

Un jour, j'ai été invité à un congrès de l'Institut international du théâtre (l'IIT), qui avait lieu à Berlin. Chaque fois que je voyageais, que ce soit à Rome ou à Berlin, je cachais de la coke dans mes valises. Dans mes bas, dans mes petites culottes, dans ma trousse de toilette... Le monde me trouvait fou, mais je ne m'en faisais pas trop : je passais les douanes à tous les coups. Mais là, pour Berlin, et surtout pour Berlin-Est, il n'en était pas question. Avant de partir, je me suis dit : « Oh boy, deux semaines pas de dope, diantre, que vais-je devenir ? » Mais les deux semaines ont passé, et sans trop de difficultés. Je n'ai pas ressenti de manque, je n'ai pas souffert de tremblements. Alors j'en ai conclu que c'était des sornettes, tout ce qu'on nous disait à propos de la cocaïne. Je n'étais pas accro, je pouvais donc continuer à en prendre. Faut dire que j'avais une santé de bœuf à ce moment-là. Aujourd'hui, je commence à ressembler à un bœuf, mais en tout cas… Disons plutôt que j'avais une santé de fer. Ça doit être mon héritage génétique secret, la part de mon père.

Le Québec était membre à part entière de l'Institut international du théâtre : il n'était pas représenté comme rien de plus qu'un morceau du Canada. Tous les deux ans, il organisait des congrès auxquels j'assistais en tant que directeur du CNA. C'était l'occasion de tisser des liens avec des metteurs en scène de partout à travers le monde, d'échanger des idées…

En 1985, les gens de la section québécoise étaient tellement énergiques qu'ils ont convaincu l'IIT de tenir son XXIIIe congrès mondial au Canada, c'est-à-dire à Montréal et à Toronto : le Québec n'étant pas un pays, il devait traîner le reste du Canada avec lui s'il voulait recevoir des subventions. J'ai souvent eu cette impression que le Québec était une entité dynamique qui devait traîner le reste du pays, un peu comme quand, à quinze ans, on veut sortir mais qu'on est pogné avec son p'tit frère de huit ans.

Pour l'occasion, j'ai été chargé de la mise en scène du spectacle d'ouverture. Le texte était signé Michel Garneau. Il avait rencontré trois acteurs et trois actrices, de trois générations différentes, et leur avait demandé de lui parler des raisons qui les poussaient à faire du théâtre. Avec le résultat des entrevues, il avait écrit *Le Travail de la mémoire et du désir*. Son texte, fascinant, m'a fait comprendre que, en faisant du théâtre, tu as les deux pieds dans le passé et, comme un arbre qui pousse, tu t'ouvres vers l'avenir. À l'École, j'ai souvent parlé de la tension qui existe entre ces deux idées-là, entre les souvenirs et l'imagination, entre le passé et ce qu'on espère du futur, pour illustrer ce qu'est le théâtre, pour illustrer ce qu'est la vie.

À mon arrivée à Ottawa, les gens du CNA avaient organisé un souper avec les artisans du théâtre de la région, pour que je puisse les connaître. C'est là que j'ai rencontré Michel-Marc Bouchard. Il étudiait à l'Université d'Ottawa et avait déjà écrit une couple d'affaires, entre autres *La Contre-Nature de Chrysippe Tanguay, écologiste*. Dès que j'ai lu la pièce, j'ai eu envie de la produire dans l'Atelier, la plus petite salle du CNA. C'est Yves Desgagnés qui a signé la mise en scène, mais je dois avouer que ça m'avait démangé de la faire moi-même. J'aimais beaucoup le texte, mais je venais à peine de débarquer à Ottawa, alors ce n'étaient pas les choses à faire qui manquaient. Deux ans plus tard, en 1984, je l'ai montée au Théâtre d'Aujourd'hui.

M. Goodwin avait négocié mon entente avec le CNA; disons que j'avais d'excellentes conditions de travail. Mon contrat ressemblait à ceux des chefs d'orchestre : en plus de mon très bon salaire, de mon compte de dépenses et de mes voyages payés, chaque année pendant six semaines, je pouvais accepter des contrats à l'extérieur d'Ottawa. Le CNA voulait l'exclusivité de mon travail, mais je sentais que j'aurais envie de monter certains projets qui ne conviendraient pas à sa direction artistique. Je me définissais comme un Québécois qui gagnait sa vie au Canada, comme un metteur en scène qui gagnait sa vie en faisant de la direction artistique. Je ne me suis jamais pris pour un vrai directeur artistique : pour moi, j'étais d'abord et avant tout un metteur en scène, et c'était important pour moi, cette liberté.

Peu de temps après ma production de *La Contre-Nature de Chrysippe Tanguay, écologiste*, Michel-Marc m'est arrivé avec une nouvelle pièce. C'était une histoire d'amour impossible entre deux gars qui se déroulait autour de 1910. Je trouvais ça bien, mais pas plus que ça. Six mois plus tard, il m'a présenté une nouvelle version. Il avait ajouté un niveau de lecture : c'était la même histoire, mais jouée par des prisonniers quarante ans après les événements qu'ils racontent. Au début, je trouvais ça tordu, mais chaque fois que j'y repensais, je me disais que c'était une bonne idée, qu'il fallait monter ça. Ce qui me plaisait surtout, c'était la possibilité de créer la pièce avec les moyens des prisonniers, c'est-à-dire pas de gros décor, pas de costumes flamboyants.

La pièce a été produite par le Petit à petit (le PàP), une compagnie théâtrale pour laquelle j'ai encore beaucoup d'estime. Au début, je me disais qu'il y aurait seulement une scène et des chaises ; si j'avais besoin d'autres choses, je les ajouterais. Mais j'en voulais le moins possible. Le PàP n'était pas syndiqué, ce qui me permettait d'aller à l'aveuglette au niveau du décor. Et je pouvais compter sur d'excellents acteurs : Denis Roy, Jean-François Blanchard, René-Richard Cyr, Yves Jacques, Roger La Rue, Hubert Gagnon, René Gagnon, Claude Godbout et Jean Archambault. Ç'a été un véritable plaisir de travailler sur ce spectacle-là.

En abordant la question de l'homosexualité, j'ai essayé de m'adresser à toutes les marges du monde. J'ai dit à la troupe que si on était pour toucher rien qu'un public de tapettes, on manquerait notre coup. Au bout du compte, je pense qu'on a réussi à toucher pas mal tout le monde. Ce n'est pas parce que tu parles de tes affaires à toi que tu ne peux pas pour autant parler de l'humanité tout entière. Derrière chaque événement raconté, il y a tous les autres équivalents. Et derrière chaque personnage, tous les êtres humains qui lui ressemblent. Quand tu racontes une histoire, en vérité tu en racontes plusieurs. Il y a toujours plus qu'une épaisseur. C'est pourquoi au théâtre, la réalité d'un texte et le jeu des acteurs ne doivent jamais être comme du contreplaqué, en deux dimensions seulement. Si tu fais parler un pompier ou un ministre, tu prends sur toi la responsabilité de tous les pompiers, de tous les ministres et de toutes les personnes ayant des responsabilités semblables. Les personnages doivent faire entendre la voix de tous ceux qui leur ressemblent. Un peu comme un représentant syndical qui parle au nom de tous ceux et celles qu'il défend. Il faut faire sortir les choses de leur dimension anecdotique. Souvent l'anecdote nous distrait de l'universel. Une accumulation d'anecdotes peut déceler un symptôme, et là ça devient intéressant et tu peux poser un diagnostic. Le symptôme appartient au portrait global, alors que l'anecdote est seulement une verrue, si je peux m'exprimer ainsi.

Ce qui manque à trop de gais aujourd'hui, je trouve, c'est une ouverture sur le monde. Les gais se complaisent à se confiner dans un ghetto. Dans un Village, comme eux-mêmes l'ont appelé. Notre travail en tant que gai dans la société, ça devrait être d'ouvrir l'esprit des gens, pas de nous replier sur nous-mêmes. Genet est sans doute l'homosexuel qui a le plus réussi à le faire. Dans ses romans au début, il restait cloisonné dans son univers fantasmatique. Mais dès qu'il a écrit *Les Bonnes*, il s'est ouvert, et à partir de sa différence, il a pu parler à tous les fuckés du monde entier ; il a pris sa marginalité et l'a étendue à celle des autres, pour établir une fraternité avec tous les pas-pareils. À travers l'envie des bonnes de la grande classe de Madame, il leur a dit qu'il comprenait leur désir de normalité. Aux Noirs, leur envie de la blancheur. Aux Arabes, leur haine et leur désir de la culture du pouvoir français.

Un des messages les plus importants de Genet a été que toute bible était nocive. Et par là il n'entendait pas seulement la Bible chrétienne, mais tout dogme, toute chose figée. Moi, c'est une des grandes leçons que je retiens de lui. Il faut reconnaître ses différences et les accepter, sinon les embrasser, carrément. Même si elles sont terriblement inconfortables. Notre marge, c'est notre richesse. La seule chose que tous les humains de la Terre ont en commun, c'est qu'ils sont uniques. En fait, qu'on soit tous différents, c'est ce qui fait qu'on est tous pareils. Il n'y a rien d'autre que notre différence qu'on partage, un peu comme les Berlinois de l'Est et de l'Ouest disaient pendant la guerre froide : la seule chose qui nous unit, c'est le Mur. C'est ce que j'ai essayé de dire avec mon théâtre, et c'est ce que j'ai essayé de faire entrer dans la tête des jeunes de l'École : cultivez votre différence, n'essayez pas de ressembler. De toute façon, ressembler à qui, à quoi ? Le modèle, ce sera toujours quelque chose de nocif.

Diane Dufresne est venue voir une des représentations des *Feluettes*. Elle a tellement aimé qu'elle nous a dit qu'elle en parlerait à ses agents à Paris pour qu'ils l'importent. J'ai donc réservé les acteurs pour une reprise l'année suivante. Mais le temps passait, et je restais sans nouvelles des agents de Diane. Avec Lou Fortier, qui était mon assistante, je suis allé à Paris voir ce qui arrivait avec ça. Mais j'ai eu beau téléphoner aux agents, cogner à la porte de leur bureau, je ne les ai jamais rencontrés.

Il fallait faire inscrire le spectacle à la programmation de théâtres européens, je devais ça aux acteurs qui s'étaient engagés envers moi. Je suis donc allé à Bruxelles rencontrer des directeurs de théâtre que je connaissais. Sans succès. On a finalement pu jouer la pièce devant des producteurs, ce qui nous a permis de jouer une semaine à Lyon. Mais à Paris, rien.

Ç'a finalement débouché en 1990, mais les acteurs s'étaient tannés de toujours rester la patte en l'air ; il a donc fallu faire une nouvelle distribution. Et comme moi je travaillais déjà sur un autre projet, j'en ai confié la mise en scène à Lou Fortier. Quelques jours avant leur première, je suis allé voir une répétition. J'ai dû leur dire qu'ils étaient un peu à côté de la *track*. Mais les gars ont quand même eu du fun, ils ont passé un mois à Paris ; comme ils jouaient dans une pièce gaie, ils se faisaient inviter partout.

Les Feluettes, pour moi, ç'a été un processus de création idéal. Le spectacle est venu au monde tranquillement. Il a cheminé et trouvé sa grandeur. Il a tourné pendant trois ans : il a été joué à Québec dans le cadre de la Quinzaine internationale du théâtre, puis au TNM, et a finalement gagné le prix Gascon-Roux de la meilleure mise en scène en 1992. C'est ce trophée-là qui tient la porte de mon appartement aujourd'hui.

26

Je ne me souviens plus c'était quoi, mais un jour, j'ai vu un spectacle où un acteur descendait sur scène accroché dans les rideaux; je me rappelle m'être reculé dans mon fauteuil pour regarder ça. Et à la fin de la représentation, je me suis rendu compte que je ne m'étais jamais redressé. Depuis, j'ai toujours mesuré l'intérêt des spectateurs en regardant s'ils s'avançaient ou se reculaient. Il y a une droite perpendiculaire au sol, et le spectateur la franchit quand il veut voir quelque chose de plus près, et il se réfugie derrière quand il se retrouve devant quelque chose de trop grand pour lui. Quand je le brasse, je sais qu'il va se reculer, alors j'essaie de le faire se redresser un peu plus tard. Comme Jean Gascon me l'a appris, ça ne sert à rien de parler à quelqu'un dont tu n'as pas l'attention.

Le metteur en scène ne doit jamais surcharger le spectacle d'images, mais éclairer le chemin qui mène jusqu'à l'œuvre. C'est le guide du spectateur, d'une certaine façon. Selon Jorge Luis Borges, le style d'un auteur devrait être un pont pour permettre aux spectateurs d'entrer dans l'œuvre, mais trop souvent, c'est un mur. Aujourd'hui, malheureusement, encore plusieurs metteurs en scène ne savent pas lire et, plutôt que de plonger dans le texte pour essayer de l'entendre, ils vont d'abord penser à un concept. À un concept! À une idée! Ces metteurs en scène-là vont tenter de faire entrer le texte dans leur spectacle avec une cuillère à soulier, alors que ça devrait être le contraire. C'est le spectacle qui est au service du texte, pas le texte au service du spectacle. Trop de metteurs en scène font des singeries, du tape-à-l'œil. Un peu comme quand les gens de la télévision filment quelque chose dans la rue : il y a toujours du monde pour faire des tatas à la caméra en arrière-plan. Au théâtre, j'ai souvent l'impression que le metteur en scène, c'est le grand niaiseux qui vient à tout moment interrompre ma relation avec l'acteur pour me rappeler qu'il existe. Dans ce temps-là, je dis que le metteur en scène montre son cul avec son *cue*.

Quelqu'un qui sculpte le bois, il doit respecter le sens du grain. S'il y a un nœud, il faut qu'il l'intègre ; s'il coupe la planche du mauvais bord, elle va casser. De la même façon, un metteur en scène a beau vouloir imposer sa volonté, à un moment donné il faut qu'il respecte le grain de la pièce.

Je ne sais pas à qui attribuer cette petite histoire, mais je l'ai toujours bien aimée : un jour, on demande à un sculpteur comment il fait pour sculpter un lapin. Il répond : je prends un bloc de roc dans lequel il y a déjà un lapin et j'enlève ce qu'il y a autour. De la même façon, la pièce est déjà là. Ta responsabilité en tant que metteur en scène, c'est de savoir la révéler dans la représentation.

Je vois parfois des mises en scène qui surchargent, qui bloquent l'audition du texte en sollicitant l'œil exagérément : elles distraient, font diversion. Comme si le metteur en scène ne faisait pas confiance à son spectacle et qu'il ne voulait pas que le spectateur s'en rende compte. Il veut rendre agréable, charmer, endormir, et chaque fois ça me fait de la peine, ça me blesse, ça m'irrite, ça m'enrage, comme de voir quelqu'un que j'aime agir en dessous de son talent. Le théâtre est capable de beaucoup plus.

Quand j'étais à Ottawa, j'ai eu envie de produire un dépliant pour annoncer une saison à la manière d'une agence de voyage : je voulais inviter les gens à visiter d'autres pays, d'autres cultures. Pour parler des auteurs, j'ai souvent eu recours à une comparaison géographique en disant qu'ils étaient comme des pays, et chacun de leurs textes, des villes. On a beau dire qu'on est allé *en* Racine, si on n'a jamais visité *Phèdre*, on ne connaît pas vraiment ce coin-là du monde. Certains pays n'ont qu'une seule ville, des espèces de villes-États, comme Andorre ou Monaco, et ceux-là, eh bien on n'a pas tellement intérêt à les visiter. Mais d'autres, plus vastes, ont des villes splendides. Tu te promènes, la tête en l'air, tu regardes autour de toi. Les monuments, les corniches… Tu suis les petites rues, tu t'arrêtes dans les boutiques… Si tu en viens à te perdre, tu sors ton plan et tu comprends quel chemin emprunter pour aller où tu veux aller. Le travail de répétition, c'est un peu la même chose : on se promène, et quand on se perd, on retourne au texte. Si le voyage organisé n'était pas un concept si maltraité, je dirais que le metteur en scène, c'est l'organisateur, celui qui sait comment mener le groupe à l'hôtel pour qu'il ne dorme pas dans la rue.

Avant de commencer à travailler, tout ce que j'ai, c'est une orientation. Parmi tous les chemins possibles, je sais à peu près vers où je m'en vais. Ma responsabilité en tant que metteur en scène, c'est de diriger la recherche. Pas d'arriver avec une idée toute faite qu'il ne reste plus qu'à exécuter. Non, je dis à mes acteurs qu'on s'en va par là. Vers l'ouest, vers l'est, vers le nord, vers le sud. Et puis ensemble on avance et on découvre les choses sur notre chemin. Des fois je me rends compte qu'on est dans un cul-de-sac et qu'il faut reculer puis changer de direction. D'autres fois, oups, on découvre chez un personnage une profondeur insoupçonnée. Quand vient le temps des représentations, chaque soir on prend le public par la main et on l'emmène à travers la ville qu'on a explorée pendant les répétitions.

Chez Brecht, c'est le refus d'obéir que j'ai trouvé. Ma visite de Racine m'a fait découvrir une langue extraordinaire et un combat entre ordre et désordre, entre durée et moment. Dans Marivaux, le manque de simplicité dans nos rapports interhumains : les personnages prennent parfois jusqu'à trois actes et demi pour dire «je t'aime» parce qu'ils ont peur que l'autre ne les aime pas. Chez Beckett, c'est autre chose. C'est l'impossibilité de la mort. Dans ses pièces, on ne parvient jamais à mourir. C'est très grave, ça. À la fin, on est enterrés jusqu'au cou et on parle, parce que la nostalgie est tout ce qui reste. Pas besoin d'être psychiatre pour entendre ce qui a résonné en moi pendant que je travaillais sur *Oh les beaux jours* pour l'Espace Go. J'ai parfois l'impression d'être moi-même un personnage de Beckett, immobile dans ma chaise roulante et ruminant mes souvenirs en attendant la mort. Ou plutôt, en l'espérant. Je lui laisserais des biscuits au chocolat et un verre de lait sur le bord de la cheminée si ça pouvait l'inciter à venir plus vite.

27

Au CNA, un membre du conseil d'administration m'a demandé pourquoi je ne produisais jamais de pièces à succès, alors qu'au O'Keefe Center, à Toronto, il y en avait plein. Très gentiment, je lui ai expliqué qu'au CNA on ne reprenait pas des pièces de Broadway, mais qu'on faisait de la création : on faisait travailler des artistes canadiens – ce mot-là a été difficile à me mettre dans la bouche, mais j'ai fini par y arriver –, on développait une culture. Et s'ils n'étaient pas d'accord avec ce que je faisais, eh bien, qu'ils me mettent dehors.

Les comités, c'est sans doute un des plus grands fléaux de notre temps ; ça permet à tout le monde de se déresponsabiliser. Si on te demande de changer quelque chose dans ton spectacle, tu as beau aller voir tous les membres de la direction du théâtre, chacun va te dire qu'il est désolé, mais que tu dois comprendre : ce n'est pas sa faute, c'est le comité. Les conseils d'administration décident de la direction artistique des théâtres, ils choisissent leur avenir : quand un directeur artistique démissionne ou meurt, ce sont eux qui décident de son successeur. Parfois il y a des acteurs dans le conseil d'administration, de telle sorte que les théâtres sont entre les mains de ses artisans – un peu en tout cas –, mais il reste que la plupart du temps, les décisions sont motivées par des raisons économiques et non artistiques. Les conseils d'administration sont là pour contrôler les élans artistiques et s'assurer de la rentabilité de leurs productions. C'est la raison pour laquelle aujourd'hui, les directeurs artistiques sont aussi directeurs généraux. Trop de conflits apparaissaient entre la direction générale, qui veillait à la bonne marche des affaires, et la direction artistique. Il me semble que ça ne devrait pas être le cas : l'artiste devrait être en conflit avec l'administration ; il devrait la confronter pour lui imposer ses choix. Le travail du directeur de théâtre, c'est autant de choisir les pièces qui vont être montées que de changer les rouleaux de papier de toilette ; il est autant un artiste qu'un administrateur, et moi ça me fait chier.

Les acteurs sont rarement chez eux dans les théâtres. Les artistes ont leur petit coin en bas, dans les loges, et c'est tout, tandis que ceux qui y habitent, ce sont les administrateurs. Ça m'a toujours fâché de lire dans les programmes des remerciements à tous les donateurs et jamais aux comédiens, eux qui donnent tellement aux théâtres, d'abord en livrant leur âme sur les planches, ensuite en acceptant souvent d'être sous-payés. L'argent qu'ils acceptent de ne pas recevoir, c'est presque un don. Quand j'ai monté *Albertine* à Paris en 1988, on n'avait pas pu me payer tout ce qu'on me devait, alors j'ai eu une bonne idée : j'ai dit de me faire un chèque de la somme totale qui était prévue dans mon contrat, après quoi je ferais un don à leur compagnie. Comme ça, eux retrouveraient une partie de leur argent, moi je sauverais des impôts. Ce serait une bonne façon de faire en sorte que les artistes soient un peu mieux rémunérés sans pour autant embourber les théâtres dans un pétrin financier.

Pendant plusieurs années, avec les pièces de Tremblay et d'autres artistes, il y a eu une espèce de mouvement culturel où soudainement, en allant au théâtre, on voulait se reconnaître, se voir soi-même sur scène. Pour se consacrer, j'imagine, en montrant cette réalité québécoise qu'on méprisait tellement. On a cherché à créer une identification entre le public et le spectacle, et j'ai longtemps pensé que c'était très louable. Je me suis même battu pour ça. Mais les années ont passé, et j'ai fini par reconnaître que la chose avait ses limites. Cette nouvelle pratique, sinon cette nouvelle idéologie théâtrale, a fait en sorte que quand le spectateur essayait de se reconnaître ailleurs que dans le quotidien, il n'y arrivait pas. Je dis ça en me rappelant la réaction des gens devant mon spectacle *Les Paravents*. C'était au printemps 1987, à Ottawa. S'ils n'ont pas aimé *Les Paravents*, c'est sans doute parce qu'ils ne s'y sont pas reconnus. Et surtout, qu'ils n'ont pas reconnu leur langue.

Un an plus tôt, Reichenbach m'avait demandé si je voulais monter *Les Nègres*, de Genet, pour le TNM. Je lui ai répondu qu'en tant que Blancs on n'avait tout simplement pas le droit de monter *Les Nègres* – je n'en suis plus aussi certain maintenant : je les ai montés à l'École quelques années plus tard et ça a bien marché, mais à l'époque c'est ce que je croyais. Je l'ai toutefois relancé en lui disant qu'à la place, je pourrais monter *Les Paravents*. J'en avais déjà monté une couple de scènes en exercice à l'École avec la classe dans laquelle il y avait entre autres René-Richard Cyr et Suzanne Champagne, et j'avais eu l'impression d'avoir compris quelque chose ; je l'avais ensuite fait en spectacle de fin d'année, avec deux classes et la préparatoire, au Monument-National, et ça me travaillait depuis d'en faire un spectacle complet.

Reichenbach s'est étouffé à l'autre bout du fil. *Les Paravents* dans leur version intégrale, ça doit faire plus de six heures. C'est gigantesque, colossal, voire impossible. Mais bon, je venais d'avoir quarante ans et je me disais qu'il était temps de m'attaquer à un gros morceau. De grimper mon Everest. Je voulais me mettre au défi, tester mes limites, voir si j'étais encore capable de faire du théâtre. J'entendais la respiration de Reichenbach accélérer, alors je lui ai dit de ne pas s'inquiéter, Ottawa allait tout payer. Même que ça ne coûterait pas plus cher que *Les Nègres* et que ce serait meilleur. Il devait avoir confiance en moi puisqu'il a finalement accepté.

Tout le monde a jugé étrange que je programme un deuxième Genet après *Les Bonnes*, qui avait reçu un accueil mitigé de la part du public et de la critique l'année précédente. Juste avant, au CNA, j'avais monté *Les Fridolinades* de Gratien Gélinas et *Le Ruban* de Feydeau. Ce genre de pièce était toujours un triomphe, mais je me disais qu'il fallait proposer aux abonnés quelque chose de différent, d'exaltant, même, autrement les gens de théâtre seraient condamnés à toujours présenter la même chose et les auditoires, à toujours voir les mêmes spectacles.

La pièce de Genet est fondamentale : il s'agit selon moi d'une œuvre littéraire incontournable, et c'est par amour pour le texte que j'ai voulu lui donner vie en la mettant en scène. Aussi, Jean Genet était décédé quelques mois plus tôt, le 15 avril 1986, et je voulais lui rendre hommage.

D'une certaine façon, je désirais accomplir mon devoir d'artiste, c'est-à-dire croire au fait que peut-être les spectateurs, les artistes à qui j'avais lancé le défi de réaliser ce spectacle colossal et surtout moi, on grandirait ensemble et on sortirait de cette expérience transformés. Oui, au départ, je souhaitais que ce grand spectacle soit accessible à tous, que ce soit une grande fête.

J'ai conçu la mise en scène d'après ce que dit Genet dans la correspondance qu'il a entretenue avec Roger Blin quand celui-ci a monté la pièce au Théâtre de l'Odéon vingt ans plus tôt, en 1966. Je n'ai pas obéi à toutes ses indications, je ne voulais pas simplement exécuter ses ordres et n'être rien de plus qu'un contremaître ; je voulais avoir mon mot à dire et dialoguer avec Genet. Avoir moi aussi ma correspondance avec lui.

Je dois dire que je me sentais assez petit dans mes culottes à côté du monument que sont *Les Paravents*. C'est quelque chose de tellement grand, et il faut être à la hauteur de cette grandeur. Tout le long des répétitions, il y avait une photo de Genet à seize ans, montée sur une plaque de bois. C'est moi qui l'avais mise là. Il nous surveillait, et si on allait le décevoir, il nous le ferait savoir. Je ne savais pas comment, peut-être que le sol aurait tremblé.

Aux acteurs, parfois je disais : « Oui, ton rôle, c'est un gros rôle. Mais qu'est-ce que tu fais quand tu manges un gros steak ? Tu prends ton couteau, ta fourchette, t'en coupes une p'tite partie pis tu le manges. Pis au bout de deux heures, tu t'en rends pas compte, mais tu l'as tout mangé. Essaye pas d'avaler ton steak d'un seul coup ! Tu vas t'étouffer pis tu vas y passer. » Au fond, c'est à moi que je disais ça. Pour me rassurer moi-même.

Les deux premiers mois, j'ai fait des ateliers avec les acteurs, entre autres Monique Mercure, Denis Roy, Élise

Guilbault, Andrée Lachapelle, Charlotte Boisjoly, Alain Fournier, Hubert Gagnon, Ginette Morin et Roger La Rue. Je leur donnais des consignes, ils me revenaient avec quelque chose et on en jasait. Il y avait aussi Françoise Faucher, et elle qui a aussi appris à jouer en France, elle a sursauté quand je lui ai dit que l'interprétation de son personnage avait un petit quelque chose de la Poune…

Ma première demande a été de trouver des images de peuples en esclavage. Puis Louise Jobin a commencé à penser à ses costumes. Le TNM laissait deux salles à notre disposition, alors elle en avait une pour elle toute seule, avec sa machine à coudre et ses affaires. Le plus dur a été de dire aux employés de l'atelier d'Ottawa qu'ils ne seraient pas du projet. Je me disais qu'ils ne pourraient pas réaliser ce travail. Pas par manque de talent, au contraire : ce sont des gens tellement minutieux, tellement dévoués. Justement, ils étaient trop bons. Ils auraient fait quelque chose de trop parfait, de trop propre, et je n'y aurais pas cru. Il fallait que ça soit ramassé avec des épingles, avec une espèce de splendeur malgré tout. Pour jouer Genet, il suffit de se mettre une guenille sur la tête et de faire semblant de porter une belle robe. Genet disait qu'aucune joliesse ne devait être tolérée, que les costumes devaient être faits de chiffons pouilleux et splendides, et j'avais décidé de le prendre au mot là-dessus.

Genet voulait aussi que les acteurs dessinent leur propre décor. La scénographie de Martin Ferland comprenait trois étages de panneaux de papier, ce qui représentait la terre, le ciel et l'enfer, et en même temps évoquait les paravents. Les acteurs avaient des bonbonnes de peinture en aérosol et, de temps à autre, ils dessinaient un palmier, une maison et des symboles de révolte. Les dessins ne devaient pas être naïfs, mais évoquer ceux des fous. Je leur avais demandé de les faire avec rage, leurs mouvements devaient être furieux. C'étaient des graffitis comme il ne s'en fait plus aujourd'hui : des cris, des hurlements.

J'aurais aimé que Genet voie mon spectacle. Ça m'aurait gêné à mort ; sûrement que tout le long de la représentation je l'aurais regardé, lui, et non les acteurs sur la scène. Mais je pense qu'il aurait trouvé ça pas pire. En tout cas, de mon côté, c'est sans aucun doute le spectacle dont je suis le plus fier. Mais ça m'en aura pris, du temps, pour réaliser son importance. Son importance dans ma vie, en tout cas.

Le soir de la première, quand j'ai vu les gens sortir en masse de la salle, j'ai été très inquiet. Je continuais de regarder le show, mais du coin de l'œil je comptais les spectateurs qui remontaient l'allée en me demandant ce qui n'allait pas, au fond : c'était l'émetteur ou le récepteur qui n'était pas correct ? En d'autres mots, le problème, c'était moi ou eux autres ?

Le lendemain, Edgard Demers, du *Droit*, écrivait que mon spectacle était « un colossal monument érigé à l'ennui ». Deux jours plus tard, dans *Le Devoir*, Robert Lévesque, que j'ai toujours haï à tuer – je l'ai d'ailleurs un jour appelé pour lui dire, mais ça, c'est une autre histoire –, qualifiait mes *Paravents* de « naufrage », d'erreur de jugement de ma part. Je ne sais pas si c'est à cause du destin de poète maudit de Genet que ç'a été aussi mal reçu, mais à ce moment-là je l'ai pris personnel. Je ne suis pas un poète maudit, moi : j'ai besoin qu'on m'aime. Alors pendant longtemps j'ai cru que je m'étais trompé. Que ce spectacle-là était une bêtise. J'étais atterré.

La pièce a été présentée pendant neuf jours à Ottawa. Tous les matins je lisais les journaux, écoutais les critiques à la radio et me demandais ce qui n'allait pas. On devait jouer au TNM deux semaines plus tard. Peut-être qu'il n'était pas trop tard pour faire quelques modifications ? J'étais déjà à Montréal pour commencer les répétitions du *Vrai Monde* ? Je montais la pièce de Tremblay, mais c'est à mes *Paravents* que je pensais. En fait, peu importe où j'étais, ce que je faisais et avec qui, je pensais à mes *Paravents*. J'avais prévu faire des coupures : tout le monde m'avait dit que c'était trop long et j'avais fini par céder. Mais tout à coup, en plein milieu d'une répétition du *Vrai Monde* ?, je me suis levé de ma chaise, j'ai frappé la table avec mon poing et crié : « Non ! » Gilles Renaud et Rita ont cessé de jouer. Ils me regardaient avec des grands yeux, l'air de me demander : « Non, quoi, au juste ? » Non, il n'y aurait pas de coupures dans *Les Paravents*. Je ne demanderais pas pardon pour ce show-là. On allait le présenter tel quel, un point c'est tout.

Pour la seule fois de ma vie, je me suis dit que si les gens n'avaient pas aimé mon spectacle, ce n'était pas de ma faute : c'était le public qui n'allait pas. Il était trop borné. Il ne voulait pas comprendre, il n'était pas intéressé. Je me sentais comme un cuisinier qui venait de mettre un plat sur la table, une pièce sur laquelle j'avais beaucoup travaillé, et que le monde, après une ou deux bouchées, avait dit qu'il n'aimait pas ça, finalement, pour ensuite aller se bourrer la face dans les chips. Je me suis dit : « S'ils aiment pas ça, eh bien qu'ils mangent d'la marde ! C'est pas mon show qui est mauvais, c'est eux autres qui sont trop mauvais pour mon show ! » J'ai fini par comprendre que la création, on ne la fait pas toujours juste pour soi. On a besoin de l'amour du public en retour.

Heureusement pour moi, le spectacle a été très bien reçu à Montréal. Dominique Boucher, de Radio-Canada, a même dit que j'aurais dû garder le texte dans sa version intégrale. Qu'elle aurait voulu voir les six heures.

À mon retour à Ottawa, j'ai pensé que ma relation avec ce public-là ne pouvait pas continuer. C'était un cas de divorce, il fallait que je sacre mon camp de là, et au plus vite. C'était ma dernière année de contrat. Pas question de le renouveler. Mais C... avait commencé ses études en journalisme à l'Université d'Ottawa. Même si tous les deux on couraillait chacun de notre côté, même si on prenait beaucoup de dope, j'avais son bien-être à cœur. Il lui restait seulement deux ans à faire : j'allais l'emmener jusqu'au bout et, après, il volerait de ses propres ailes. Moi, je packerais les p'tits et déménagerais à Montréal. Ça fait que j'ai ravalé ma colère et j'ai signé pour deux autres années. Mais dans ma tête c'était clair : deux ans, pas un jour de plus.

Partie 5

Le retour au pays
(1989-1998)

Toute la petite famille, au 6329, rue des Érables. De gauche à droite, grand-maman, le p'tit André, ma mère, qui était à ce moment-là ma tante, et puis mon grand-père. Je dois avoir sept ou huit ans là-dessus.

Ici, dans mes atours *beatnik* à la Paloma, je m'adonne à mon vice préféré. J'ai sucé mon pouce pendant des années. J'ai arrêté juste comme ça. Ça coïncide avec *Les Belles-Sœurs*, je ne sais pas s'il y a un rapport, faudrait demander à mon psy.

Pendant les répétitions de *Lysistrata*, je dirigeais les chœurs avec une baguette, comme un chef d'orchestre. Je ne sais pas lire la musique, c'est un de mes grands regrets. Mon travail sur les chœurs a dû être une compensation.

Une scène du *Balcon*, de Genet, que j'ai mis en scène en 1977, au TNM.
Sur le trône, Jean-Louis Millette joue le rôle du juge prenant plaisir à
pardonner à la pécheresse. Devant lui, Ginette Morin et Guy Thauvette.

En coulisses : Angèle Coutu, Normand Chouinard, François Tassé et moi.
C'était une distribution de première classe pour entrer dans l'univers d'un
auteur de première classe. Je me souviens des répétitions avec bonheur.

Élise Guilbault et moi, à l'inauguration du nouveau Théâtre d'Aujourd'hui, rue Saint-Denis.

Avant le spectacle d'ouverture du Monument-National, après les réno-vations : *Les Mémoires d'un fantôme*, de Gilles Champagne. Guy Nadon jouait le fantôme du Monument, et des anciens étudiants venaient rejouer un rôle qui avait marqué leur passage à l'École. Roy Dupuis avait refait son Cyrano.

Tremblay et moi. Cette photo-là a longtemps été accrochée dans le hall du Quat'Sous. Elle a été prise pour la création d'*Hosanna*, en 1973, sur le toit de l'immeuble où j'habitais. On a tous les deux nos p'tites robes indiennes… c'était l'époque, faut croire.

En 1980, au TNM, pour la création de *L'Impromptu d'Outremont*. Un peu plus tard, le premier référendum sera un échec et Tremblay abandonnera le théâtre un bout de temps pour se consacrer au roman. Moi, je partirai pour Ottawa.

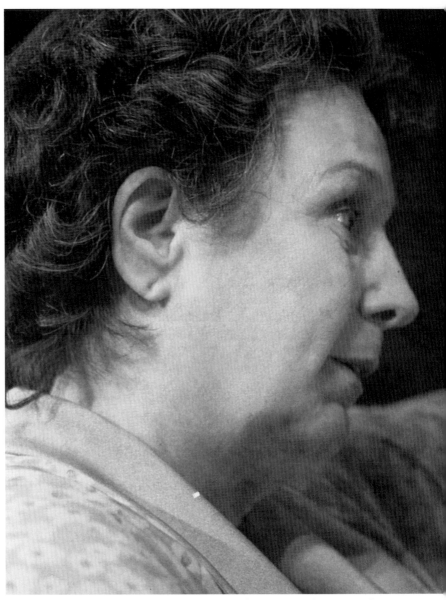

Rita et moi, pendant une représentation d'*Encore une fois si vous le permettez*, présentée au Rideau Vert en 1998. J'ai cherché pendant un moment quel acteur pourrait jouer le rôle du narrateur. Et puis un jour, je me suis dit: «Crisse, je veux jouer ça.» J'ai appelé Rita et elle

m'a avoué avoir eu la même idée. Tremblay a été d'accord et le Rideau
Vert s'est réjoui de l'idée : Mme Palomino m'aimait beaucoup et ça lui
faisait faire des économies.

Pour un de nos soupers de fête, à Guy Nadon et à moi, on avait invité
Jean Fugère – c'était notre cadeau. Tous les deux étaient dans la même
classe à l'École nationale et, avec le temps, on s'est liés d'amitié.

Pendant ma fin de semaine de convalescence, après mon AVC. Mon
amie Louise avait organisé mon déménagement sur la rue Masson,
et pour que je ne sois pas dans les jambes, j'étais allé dans une petite
auberge, dans les Cantons-de-l'Est.

28

Les deux dernières années qu'a duré mon contrat, je n'étais presque jamais à Ottawa. Je laissais donc C... à lui-même dans mon appartement de la rue Forbes. Au fond de moi, j'espérais qu'il décroche une job et que deux ans plus tard on adopte un enfant ensemble. Mais je crois qu'il ne supportait pas la solitude : il s'est fait une blonde avec qui il couchait dans mon lit en mon absence. Le jour où j'ai trouvé des petites culottes de femme, j'ai loué un camion et, une heure plus tard, je partais à Montréal avec le plus gros de mes affaires. Après avoir passé quelques jours à l'hôtel, j'ai loué un appartement rue Berri.

Peu après, C... m'a parlé au téléphone de ses projets de mariage. Sa blonde était enceinte et ils voulaient partir vivre ensemble au Nouveau-Brunswick. Là-bas, il s'est acheté un appareil-photo et a cherché un emploi en journalisme. Sans succès. Comme il fallait bien nourrir le bébé, il est devenu agent de douane.

Il s'est découvert depuis une personnalité multiple. Il m'a dit un jour être habité par quelque chose comme dix-huit personnes différentes. Il s'est mis à écrire, à écrire et à écrire... Des fois je reçois des courriels, des prêches sur l'amour et des choses du genre. Il est devenu une espèce de gourou. Quand sa femme a appris qu'il avait déjà couché avec des gars, elle l'a laissé. Elle a d'abord viré féministe radicale, puis elle s'est mariée avec un juif hassidique. En tout cas, c'est ce qu'il m'a raconté.

En quittant Ottawa, je redevenais pigiste. On m'a offert toutes sortes de contrats et je n'ai jamais dit non. Comme à mes débuts, d'une part pour me faire aimer, d'autre part pour gagner des sous. Je menais un train de vie sans aucun bon sens : la coke, ça coûte cher. Ce qui me rendait très fier, c'est que j'étais un des rares metteurs en scène qui, après avoir été directeur artistique d'un théâtre, continuaient d'être engagés. J'avais dû entretenir de bons rapports avec les directeurs de théâtre de Montréal.

André Gagnon et Tremblay avaient commencé à travailler sur l'opéra *Nelligan* avant mon retour à Montréal, alors je n'ai pas participé à la naissance du projet. Je ne sais pas si c'est l'Opéra de Montréal qui les a approchés ou l'inverse ; moi, j'ai sauté dans le train alors qu'il était en marche. Je n'ai donc pas pu les suivre dans l'écriture. Certaines scènes me semblaient avoir trop de mots, alors j'essayais d'enlever des paroles. Mais la musique était faite, et tu ne coupes pas des notes comme tu coupes des mots. Ç'avait l'air niaiseux, on aurait dit qu'il y avait des trous : la musique continuait et les acteurs se regardaient comme des chiens de faïence avant de se remettre à chanter.

Des fois, je disais à Dédé :

— Ça, là, tu penses pas que c'est un peu inutile ?

— Oui, mais Tremblay semblait y tenir.

Des fois, j'allais voir Tremblay :

— Ici, tu penses pas que la musique pourrait faire ça à la place ?

— Je le sais ben, mais Dédé aimait beaucoup ce passage-là.

Les deux avaient un énorme respect l'un pour l'autre, parfois ça frôlait la flagornerie. Un soir, pour un enchaînement devant Dédé et Tremblay, je leur ai demandé d'avoir la même attitude que s'ils venaient voir le spectacle de quelqu'un d'autre. Bien que les deux, quand ils assistent aux spectacles des autres, soient capables de commentaires assassins – mais toujours très justes –, quand ils regardent leur bébé, ils ont beaucoup de difficulté à admettre qu'il a un bouton sur le front. Ils avaient inventé un système d'évaluation à la manière de celui qu'utilisent les journaux : au lieu de noter avec des étoiles, ils le faisaient avec des Kleenex. Ça commençait et ils se donnaient des tapes dans le dos :

— Ah, c'est de toute beauté ! C'est un quatre-Kleenex, certain !

— Ça, c'est un cinq-Kleenex, c'est tellement beau !

À la fin de la répétition, j'étais en tabarnak ! Ce n'était pas mauvais. Non, loin de là. Mais je pensais que ç'aurait pu être meilleur. J'aurais aimé qu'on se pousse à aller plus loin les uns les autres. Pour moi, le but des répétitions n'a jamais été de flatter mon ego, mais de trouver une façon d'améliorer le spectacle : qu'est-ce que je pourrais dire à tel acteur pour qu'il aille plus loin ? Qu'est-ce que je vois chez un autre que je pourrais encourager pour le développer ? Je suis un éternel insatisfait. Et là, de me retrouver devant deux satisfaits, ç'a été très dur.

Cela dit, je suis très fier du résultat. Je pense que malgré tout on a fait du bon travail.

Le plus dur a sans doute été d'être confrontés à M. Bernard Uzan, qui était le directeur artistique de l'Opéra de Montréal. Il disait vouloir faire de la création, mais en vérité il ne voulait pas. Je pense qu'il a mis dans nos roues tous les barreaux possibles, et il a été bien embêté quand, malgré tout, il a reçu une subvention pour monter le projet. Le spectacle a très bien marché, tant au théâtre Maisonneuve qu'à Québec et à Ottawa. L'année suivante, il y avait une demande pour qu'on le reprenne, mais lui jugeait cela impossible économiquement, alors c'est tombé à l'eau.

Quand on a gagné notre Félix au gala de l'ADISQ, Dédé est monté sur scène pour remercier tout le monde, mais Bernard Uzan s'est empressé d'aller le rejoindre : il lui a arraché le trophée des mains et lui a dit qu'il était désolé, mais ce trophée-là revenait à l'Opéra de Montréal. Pour se venger, Dédé a finalement fait fabriquer des répliques du trophée et en a donné une à tous les créateurs du show. Aujourd'hui la mienne est juste là : elle tient une couple de mes DVD sur une étagère.

Un peu avant mon départ d'Ottawa, dans la *Canadian Theater Review*, je suis tombé sur une pièce de Brad Fraser, un auteur canadien tout à fait remarquable : *Unidentified Human Remains Or The True Nature Of Love*. Après l'avoir lue, j'ai voulu la monter.

La traduction que j'en ai faite est différente du texte original. La version de Fraser inclut un entracte, mais je croyais que ce serait mieux sans. J'ai donc entrelacé les deux parties en déplaçant quelques dialogues. L'auteur me l'a reproché : il n'était pas habitué, comme Tremblay, à mes manies de metteur en scène et à mon *coupaillage*.

Mais bon, c'est après avoir vu mon spectacle que Denys Arcand a voulu en faire un film, alors sûrement que je n'avais pas si tort que ça et que, secrètement, il était reconnaissant.

Je savais déjà que je ne pouvais pas présenter la pièce à Ottawa : le public aurait crié au meurtre. La pièce met en scène un tueur en série qui découpe ses victimes en morceaux, c'est très violent. Dès que j'ai quitté Ottawa pour de bon, je l'ai proposée à Pierre Bernard, alors directeur du Quat'Sous. Il me semblait que c'était le seul théâtre qui pourrait accueillir un tel projet. Il a tout de suite accepté. Deux ans plus tôt, j'avais monté au Quat'Sous *La Charge de l'orignal épormyable*, de Gauvreau, et ç'avait été tellement bien reçu que le TNM l'avait reprise la saison suivante.

Pierre, c'est une amitié manquée. On se ressemble tellement, tous les deux. C'est un type exigeant, envers lui-même comme envers les autres. En tant que metteur en scène, il scrute les textes en profondeur et en demande autant aux acteurs. Malheureusement, on n'a jamais eu le temps de se parler comme je l'aurais souhaité, et aujourd'hui il est tellement occupé qu'on ne se voit plus. Il a d'abord étudié à l'École, mais il n'y est pas resté longtemps. Suffisamment, par contre, pour que je me prenne d'affection pour lui. Il était tellement nerveux, il était incapable de parler sans rougir : chaque mot était une épreuve quand il était sur scène. Mais il avait quelque chose qui me donnait envie d'aller vers lui.

Pour la création du spectacle, j'ai consulté des livres de médecine légale : je voulais savoir à quoi ça ressemblait, un bras qu'on trouve dans le fleuve après deux ans, pour savoir de quoi il était question dans le texte. J'ai aussi appelé la GRC pour apprendre le terme technique qu'ils employaient pour les morceaux de corps qu'ils retrouvaient : des restes humains non identifiés. Je voulais l'expression exacte pour le titre de la traduction.

Il y a beaucoup de conversations téléphoniques entre les personnages, et j'ai toujours haï ça, moi, quand la sonnerie vient de nulle part, des haut-parleurs de la salle ou de la régie. Au théâtre, je n'ai jamais aimé qu'on fasse semblant. Dans un de mes spectacles, un acteur devait en gifler en autre. Il a fait comme les enfants : sa main est passée à côté du visage de l'autre et il a tapé des mains pour feindre le son. Je me suis choqué : « On est pas à la lutte, on est au théâtre ! » On raconte des histoires qui ne sont pas vraies, mais on les raconte pour vrai.

Tout ce qui a l'air faux sur scène, ça m'énerve. Quand il y a un noir et qu'on entend les acteurs venir se placer, j'ai envie de crier chou, je sais que vous bougez, montrez-vous ! C'est la raison pour laquelle j'ai toujours éclairé le moment où les acteurs viennent prendre place au début du spectacle. Dans *Oh les beaux jours*, en 2008, à l'Espace Go, Andrée Lachapelle était prête à être sur scène quand le public entrait. Finalement, quelqu'un du théâtre nous a dit qu'on pourrait avoir un rideau, ce que je croyais impossible vu la structure de la salle. Pour moi, il était impensable que les gens voient le monticule dans lequel doit être enfouie Winnie sans personne dedans, puis qu'ils entendent des petits pas et que le spectacle commence. J'ai dû tricher quand même un peu entre la première et la deuxième partie, juste avant que Winnie réapparaisse enfouie jusqu'au cou. Après tout, les principes sont faits pour qu'on ait quelque chose à transgresser.

Dans *Des restes humains non identifiés*, j'ai donc demandé à Pierre Bernard de me faire poser par Bell quatre ou cinq lignes téléphoniques sur la scène. Chaque appartement représenté dans le décor avait son propre numéro, que les acteurs devaient composer pour s'appeler pendant la pièce. Ça sonnait, l'autre répondait. Un seul coup de téléphone était faux, c'était lorsque le personnage d'Élise Guilbault appelait la police parce que l'assassin était chez elle. Discrètement, elle appuyait sur l'interrupteur et signalait le 9-1-1.

Un soir, je ne sais pas si c'est parce que son doigt a glissé ou qu'elle était trop dans son rôle, mais l'appel s'est rendu à la centrale de la police. Élise est dans le feu de l'action : elle ne peut pas s'excuser, raccrocher, puis recommencer, alors elle fait tout de même sa scène. Elle crie dans le combiné qu'il est là, qu'il a un couteau et qu'il s'en vient la tuer. Elle raccroche, le spectacle continue. Mais une minute plus tard, le téléphone sonne à nouveau, et cette fois aucun personnage n'a signalé. Tous les acteurs se regardent, inquiets. Le régisseur comprend ce qui est en train de se passer, alors il descend et rappelle la police pour l'avertir que ce n'est pas vrai, qu'il s'agit d'une erreur. Mais si ç'avait été un vrai assassin, pour ne pas avoir la police sur le dos, il aurait sûrement dit la même chose. Cinq minutes plus tard, on entend des sirènes dans le théâtre – les murs de l'ancien Quat'Sous étaient tellement minces que l'hiver, on entendait la souffleuse passer dans la rue. Sept ou huit voitures de police entourent le Quat'Sous. Quelqu'un est allé attendre les policiers à l'entrée. Je ne suis plus certain si ça s'est vraiment passé ou si j'ai fini par l'inventer à force de raconter cette histoire-là, mais il me semble que j'ai dû monter avec les policiers et entrouvrir la porte de la salle pour leur montrer que la femme qui avait appelé était toujours en vie, là, sur scène. Les acteurs ont quand même craint que les policiers ne comprennent pas la différence entre la réalité et la fiction, qu'ils fassent mettre tout le monde à genoux et qu'ils arrêtent Denis Roy, qui jouait l'assassin.

29

Au début des années 1990, Reichenbach m'a demandé si je serais intéressé de monter *En attendant Godot* pour la prochaine saison du TNM. Je l'avais déjà fait pour la NCT en 1971, mais je ne me tanne jamais de replonger dans Beckett. Sans même prendre le temps d'y penser, je lui ai dit de me trouver Normand Chouinard et Rémy Girard : s'ils acceptaient de jouer dedans, je le ferais. Finalement ils ont été d'accord. Quelques semaines plus tard, on commençait les répétitions.

Pour la mise en scène, je me disais qu'on ne pouvait aujourd'hui parler des sans-abri comme Beckett quand il avait écrit sa pièce, trois ans après la Seconde Guerre mondiale. Il fallait donc adapter le texte à notre réalité, pour nous l'approprier. En gros, je voulais transposer l'action dans l'est de Montréal pour aborder la question de la pauvreté. Avec les acteurs, j'ai fait une espèce d'étude sociologique sur l'itinérance. On se demandait ce qu'on en pensait, on se montrait des photos… On avançait, mais chaque jour pendant les répétitions j'avais l'impression qu'on était dans le champ. Et je n'arrivais pas à savoir pourquoi. En fait, j'avais l'impression d'être en train de faire ce que je pensais que quelqu'un attendait de moi. Tout était là : l'arbre, la route, les chapeaux melon… Quand on croit savoir ce que les gens veulent voir, généralement, c'est mortel.

Un jour que j'avais pris le temps de me rendre au théâtre en métro, tout le long du trajet je me suis demandé ce qui ne collait pas. Assis au fond du wagon, je regardais défiler les stations et remettais tout en question, du choix de mes acteurs jusqu'au décor et aux costumes. L'univers de Beckett, c'est un peu comme un cirque. C'était sûrement la raison pour laquelle j'avais choisi Rémy et Normand. Parce que c'était un duo de clowns qui se connaissait depuis des années – depuis la petite école, même, je pense. Pour moi, Vladimir et Estragon, avant d'être deux itinérants, ç'a toujours été ça : deux clowns de cirque. Mais au Québec, il n'y a pas de cirque. Qu'est-ce qu'on a dans ce genre-là, alors ? que je me demandais pendant que mon train arrivait à ma station et que les portes du wagon s'ouvraient. On a le burlesque, le Théâtre des Variétés, oui ! Je sentais que je tenais quelque chose. J'ai monté les escaliers deux par deux, puis j'ai couru jusqu'au TNM. Je me suis précipité dans le bureau du décorateur et lui ai dit que tout ce qu'on avait fait jusqu'à présent, ça ne marchait pas. On devait tout jeter à terre et recommencer. Sans attendre sa réponse, j'ai couru vers le bureau du directeur de production. Je n'ai pas cogné, j'étais trop énervé. J'ai poussé la porte et lui ai tout de suite demandé si on avait commencé la construction du décor. Il me regardait en tremblant, sous le choc, il avait failli avaler sa langue tellement j'étais entré brusquement.

— Elle doit commencer demain.

— Arrête tout, y aura pas de décor.

— Quoi?

— On va tout faire autrement. Et ça coûtera pas plus cher.

Pendant les répétitions, on se servait d'une patère pour faire l'arbre, en attendant d'en avoir un vrai. On a finalement gardé la patère. Rémy l'apportait des coulisses au début du spectacle et les acteurs l'utilisaient tantôt comme un arbre, tantôt comme une patère. Au début de la deuxième partie, comme Beckett l'indique dans le texte, des feuilles avaient poussé, ce qui pouvait nous faire oublier que la patère était une patère. C'est ça, la magie du théâtre : tu prends une patère, tu lui dis assez longtemps qu'elle est un arbre et, au deuxième acte, elle fait des feuilles.

Il y avait aussi une vieille toile de fond, sur laquelle était peint un ciel dans le style renaissance italienne, que Michel Beaulieu éclairait de toutes sortes de façons. Mais comme la toile se montrait comme telle – on voyait même les marques laissées par les plis –, elle avouait qu'elle n'était pas le vrai ciel, seulement un décor de théâtre : un artifice, comme la patère qui servait d'arbre. On n'était pas sur une route, mais réellement dans un théâtre. Vladimir et Estragon n'étaient plus des clochards, mais des acteurs du Théâtre des Variétés, des clochards culturels. Rémy et Normand étaient habillés comme un duo comique déchu, leurs chapeaux rappelaient un peu ceux des variétés, mais défraîchis. Pozzo, que jouait Jean-Louis Millette, portait un costume à la Louis XIV et arrivait en carrosse : il devenait une sorte d'incarnation de la culture française, un bourgeois posant un regard condescendant sur le théâtre populaire. Je trouvais que Jean-Louis était parfait pour le rôle. Il traînait comme un esclave le pauvre poète qu'est Lucky, interprété par Alexis Martin.

J'ai respecté le texte à la lettre, tout en réinterprétant les indications scéniques. Je voulais m'approprier la pièce de Beckett; pour y arriver j'ai choisi de désobéir aux didascalies. Comme avec tous les textes que j'ai abordés, je voulais découvrir ce que celui-là me disait à moi et ce qu'il disait de moi, et j'imagine que je l'ai fait parler du théâtre et de la culture parce que c'est tout ce que je connais du monde. Je ne peux pas témoigner de la vie, seulement du théâtre. Et puis, au Québec depuis quelques années on s'était remis à parler de souveraineté, d'identité nationale, et comme Vladimir et Estragon, j'avais l'impression qu'on attendait et attendait, que notre attente était en fait la seule action qu'on posait vraiment. L'attente, c'est un présent qui n'avance pas. L'histoire du Québec est une marche qui s'est arrêtée en 1980, après le référendum. Dans le programme, j'avais écrit quelque chose comme : «Voici ce qui arrive quand on attend quelque chose plutôt que de se cracher dans les mains pour aller le chercher.» La quête de l'humain, ce n'est pas d'attendre au coin de la rue que l'autobus passe. Il faut aller où on veut aller par ses propres moyens, et courir si nécessaire. J'avais l'impression que la souveraineté était devenue notre Godot à nous, l'espoir d'être sauvé, mais un espoir toujours vain. Le référendum de 1995 allait s'avérer comme les deux feuilles qui poussent sur l'arbre mort dans le texte au début du deuxième acte : une raison d'espérer, mais aussi une illusion. Le bois mort est mort, point à la ligne.

Je pense que c'est l'un des meilleurs shows que j'aie faits. Comme dans *Les Belles-Sœurs*, j'orchestrais la rencontre du grand théâtre avec la forme populaire des variétés. Et ça marchait tellement. À un moment donné,

Rémy et Normand devaient livrer une petite improvisation, une espèce de numéro burlesque. L'un allait jouer du piano, l'autre jugeait qu'il jouait faux alors il prenait sa place, et ils se chicanaient. Ils étaient vraiment bons! Beckett est considéré comme un auteur sérieux et difficile, mais pendant les deux avant-premières je regardais le monde dans la salle… ça riait. Ce n'est pas parce qu'un texte propose une réflexion sur l'existence qu'il n'a pas le droit d'être drôle pour autant. Si, pour les puristes, réfléchir sur la condition humaine veut dire *charcoal* et ennui, tant pis pour eux! Beckett, c'est aussi un théâtre de la dérision. Il faut se défaire de cette croyance débile selon laquelle ce qui est profond doit absolument être grave. Le rire est sans doute le meilleur lubrifiant qui soit.

30

Ces jours-ci, je me demande ce qu'aurait été ma vie si l'institution ne m'avait pas ramassé. J'aurais continué à faire de la mise en scène, du théâtre, mais dans quelles circonstances ? Je n'en sais rien. *Les Belles-Sœurs* sont arrivées et tout à coup, je suis devenu un *institutionnel*. Je n'ai dû ma santé morale qu'à l'École nationale de théâtre du Canada, où j'ai commencé à travailler à peu près en même temps. Mon travail à l'École me permettait de rester un jeune metteur en scène : dans l'institution, je voulais montrer mon sérieux, je ne voulais pas faire perdre de temps. Longtemps, l'École a été mon poumon. Je serai toujours reconnaissant envers elle, autant envers la direction qui m'a fait confiance qu'envers les étudiants qui m'ont écouté. J'imagine que c'est la raison pour laquelle je m'y suis toujours senti chez moi.

Je n'ai jamais étudié là-bas, mais j'y ai soumis ma candidature, en 1966. Et pas comme acteur. Ni comme metteur en scène, le programme n'existait pas à l'époque. Un peu plus tôt, j'avais passé avec Rita les auditions du TNM. On avait présenté une scène de Musset qui n'était vraiment pas pour nous, et à la fin je m'étais fait demander si d'autres aspects du théâtre m'intéressaient, une façon polie de me dire que je n'étais pas bon pantoute. L'École venait à peine d'ouvrir ses portes, j'ai donc pensé m'inscrire dans le programme de production. Je ferais une croix sur le métier d'acteur et deviendrais technicien.

J'ai rempli tous les formulaires et, au moment de commencer à concevoir mon décor pour *Les Trois Sœurs* – c'était la consigne pour l'audition –, la proposition du Patriote est arrivée. Ça m'a sans doute sauvé : des années plus tard, en regardant les techniciens travailler sur mes spectacles, j'ai compris que j'aurais été vraiment malheureux les pieds sur un escabeau en train de changer des spots. Et comme je l'ai souvent dit pour faire mon smatte : l'École, j'ai décidé d'y entrer comme professeur, pas comme élève.

Mon aventure à l'École a donc commencé en 1969, quand André Muller, le directeur, m'a invité pour diriger un premier exercice. Je venais à peine d'avoir vingt-trois ans, à peu près le même âge que les étudiants. Mais j'avais acquis une certaine notoriété après le succès des *Belles-Sœurs* et on me respectait.

Entre 1969 et 1982, j'y ai été invité au moins une fois par année. J'ai arrêté un bout de temps quand je suis allé à Ottawa parce que avec toutes mes responsabilités le temps m'aurait manqué pour faire les allers-retours et bien m'occuper des étudiants.

L'École nationale a été précieuse pour moi. Forcé d'expliquer les choses, je devais me faire une idée. Quelqu'un me posait une question, et en lui répondan je comprenais. Ç'a donc été mon école à moi aussi : j'ai appris en travaillant avec les étudiants, en devant trouver une façon de leur dire ce que je pensais avoir à leur dire. Je suis un verbomoteur : j'aime parler, j'ai besoin de parler. J'ai toujours dit que c'est en parlant que j'en viens à comprendre les choses. Pas en réfléchissant tout seul dans mon coin. C'est sûrement la raison pour laquelle mon histoire, j'ai décidé de la dicter à un magnétophone au lieu de l'écrire. Parce que ça me prend quelqu'un à qui parler et qu'en ce moment, il n'y a plus personne autour de moi.

J'ai toujours essayé de garder les choses simples. La simplicité, c'est un de mes plus grands soucis. Je suis un p'tit gars de Rosemont, qui parle comme un p'tit gars de Rosemont. Pas avec des grands mots savants. Je ne veux pas travailler à partir d'idées abstraites, de concepts qu'on lit dans des travaux d'universitaires. Leur discours sur le théâtre est souvent trop désincarné. Pas dépourvu d'intérêt, non. Je ne dirais pas ça parce que j'ai fini par me réconcilier avec les intellectuels – pendant un bout de temps, j'étais carrément en guerre contre eux ; quand je traitais quelqu'un d'universitaire, c'était une insulte. Il faut faire attention de ne pas perdre contact avec la réalité. Moi, j'essaie le plus possible d'avoir recours à des métaphores concrètes quand se présentent des problèmes. C'est à l'École que j'ai parlé pour la première fois du club sandwich, du frétillement du couvercle du chaudron de patates...

Quand j'étais metteur en scène invité, je pouvais monter des spectacles que je n'aurais jamais pu faire ailleurs. J'avais le Monument-National à moi tout seul ! Avec les étudiants des trois années en plus de ceux de la classe préparatoire, je me suis attaqué entre autres à *Camino Real*, de Tennessee Williams, une pièce avec plus de cinquante personnages, *La Bonne Âme du Se-Tchouan*, de Brecht, et j'ai pu commencer à esquisser ma mise en scène des *Paravents*. J'ai aussi créé un collage Genet-Claudel-Tremblay, trois auteurs auxquels j'ai découvert une certaine parenté. Même si Genet se vantait de ne jamais avoir rien lu de sa vie, je le soupçonne d'avoir connu l'œuvre de Claudel : il y a tellement de similarités entre ces deux auteurs-là. Pour rapprocher la pièce du Québec, il y avait aussi Sandra et Manon – René-Richard Cyr jouait Sandra, et Suzanne Champagne, Manon.

La pièce commençait de façon spectaculaire : les acteurs étaient assis parmi les spectateurs. Avant que le rideau ne s'ouvre, on entendait un extrait de *L'Échange*, de Claudel :

> *Moi je connais le monde. J'ai été partout. Je suis actrice, vous savez. Je joue sur le théâtre. Le théâtre. Vous ne savez pas ce que c'est ?* […]
> *Il y a la scène et la salle. Tout étant clos, les gens viennent là le soir, et ils sont assis par rangées les uns derrière les autres, regardant.* […]
> *Ils regardent le rideau de la scène. Et ce qu'il y a derrière quand il est levé. Et il arrive quelque chose sur la scène comme si c'était vrai.* […]
> *L'homme s'ennuie, et l'ignorance lui est attachée depuis sa naissance.*
> *Et ne sachant de rien comment cela commence ou finit, c'est pour cela qu'il va au théâtre.*
> *Et il se regarde lui-même, les mains posées sur les genoux.*
> *Et il pleure et il rit, et il n'a point envie de s'en aller.* […]
> *Je n'ai point honte ! mais je me montre, et je suis toute à tous.*
> *Ils m'écoutent et ils pensent ce que je dis ; ils me regardent et j'entre dans leur âme comme dans une maison vide.*

Ça attirait les personnages. Ils s'approchaient lente-ment, grimpaient sur le bord de la scène, et quand le rideau s'ouvrait, ils se retrouvaient devant un décor somptueux évoquant la vieille culture française : une chambre à coucher baroque avec des tentures et un lit à baldaquin. Spontanément, les personnages démolissaient le décor. Avec les débris, ils s'en construisaient un nouveau pour jouer leurs scènes.

Je pense que j'étais un bon prof, que j'étais aimé des élèves. En tout cas, il paraît. Parce que j'étais cool, parce que j'étais rebelle, parce que je disais à mes étudiants d'envoyer chier la direction. Je pouvais inviter toute une classe à prendre un verre après une répétition, et à un moment donné, alors que j'étais plus riche que pauvre, j'en ai invité une dans un restaurant à la mode. J'ai tout payé. Je ne sais plus combien ça m'avait coûté, sûrement une beurrée. Mais à ce moment-là, je me foutais de l'argent. À la cafétéria, j'en donnais aux étudiants pour qu'ils puissent se payer un café ou quelque chose à manger. Je veillais à leur bien-être. J'ai développé une amitié avec certains, et j'entretiens encore des liens avec plusieurs d'entre eux. Parfois, il y en a qui viennent me voir. Pour placoter, de théâtre ou bien de n'importe quoi, juste comme ça.

Il y a des classes avec lesquelles j'ai travaillé plus souvent, comme celle qui a fini en 1978, avec Béatrix Van Til, Julie Vincent, Yves Desgagnés, Christian St-Denis, René Gingras, Nathalie Gascon, Jasmine Dubé, Gilbert Turp et Denis Bouchard. Je les ai eus comme étudiants à chacune des trois années de leur formation, et deux fois en deuxième parce qu'un autre professeur était tombé malade. Et c'est moi qui ai monté leur show de finissants ; il me semble que ç'avait été très bien. Je ne dirais pas que c'est grâce à moi, mais ce monde-là a fini par faire quelque chose de sa vie. Et je suis assez fier que deux de mes étudiants soient devenus des metteurs en scène qui font du travail de qualité aujourd'hui, c'est-à-dire Yves Desgagnés et René-Richard Cyr.

Peu de temps après *En attendant Godot*, Monique Mercure m'a téléphoné pour savoir si je serais intéressé à prendre la barre de la direction artistique de la section francophone de l'École nationale. Elle était directrice générale à ce moment-là et cherchait un remplaçant à Gilles Renaud, qui venait de démissionner. Encore une fois, je n'ai pas eu besoin d'y penser, j'ai tout de suite accepté. Parce que j'ai une passion pour le théâtre. Parce que j'ai toujours trouvé que c'était une activité humaine infiniment grande et noble, et qu'il y a des responsabilités qui viennent avec. Parce qu'il faut avoir un niveau de conscience assez haut pour comprendre qu'à un moment donné on doit redonner aux autres. Et l'École, c'est l'endroit idéal pour ça.

Deux semaines plus tard, je lisais dans les journaux que Reichenbach quittait le Nouveau Monde. Le TNM, je l'ai toujours aimé profondément, et j'ai toujours pensé que ce théâtre-là devait un jour m'appartenir. Tout le monde que je croisais me disait qu'il me verrait bien là-bas, que je devrais postuler. J'en tremblais presque, le rêve allait peut-être se réaliser. Mais avant même que je puisse signifier au TNM mon intérêt, Monique Mercure m'a rappelé : elle savait que je lorgnais vers la succession de Reichenbach – on le lui avait dit –, mais je m'étais déjà engagé envers l'École et je devais tenir parole. Pouvait-elle compter sur moi ?

Un long silence.

En toute humilité, si j'avais posé ma candidature, je pense que j'aurais eu autant de chance que Lorraine Pintal d'avoir la job. J'avais eu le même mandat à Ottawa, et il me semblait que ma moyenne au bâton n'avait pas été mauvaise. J'avais aussi fait plusieurs shows au TNM, et mon *Godot* venait d'être acclamé par la critique et le public. J'avais même gagné le prix de la Critique et le Gascon-Roux pour ma mise en scène.

Monique Mercure s'est raclé la gorge pour me rappeler qu'elle était au bout du fil. Donc, pouvait-elle compter sur moi ? Je me suis dit : si le bon Dieu a voulu que l'offre de l'École se présente avant celle du TNM, c'est que je dois aller à l'École.

— Oui, oui, Monique. C'est beau. T'en fais pas.

Il faut dire aussi que le TNM était alors en état de crise : il avait accumulé une dette épouvantable et les syndicats, en colère, brandissaient une menace de grève. Finalement, Lorraine a accompli un travail admirable, je ne pense pas que j'aurais pu faire aussi bien qu'elle sur ce plan-là. Je n'aurais pas été assez ferme, sans doute.

L'automne suivant, j'étais donc à l'École pour la rentrée, cette fois-ci en tant que directeur artistique de la section francophone. Comme ç'avait été le cas à Ottawa, en arrivant en poste, je n'ai pas eu envie de mettre tout le monde à la porte pour faire rentrer mon monde. J'ai gardé les profs déjà présents ; si au bout de quelque temps j'étais insatisfait du travail de l'un d'eux, je le lui dirais. C'était important pour moi qu'il y ait une transition. J'avais d'ailleurs demandé à Lou Fortier, alors assistante de Gilles Renaud, de ne pas prendre sa retraite tout de suite et de rester une année de plus pour m'aider. J'allais ensuite la remplacer par Alice Ronfard.

Le semestre venait à peine de commencer quand Monique Mercure s'est mise à se prendre pour ma mère. Avec ma manie de monter spectacle par-dessus spectacle, j'étais toujours en répétition l'après-midi et le soir, avec les étudiants au Monument-National ou avec des acteurs dans un théâtre, alors ça ne me tentait pas d'aller à l'École le matin en plus. Tous les jours quand j'arrivais à l'École, Monique Mercure m'attendait, debout dans le cadre de porte de mon bureau. Pendant que j'enlevais mon manteau et que je sortais mes affaires de mon sac, elle me chicanait. Elle trouvait mon comportement délinquant et inacceptable. Un jour elle en a eu assez et a voulu me discipliner. Et moi, j'ai toujours eu un problème avec la discipline. Désormais, chaque semaine je devrais lui remettre un compte rendu de tout ce que j'avais fait à l'École, heure par heure. Je pensais au TNM et j'étais en tabarnak. Mais je ravalais et lui promettais que ça ne se reproduirait plus. Évidemment, le lendemain je recommençais.

En tant que directrice générale, Monique Mercure devait seulement s'occuper des relations publiques, des soupers avec les politiciens pour les campagnes de financement, des affaires comme ça. Mais comme c'est une artiste et une femme extrêmement passionnée, il lui arrivait assez souvent de déborder de son mandat. Parfois elle entrait dans une classe, prenait le texte des mains d'une étudiante et se mettait à jouer. Pour montrer comment elle, elle s'y serait prise. Elle a finalement été remplacée par Simon Brault, un homme extraordinaire et passionné, mais d'abord et avant tout un comptable.

Ce qui est bien quand tu es professeur, et que je n'ai jamais retrouvé quand je suis devenu directeur par la suite, c'est ton rapport très privilégié avec les élèves. Tu n'as rien à voir avec la discipline : si un étudiant est mis à la porte, ce n'est pas à cause de toi. Et comme tu as seulement à t'occuper d'une classe, tu peux prendre le temps de jaser avec eux autres : tu peux être leur chum. Quand tu es directeur, par contre, tu passes plus de temps à l'École et pourtant, moins avec les étudiants. Tu as tellement de paperasse à remplir, tellement de réunions auxquelles assister que tu n'as pas le temps de t'occuper de la véritable raison pour laquelle tu es là : enseigner.

En tant que directeur, il fallait aussi que je sois juste. Mais le théâtre est un métier dans lequel t'aimes ou bedon t'aimes pas, un point c'est tout. Tu as des affinités avec certaines personnes, et c'est avec elles que tu veux travailler. Et il y en a d'autres avec qui tu n'en as pas, et avec celles-là tu ne veux pas travailler. Mais là, il faut que ce soit égal pour tout le monde. J'ai dû passer des heures enfermé dans mon bureau à compter le nombre de lignes dans chaque pièce qui était montée et à faire des tableaux pour m'assurer qu'à la fin de l'année tous les étudiants auraient une quantité équivalente de texte. Les metteurs en scène invités devaient donc faire leur distribution en consultation avec moi, c'était entendu au moment où je les engageais : des fois je devais leur imposer certains choix même si le rôle était taillé sur mesure pour un autre étudiant. Ce qui pouvait créer de petits incidents. Au tout début de ma direction, Jean Asselin a monté *Le Cid* avec une classe. Il voulait attribuer les rôles de Chimène et de Rodrigue à deux acteurs, mais impossible : ils avaient déjà eu tous deux leur moment de gloire, ce n'était pas leur tour. Je le lui ai expliqué, et tout semblait beau. Au lieu d'en rester là, il est allé leur dire qu'il leur aurait donné les rôles, mais que M. Brassard n'avait pas voulu. Attitude que je juge inacceptable.

Je devais aussi m'occuper de tout le processus d'audition. Après les présentations au stage, c'est-à-dire après la dernière étape du concours d'entrée, il se dégageait rapidement quatre candidats qu'on était sûrs de retenir – on les appelait les A – et quatre autres qu'on était sûrs de ne pas prendre – les C. Pour les autres, c'est-à-dire les B, tout le monde vantait son poulain et il fallait négocier entre professeurs. Et comme il fallait choisir le soir même, parfois on en laissait passer des bons, parfois on en prenait des mauvais. Un moment donné, c'est la job du directeur de trancher. Moi je n'ai jamais été du genre à taper sur la table avec mon poing pour imposer mes choix. En fait, ça m'est arrivé juste une fois, c'était pour Simone Chevalot. Je ne pense pas m'être trompé, c'est quelqu'un de spécial. Je l'aime beaucoup.

Le plus dur dans tout ça, c'était le déséquilibre des genres. Parmi les candidats à qui on donnait A, il y avait toujours deux fois plus de filles que de gars. On aurait facilement pu faire des classes de neuf filles et trois gars, sauf que ça n'aurait pas été pratique quand serait venu le temps de choisir les textes pour les exercices publics. Une fois qu'on aurait monté un Tremblay et un Lorca, on aurait fait le tour. On s'est donc souvent retrouvés à prendre des gars B alors qu'on avait dû refuser des filles A. Des gars doués, oui, évidemment. Mais c'était des cas, la plupart du temps. On aimait bien ça, Alice et moi, les cas. On était un peu travailleur social, disons. Pour certains, ç'a été positif. Pour d'autres, de longs moments à endurer.

À l'École, il y avait ce que j'appelais les matières molles et les matières dures. Les matières dures, c'était la technique, c'est-à-dire les cours de mouvement, de diction, de chant… Les matières molles, celles qui concernaient l'intelligence, la sensibilité, l'éveil à la poésie, à l'indicible. En tant que professeur et directeur, mon objectif était de développer la conscience. Je voulais former des artistes, et non des acteurs. En tout cas autant des artistes que des acteurs, et des fois j'estimais que trop de temps était consacré aux matières dures et pas assez aux matières molles.

Pour répondre à cette grande insatisfaction quant à la formation intellectuelle des étudiants, j'ai inventé ce que j'ai appelé mon cours de questions : on regardait des films, je faisais lire des textes, et après on en discutait. Les étudiants étaient obligés de se faire une idée sur différents sujets, autant moraux que politiques. Un artiste doit se poser des questions, dans son travail et dans sa vie. J'ai toujours pensé que pour être un créateur à part entière, un acteur doit savoir ce qu'il joue, pourquoi il joue et ce qu'il pense de ce qu'il joue. Sinon il n'est rien de plus qu'une marionnette et c'est bien dommage. Il doit regarder l'univers entier dans les yeux et lui demander pourquoi. Poser des questions peut nous en apprendre plus que d'y répondre. Mais ça demande une certaine maturité. C'est pourquoi j'ai toujours cru que ça aidait les élèves d'en apprendre sur eux-mêmes avant d'entrer à l'École. Moi, je les aurais pris plus vieux, c'est-à-dire vers vingt et un ans. Cela dit, je me souviens d'avoir laissé passer deux candidats de dix-sept ans. Ils étaient bourrés de talent, et après leurs auditions, on leur avait dit de revenir un an ou deux plus tard. On ne les a jamais revus. C'est du gaspillage de talent, ça. Je pourrais les nommer, mais ça ne servirait à rien : on ne les connaît pas.

Pour être parfaitement honnête, disons que pendant que j'étais directeur j'ai voulu développer le moi et j'ai presque seulement réussi à faire ressortir des ego. Ce n'est pas un constat d'échec complet. Loin de là. Mais j'ai vu des choses chez certains jeunes qui sont passés à l'École qui ne se sont jamais réalisées, et en bonne mère que je suis, je culpabilise. Certains de mes anciens étudiants me rendent très fier. Si j'ai eu à voir dans leur développement, si je leur ai transmis le feu, tant mieux. Ceux-là, j'espère qu'ils ne m'oublieront pas. En tout cas, moi, je pense à eux souvent.

31

Il faut à tout prix éviter de considérer le théâtre comme de la conversation. Le *parlage* doit toujours être soutenu par une action intérieure. On ne fait jamais que parler pour parler : on cherche à convaincre, à tromper, à blesser, à séduire… Sinon, c'est du placotage, du bruit, et dans ce temps-là vaut mieux se fermer la trappe. C'est pour ça que j'ai toujours préféré le verbe anglais pour dire *jouer* : *to act,* c'est-à-dire agir. Après tout, il y a *act* dans acteur.

L'acteur n'est donc pas seulement responsable des mots, mais de ce qui se cache derrière eux. Je ne sais pas si on le fait encore, mais quand j'étais à l'École, je demandais aux étudiants de première année de jouer leur scène sans dire un mot. Pour les mettre un peu dans l'eau bouillante, mais aussi, et surtout, pour qu'ils se questionnent sur l'action et pour les obliger à sortir du dire, de la parole. Tant que je n'ai pas l'impression que les acteurs ont saisi la situation – les rapports entre leur personnage et les autres et leurs objectifs –, j'ai toujours trouvé que ça ne valait pas la peine qu'ils jouent. J'ai aussi fait ce que j'ai appelé des italiennes en chaise.

Un jour, parce qu'on ne pouvait occuper le plateau pour une répétition – je pense qu'on rénovait le théâtre, je ne suis plus certain –, on est allés en salle de répétition. On était assis en cercle. J'ai demandé aux acteurs de jouer la pièce. Pour éviter l'ennui, j'avais modifié certaines données : les acteurs devaient s'adapter à la nouvelle convention. Puis il y a eu des italiennes où les acteurs n'avaient droit qu'à un seul mouvement pour toute la pièce, il fallait donc qu'ils choisissent la réplique où ils se lèveraient pour le faire ; d'autres italiennes où ils s'échangeaient des secrets, ce qui modifiait leur personnage, etc. C'était une façon de vérifier le moteur, de voir si, au-delà des détails, j'étais parvenu à me faire comprendre, à rendre clairs les enjeux qui, pour moi, étaient les plus importants.

Avant, je buvais du Dr Pepper en canette. Quand j'en ouvrais une, ça faisait un bruit caractéristique – piiicht ! Pendant un exercice sur Beckett, alors que je faisais travailler les étudiants sur la vieillesse et la fin de l'existence, je m'en ouvrais une après l'autre. C'était une étrange intrusion dans l'univers qu'ils essayaient de construire, et, très poliment, on m'a dit que ça dérangeait. J'aurais pu répliquer que c'était une façon de créer de la distance, mais quand même, dès ce moment-là, j'ai fait attention. Des fois, je pouvais attendre une demi-heure. Dès qu'il y avait de la musique, j'ouvrais ma canette : piiicht !

Le concept de *Verfremdung* est abominablement traduit. En allemand, le mot signifie « effet de rendre étrange ». Les Français n'ont rien trouvé de mieux que d'appeler ça la distanciation. Eux qui sont déjà tellement loin de leurs émotions, maintenant ils pouvaient justifier de s'en éloigner encore plus. De devenir encore plus cérébraux.

Brecht a inventé cette idée-là pour empêcher que quelque chose soit tenu pour acquis, en soulignant les artifices de façon à ce que le spectateur remette en question ce qu'il voit. Ça lui rappelle qu'il est au théâtre, que ce n'est pas vrai. Pour y arriver, Brecht faisait décrocher ses acteurs : ils changeaient les décors, arrêtaient de jouer pour chanter… Autrefois, au Québec, après les représentations d'*Aurore l'enfant martyre*, Amanda D'Estrée, la comédienne jouant la marâtre devait être escortée par des policiers parce que les gens voulaient lui arracher la tête. Et Andrée Champagne, qui jouait la brave Donalda dans *Les Belles Histoires des Pays-d'en-Haut*, a reçu des vêtements tellement elle faisait pitié. Le personnage devenait une prison pour les acteurs, et le *Verfremdung* a certainement aidé à remédier au problème. Au-delà de l'identification aux personnages, le spectateur pouvait maintenant réfléchir à ce qu'on voulait lui communiquer.

L'École n'est pas bilingue, mais *colingue* : il y a une section francophone et une anglophone, et les deux, bien qu'elles partagent le même bâtiment, sont indépendantes. En 1995, pour le second référendum sur la souveraineté du Québec, des membres de la direction ont dit aux étudiants anglophones que si le Oui gagnait, l'École fermerait et ils se retrouveraient à la rue – peut-être même qu'on les expulserait de Montréal. Pendant les réunions, ils disaient que les élèves étaient inquiets, mais en vérité ils semaient eux-mêmes l'inquiétude. En 1995 comme en 1980, on ressortait les histoires de peur et de sorcières. Quand tout le Canada est venu nous dire qu'il nous aimait lors du fameux *love-in* au centre-ville, le 27 octobre, la section anglophone a eu congé pour y aller. À part quelques rares exceptions, les Anglais ne nous avaient jamais parlé de leur vie. Mais là, tout à coup, ils nous aimaient! Ils sont revenus à l'École l'après-midi, mais comme ils étaient fatigués ils n'avaient plus la force de nous aimer et tout est redevenu comme avant.

Je n'ai jamais pris de coke à l'École. Ç'a toujours été clair: j'en prenais un peu à la maison, le matin avant de partir, et j'en reprenais le soir en rentrant. Et si je sortais de l'École, je me faisais une ligne, j'en avais trop envie. Alors j'essayais de sortir le moins possible.

En 1998, un jour, comme d'habitude je suis arrivé à l'École vers 10 heures. Tout le monde dans les corridors me regardait avec des grands yeux, je ne comprenais pas pourquoi; j'ai dû aller deux fois à la salle de bains vérifier si je n'avais pas quelque chose de bizarre dans la face. Puis ça m'est revenu: j'avais oublié d'aller à une réunion. Pas une réunion obligatoire, disons une réunion où il aurait fallu que je sois. J'ai tout de suite couru jusqu'à la salle de conférence. Je me sentais terriblement coupable, j'avais l'impression que c'était la faute de la drogue si j'étais si indiscipliné. En chemin, j'ai accroché Denise Guilbault. Les larmes aux yeux et à bout de souffle, je lui ai dit que je n'en pouvais plus: j'étais au bout du rouleau, je devais aller en désintox.

Le même jour, j'ai réuni mes étudiants. En pleurant, je leur ai expliqué que je devais m'absenter de l'École temporairement, que je n'allais pas bien, que j'étais rendu trop loin dans ma consommation de drogue.

Je suis allé au centre La Source, un endroit très correct. Je n'ai rien à en redire. Ma grande victoire, c'est que pendant tout le mois que j'ai passé là-bas, j'ai réussi à survivre dans un monde qui ne me connaissait pas du tout. Comme lors de mon séjour en prison, le nom d'André Brassard ne disait rien à personne. J'étais redevenu un parmi tant d'autres.

À mon arrivée dans la salle commune la première fois, j'ai tout de suite été montré du doigt. C'était évident, je veux dire, ça sautait aux yeux : j'étais une tapette. Le lendemain matin, justement, on nous donnait un cours sur la sexualité. Le gars en avant disait des choses sur les homosexuels en général, et moi, tout seul dans mon coin, je commençais à être tanné. Sur un coup de tête, je me suis levé et j'ai dit : « Non, moi, je suis homosexuel et c'est pas de même que ça se passe, pas pantoute. » Contre toute attente, le midi, je me suis fait féliciter et on m'a serré la main.

Deux jours plus tard, quelqu'un est venu me dire que je me serais sans doute fait casser la gueule dans les jours suivants si je n'avais pas fait ça. Mais là, tout le monde avait admiré mon courage, mon honnêteté. Ma petite scène m'avait permis de gagner le respect des autres.

Plus les jours passaient, plus je me rendais compte que je n'étais pas un drogué normal : j'écoutais les autres et ça me semblait évident que ce n'était pas les mêmes que moi. La plupart consommaient pour arriver à vivre en société ; moi, c'était pour affronter la solitude. Je suis assez cabotin, je n'ai jamais eu besoin de quoi que ce soit pour faire mon show.

Pendant que j'étais au centre La Source, j'ai chanté du soir au matin. Comme Charles Trenet. Tout mon répertoire y est passé : Brassens, Brel, Ferré, Brecht… Je me levais à 7 heures, je chantais. J'allais préparer le déjeuner, je chantais. Je lavais la vaisselle, je chantais. Je chantais tout le temps. Sauf pendant les cours, évidemment. Adolescent, je rêvais de devenir chanteuse. C'était à l'époque où je commençais à fréquenter les bars de travestis. Moi, ma chanteuse, elle s'appelait Golgotha Thérien.

Je garde un souvenir merveilleux de ces deux semaines de désintoxication. C'était magique, je me serais cru dans une comédie musicale, avec une gang de junkies dansant autour de moi. Le jour où je suis sorti, j'avais toutes mes chansons préférées dans la tête. J'ai chanté jusqu'à ce que j'arrive chez moi ; j'ai monté les escaliers presque en dansant, en m'arrêtant à chaque palier pour faire une petite stepette. Il fallait fêter ça : tout de suite après avoir défait ma valise, j'irais me chercher de la dope, et je passerais la nuit à en prendre.

Après avoir sniffé une première, une deuxième et une troisième ligne, j'en ai conclu que des vacances s'imposaient, plus qu'une cure de désintoxication. J'avais craqué, je n'étais pas loin d'un *burnout*. Mais là, j'étais heureux. J'aurais voulu ouvrir la fenêtre de mon appartement pour inspirer un grand coup et crier à la rue : la vie est belle ! Mais c'était l'hiver, il faisait frette à en mourir, alors je me suis plutôt préparé une quatrième ligne.

Partie 6

Brisé pour la vie
(1999-2009)

32

En 1999, j'ai fait un AVC et tout s'est arrêté. C'est comme si la vie m'avait dit stop, c'est fini pour toi. Je mentirais si je prétendais que ça m'a servi de leçon. Ç'a été tant pis pour moi, c'est tout. D'une certaine façon, j'envie les gens qui assurent que leur accident a été une révélation, que ça leur a ouvert les yeux sur un univers intérieur ou fait découvrir la vie. Un jour, on m'a invité sur le plateau d'une émission de télé. On aurait voulu que je dise – comme ça se fait normalement – à quel point l'AVC avait été un bonheur, quelque chose qui m'avait permis de me trouver. J'étais en beau maudit : je ne remercie pas le bon Dieu de m'avoir envoyé ça. Je ne l'accepte pas. En fait, j'aurais juste envie de renvoyer ça dans la boîte à malle avec « mauvaise adresse » d'écrit dessus. Ça m'a fait perdre ma vie, mais ça ne m'a pas tué. Ne venez pas me dire que ça m'a fait découvrir autre chose, ce n'est pas vrai. C'est juste une brique qui m'est tombée sur la tête, un truc qui ne signifie rien du tout. C'est épouvantable et c'est tout.

À l'École, d'une année à l'autre je sentais que j'affinais le tir. Ma plus grande frustration est sans doute de ne pas avoir pu aller jusqu'au bout. J'ai donc une espèce de bilan mitigé. Je pense avoir accompli des bonnes choses : plusieurs personnes m'ont dit que j'avais apporté beaucoup de vie. Une vie anarchique, peut-être. Mais une vie quand même. La vérité, c'est que je n'en ai pas fait autant que j'aurais voulu. Encore si j'y pense, je me sens comme si j'avais été renvoyé de l'École. Comme si la vie m'avait mis à la porte.

À l'hôpital Notre-Dame, on m'a bourré de toutes sortes d'affaires, alors je n'en ai gardé aucun souvenir. Tout ce que je sais, c'est que je passais des heures dans le corridor à rire comme un malade. Un jour, une infirmière – elle s'appelait Jeanne ; malheureusement j'ai oublié son nom de famille – m'a vu sur une civière. Quand j'ai repris conscience plusieurs jours plus tard, elle m'a raconté s'être dit que M. Brassard, qui fait du si bon théâtre, ce n'est pas vrai qu'il resterait dans le corridor. Elle m'avait fait ouvrir une chambre au cinquième étage, une chambre luxueuse qu'avaient occupée le cardinal Léger et Jean Drapeau, entre autres. Ces petites choses-là te font comprendre que tu as peut-être fait du bon travail, au fond.

À l'hôpital, je me suis retrouvé avec un problème alimentaire. Moi qui mange tout le temps la même chose, là, j'étais incapable de toucher à la bouffe de la cafétéria. Aux amis qui venaient me voir, je demandais d'aller m'acheter un hamburger ou des McCroquettes. La plupart ont refusé, ils ne voulaient pas avoir mauvaise conscience. La conscience, c'est de savoir ce qu'on fait ; je me suis déjà demandé pourquoi on utilisait le même mot dans l'expression « avoir bonne conscience ». Quelqu'un a déjà dit que le ciel et l'enfer n'existaient pas, mais qu'au moment de mourir on prenait conscience de sa vie et que c'était ça, en vérité, l'enfer. Devant la mort, on n'a plus d'alibis, plus d'excuses : on a conscience de ce qu'on a fait sur Terre – si on a fait du mal, si on a été méchant – et on sait qu'on n'aura pas de deuxième chance.

En mon absence, Alice Ronfard a assumé la direction intérimaire de la section francophone de l'École nationale. Mais en 2001, juste avant les évaluations, sa mère est décédée et elle a dû partir pour aller l'enterrer. Denise Guilbault s'est donc retrouvée seule pour s'occuper de tout : évaluations, auditions, lecture des textes des auteurs qui voulaient entrer en écriture, organisation du stage, bilan de tout ce qui s'était passé pendant l'année... pas mal d'affaires, donc. Comme j'étais relativement en forme à ce moment-là, on m'a demandé de lui donner un coup de main. Je recevais déjà un salaire de l'École et je me sentais mal d'être payé à ne rien faire tout seul chez moi, alors j'ai accepté. Mais je me suis fatigué assez vite. Je faisais des grosses journées, et comme d'habitude je n'ai pas su reconnaître le moment où *assez* est devenu *trop*.

L'ascenseur de l'École ne se rend pas jusqu'au troisième étage, là où se faisaient les scènes d'audition, alors chaque jour je devais monter et descendre les escaliers des dizaines et des dizaines de fois. Je n'étais plus tout à fait en santé, mais je ne tenais pas compte des avertissements que m'envoyait mon corps.

À la dernière journée des auditions, je n'étais plus capable. J'ai dit à Denise qu'il y avait assez de monde comme ça avec elle ; moi, j'irais classer les dossiers dans le bureau et je resterais là. J'irais me cacher, autrement dit. Faut dire que je ne faisais pas attention à moi. En plus de l'École, je travaillais avec la troupe de Cristina Iovita, qui montait *Elle*, une petite pièce de Genet que j'aime beaucoup. Ensuite je suis allé à Québec mettre en scène un Marivaux, *La Double Inconstance*, pour Marie-Thérèse Fortin et le Trident. Je commençais à boiter, mais ça me semblait supportable. Puis je me suis entendu avec l'École pour diriger un exercice sur Claudel avec les étudiants en deuxième année, et pour janvier 2002, un studio avec ceux en troisième. Parfois les yeux me *crochissaient*, et je me bourrais de médicaments pour avoir assez d'énergie. En avril de la même année, la nouvelle pièce de Tremblay, *L'État des lieux*, était programmée au TNM. Évidemment c'est moi qui devais la mettre en scène. J'aurais dû dire non, tout mon corps me commandait de dire non. Mais c'était le cinquantième anniversaire du TNM et il me semblait que je n'avais pas le droit de rater ça.

J'ai voulu me remettre en forme : deux fois par semaine, j'allais faire de la physio à l'Institut de réhabilitation de Montréal, à Côte-des-Neiges. Mais j'ai vite abandonné. Je n'avais plus d'énergie, mes muscles semblaient se chicaner entre eux et refusaient de m'obéir. Ils ratatinaient et me forçaient à me recroqueviller. Je devais constamment me battre pour les obliger à s'ouvrir et tenir mes omoplates contre le dossier de ma chaise. Mon mal n'est pas musculaire : ce sont des douleurs fantômes, tout part de la tête. Je ne suis plus capable de contrôler mon corps à ma guise. Moi qui croyais que le cerveau n'initiait rien, j'ai dû me raviser.

Ça fonctionnait un peu mieux pendant les répétitions, mais parce que mon corps n'en pouvait plus, ou bien parce que je n'avais pas compris le texte, le spectacle a été plus ou moins réussi. Et je m'en suis voulu.

L'année suivante, de l'autre côté de la rue, c'était au tour du Théâtre Jean-Duceppe de fêter son anniversaire. La direction a décidé de monter un Tremblay pour l'occasion : *Le Passé antérieur*. Encore une fois je me suis dit que je n'avais pas le droit de manquer ça. J'ai accepté le contrat. Violette Chauveau, qui était de la distribution, venait me chercher tous les jours à la maison. Et le soir, après les répétitions, elle me ramenait chez moi.

Tout de suite après, le Quat'Sous m'a demandé de monter *L'Impératif présent*, de Tremblay, encore parce que c'était l'anniversaire de la fondation du théâtre. J'ai dit oui, bien sûr. Pourtant, je n'avais plus du tout d'énergie. Mon corps avait tout donné. J'avais l'impression d'avoir une enclume déposée en permanence sur mon épaule droite et je devais aller aux répétitions en chaise roulante. Comme la pièce est composée de deux longs monologues, je laissais les comédiens répéter seuls avec l'assistante. J'allais les voir seulement une fois sur deux.

J'étais de moins en moins autonome, j'avais l'impression de me transformer en vieillard. Dans les premiers mois, j'ai cherché des mots, des noms : ma mémoire semblait affectée. Mais le plus frustrant a sans doute été au niveau de la voix. Comme tout le côté droit de mon corps ne fonctionnait plus normalement, j'ai commencé à avoir du mal à respirer. Alors j'ai aussi perdu la chanson.

Tout seul chez moi, quand la radio diffuse des chansons que j'aime beaucoup, des fois je chante encore. Mais c'est épouvantable, alors je monte le volume assez fort pour ne plus m'entendre.

Après *L'Impératif présent*, j'étais censé monter *Bonbons assortis* au Rideau Vert. Tout commence à s'embrouiller à partir de là. Beaucoup de rumeurs ont circulé. Montréal est une petite ville. Et le milieu artistique, un tout petit milieu. C'est pour ça que je veux en parler aujourd'hui. Ça reste un événement auquel je ne comprends rien. Mais alors là, absolument rien. Parfois des bribes de souvenirs me reviennent, mais tout reste confus.

Ma santé mentale n'était pas terrible terrible. Je traversais un épisode qu'on pourrait qualifier de maniaque dans un cycle de maniaco-dépressif, et je suis soudainement devenu très dépensier. J'entrais dans une boutique et si je voyais quelque chose de beau, je l'achetais. Que ce soit pour vingt-cinq sous ou mille piasses. Je pigeais dans le compte de banque de ma mère : j'y avais accès parce que j'étais son procureur. Mes lunettes à huit cents dollars, par exemple, n'ont pas du tout plu à mon comptable. Je les porte encore, ça m'aide à me déculpabiliser : ça les rentabilise.

Je pensais être tombé en amour avec un gars qui jouait avec moi et qui était un peu agace-pissette. Je n'avais plus de libido, mais lui me l'avait réveillée pour me manipuler. J'exagère peut-être un peu, mais pas tant que ça. Il lui arrivait de venir dormir avec moi. Il se collait et je pouvais sentir son érection dans mon dos. Un soir, il a commandé de la coke et j'en ai fait quelques lignes avec lui. Ça ne m'a absolument rien fait, mais je me disais qu'on allait peut-être baiser, que la drogue allait me permettre de ravoir du cul.

Pour *Bonbons assortis*, j'ai fait la gaffe de le prendre comme assistant. Je lui ai dit que j'allais le prendre à l'essai pendant deux semaines et que si ça marchait, il aurait la job. Il était dans le milieu du théâtre et voulait percer, j'imagine que j'ai fait ça pour lui plaire. Je lui ai tout montré : comment faire des découpages de scènes, des horaires, je lui avais même fait des tableaux avec l'analyse des décors. Comme c'était un mâle alpha, il a tout pris en main. Il me disait comment organiser les rencontres, il appelait les acteurs pour leur donner des commentaires ou pour annuler des répétitions. Je ne lui avais jamais demandé de faire ça. Je pense qu'il n'a pas été gentil avec bien du monde, il a même fait pleurer la secrétaire du Rideau Vert : il l'a carrément engueulée. J'ai dû m'excuser auprès d'elle de sa part. Il a brassé beaucoup d'air et tout le monde a jugé que ça devait être une mauvaise influence. Surtout que j'avais eu le malheur de dire à mon amie Louise Jobin qu'on avait pris de la coke, alors tous mes amis sont partis en peur. Ça y est, je venais de rechuter.

Pour avoir assez d'énergie pour passer à travers mes journées, je mélangeais mes médicaments comme ça me disait, et je suis aussi devenu paranoïaque. Peut-être parce que je faisais de plus en plus de haute pression, j'étais certain qu'un autre AVC me guettait. Après celui qui m'avait amené à l'hôpital en 1999, j'avais passé des scans et, selon ma neurologue, j'en avais déjà fait deux autres, plus petits. En y repensant, j'ai cru savoir quand le premier était arrivé, mais pas l'autre. Dès ce jour-là, au moindre malaise, je me disais que ça y était, j'étais en train de faire un AVC et j'allais lever les pattes, au point d'appeler mon amie Louise au beau milieu de la nuit pour la supplier de venir, et tout de suite, parce que j'allais terriblement mal.

Je me souviens d'une fois où il y a eu une panne d'électricité dans la bâtisse. C'était la nuit, tout était noir. Et le téléphone ne marchait pas. Tout à coup, je n'avais plus de contact avec personne. Je suis sorti dans le corridor et me suis mis à donner de grands coups de poing dans la porte des voisins. Je criais, je hurlais. Mais personne ne m'ouvrait. Ils devaient être terrifiés.

Une voisine a fini par ouvrir. Tout de suite je l'ai accrochée par le collet, et presque en pleurant, je lui ai donné le numéro de Louise et demandé de l'appeler, c'était une question de vie ou de mort.

Mes amis proches – en tout cas mes amis qui étaient proches, parce qu'à présent ils ne le sont plus – ont fini par se dire que ça n'avait pas d'allure, il fallait agir. Alors Louise a insisté pour que j'aille avec elle à l'hôpital Notre-Dame rencontrer le psychiatre. Elle s'était toujours dévouée comme une vache pour moi, je lui devais bien ça. Deux heures et demie plus tard, le psychiatre est enfin arrivé. Dans son bureau, je lui ai parlé et, finalement, il a décidé de me garder : ça me ferait du bien de me reposer deux, trois jours.

Comme il y a un zonage dans les soins de santé et que j'habite rue Masson, on m'a dit qu'on ne pouvait pas me garder à Notre-Dame : j'appartenais au territoire de l'hôpital Maisonneuve-Rosemont. Mais là-bas, ce serait du sérieux. Pas de la prison, mais quasiment. Tu n'es jamais tout seul. Ils te mettent trois ou quatre par chambre et te donnent tes médicaments dans un petit gobelet en plastique pour garder un contrôle sur toi, la grosse affaire.

À mon arrivée là-bas, on m'a dit que je rencontrerais bientôt le psychiatre et qu'on pourrait discuter, lui et moi. Mais il était là seulement deux jours par semaine, et toujours occupé. J'attendais, j'attendais, j'attendais, et à 5 heures on me disait qu'il était parti ; je pourrais peut-être le rencontrer la prochaine fois ? J'en voulais à Louise, j'avais l'impression qu'elle m'avait trahi, qu'elle m'avait amené à l'hôpital en sachant qu'ils me garderaient.

Je pensais ne pas en avoir pour longtemps, alors j'avalais mes médicaments comme un bon petit garçon, sans rouspéter ni rien, et je prenais mon mal en patience. Mais le temps passait et ça commençait à me tomber sur les nerfs, en fait je trouvais ça terrible et dégradant. Un jour, encore en train d'attendre que le psychiatre me reçoive enfin, j'ai décidé que trop, c'était trop, et j'ai fait un refus de traitement. J'ai signé les papiers disant que je les dégageais de toute responsabilité envers moi et je suis rentré à la maison. Ils n'avaient rien à redire, c'était parfaitement légal. Le seul problème, c'est que je n'avais pas les clés de mon appartement : c'est mon amie Louise qui les avait. Je suis allé dans un magasin pour lui téléphoner et lui ai demandé de venir me les porter. Elle était inquiète : est-ce qu'ils m'avaient laissé sortir de l'hôpital ou quoi ? Je l'ai informée que j'avais fait un refus de traitement. Sa voix a changé : elle était en beau tabarnak. En bas de mon immeuble, à la porte, elle m'a lancé les clés et m'a dit de m'arranger tout seul dorénavant. Quelques jours plus tard, au téléphone, Michel Beaulieu m'a tenu un discours semblable. Je devais prendre ma vie en main. Il était tanné de me supporter. Ils devaient penser que ça me motiverait. Mais en vérité ça m'a plutôt écrasé. Oui, je me suis senti abandonné. Dans mon état, disons que je ne voyais pas quelles pouvaient être mes perspectives d'avenir. Peut-être que je leur en demandais trop. Que je dépendais trop d'eux autres. Peut-être que je les tenais pour acquis. Peut-être que je n'ai pas été un bon ami. Sans doute. Pourtant, j'avais l'impression qu'on parlait de choses intéressantes ensemble. Je me souviens d'un tour d'auto avec Michel Beaulieu. On était allés au cimetière sur le mont Royal et on avait retrouvé la tombe de Denise Morelle. Il faisait soleil, une journée vraiment superbe.

J'ai téléphoné à Louise Jobin une couple de fois depuis. Je lui ai laissé des messages. Elle ne m'a jamais rappelé.

En fouillant dans mes papiers, je suis tombé sur une carte d'anniversaire qu'elle m'avait écrite l'année précédente, en 2004. Elle me remerciait de lui avoir fait découvrir la vie et l'art. Ça m'a touché.

33

Au bout d'une semaine, j'ai fait une nouvelle crise d'angoisse. J'avais peur. J'avais peur de… de je ne sais pas quoi, en fait. Mais j'avais peur. Je recevais des amis chez moi et j'avais tellement peur qu'ils ont dû appeler le 9-1-1. On m'a renvoyé à Notre-Dame, puis à Maisonneuve-Rosemont. Mais là, le refus de traitement, ce ne serait plus possible. Ça me prendrait un avocat si je voulais sortir de là.

J'ai finalement passé tout un été interné. Mais ça n'a pas été si pire que ça. J'ai eu de la visite, je pouvais fumer. Quand ils ont vu que je n'étais pas dangereux, j'ai eu des permissions de sortie. Il y avait un guichet automatique, je pouvais retirer de l'argent et m'acheter des cigarettes au dépanneur. Plus question de coke, mais ça me prenait des cigarettes. Et des cigarettes à mon goût. Il y avait une zone pour les fumeurs, sur un petit balcon. Après m'être allumé une More mentholée, je regardais au loin le parc Maisonneuve et le terrain de golf. C'était très joli, finalement. Mais bon, avec des fous.

Je travaillais depuis environ cinq ans à un gigantesque collage de l'œuvre de Tremblay. Après mon AVC, je ne pouvais presque pas bouger, et comme je croyais que les conséquences physiques seraient temporaires, je me suis dit qu'en attendant de retomber sur mes deux pattes, je pourrais y consacrer plus de temps. Je parle d'un spectacle qui aurait duré huit, neuf heures, et donc d'un an et demi de répétitions. Je ne sais pas si ç'aurait été une grande pièce, mais en tout cas ç'en aurait été une grosse.

J'ai encore dans mon bureau des pages et des pages de notes et des bouts de texte. L'univers romanesque de Tremblay, c'est-à-dire les *Chroniques du Plateau-Mont-Royal*, et ce qu'on appelle le cycle des *Belles-Sœurs* mettent en scène la même famille. Tout commence avec le départ vers la ville de Victoire et de Josaphat, raconté dans *La Maison suspendue*, et se termine avec *Damnée Manon, sacrée Sandra*. Dans un élan de mégalomanie, j'ai voulu tout rassembler pour en faire une grande fresque. Je découpais certaines scènes de ses pièces et certains dialogues de ses romans; j'enlevais les « dit-il » pour en tirer des scènes de théâtre.

Je posais beaucoup de questions à Tremblay sur ce qu'il y aurait derrière les textes. J'ai pensé que l'homosexualité devait être plus présente et que je devrais mettre au cœur du collage l'image avec laquelle il l'abordait selon moi : les relations incestueuses frère-sœur, entre Victoire et Josaphat, Albertine et Édouard, puis les enfants d'Albertine, Marcel le fou et Thérèse. L'inceste, c'est un amour contre-nature, et je croyais que c'était une métaphore de l'homosexualité. C'est aussi pour ça que, pendant que je commençais à réfléchir à *Bonbons assortis*, j'ai cru peut-être intéressant de faire jouer Josaphat par une fille. En tout cas par une fille qui aurait eu l'air d'un gars. C'était juste une idée, une piste à explorer pour découvrir autre chose. Mais quand j'ai lancé l'idée à Tremblay, ça l'a mis hors de lui. Je pense qu'il ne voulait pas savoir, au fond, ce qu'il y avait derrière ses textes. Et je le respecte là-dedans. Il voulait garder tout ça inconscient et continuer d'explorer son univers intérieur avec une lampe de poche. J'ai peut-être été indélicat en allumant les néons et en montrant du doigt des éléments qu'il aurait préféré laisser dans l'ombre. Ça l'a blessé, je crois. Et je m'en veux encore.

À mon retour de l'hôpital, Tremblay m'avait laissé un message sur mon répondeur. C'était très violent, je ne l'ai jamais entendu parler comme ça. Selon lui, toutes mes folies de Josaphat joué par une fille, ça n'avait juste pas d'allure, ça l'insultait, je l'avais blessé profondément et il ne voulait plus rien savoir de moi. Ce qui a évidemment mis fin à mon projet de collage. Les pièces du puzzle sont encore là, dans mon bureau, mais je n'aurai jamais commencé à les assembler. Ça va s'ajouter à ma longue liste de projets avortés.

Quelques jours plus tard, au téléphone, Lorraine Beaudry, l'administratrice du Rideau Vert, m'a dit que ce n'était plus moi qui mettais en scène *Bonbons assortis*, mais René-Richard Cyr ; mon contrat serait quand même honoré. En d'autres mots, j'avais été congédié.

L'histoire est plus compliquée, mais peu importe. Disons qu'après quarante ans de collaboration, des crottes s'étaient accumulées sur chacun de nos cœurs. Et il a suffi d'un petit incident pour que tout explose et que tout soit remis en question. Si on a trop de crottes sur le cœur, le cœur ne passe plus. Ça ne sert à rien de les accumuler, je le sais maintenant. Mais comprendre ça, c'est le travail de toute une vie. Et quand on le comprend, il est souvent trop tard. C'est des prises de conscience qui se font dans l'après-coup, et ce n'est pas rétroactif. On peut toujours essayer de mettre du papier collant et des Plasters pour réparer les pots cassés, mais ce ne sera jamais assez. C'est brisé. Brisé pour la vie.

Épilogue

J'étais un peu plus en forme. D'avoir été enfermé aussi longtemps à Maisonneuve-Rosemont aura eu ça de bon : je n'avais rien à faire de mes journées, alors je marchais. Je faisais des allers-retours dans les corridors, je tournais en rond dans la cour. À force de marcher, j'ai perdu au moins quinze livres. Mais quand on m'a permis de retourner chez moi, je me suis senti tellement abandonné que j'ai fait une dépression. Je me suis enfermé en moi-même et suis entré dans un long tunnel. Souvent je pensais que la seule issue possible serait la mort. Je n'avais plus de job, je ne sortais plus, je ne parlais plus à personne. Je n'ai rien lu pendant toute une année. Je regardais la télé, j'attendais que la journée passe. Pour recommencer le lendemain. Il y avait un petit jeu sur mon ordinateur qui n'était pas très bon ; je m'assoyais devant et je jouais des heures de temps. J'avais l'impression de ne pas mériter mieux. Je me suis donc remis à manger comme un porc et j'ai repris tout le poids que j'avais perdu.

Toute ma vie, la seule façon que j'ai trouvée d'être plus que la p'tite personne que j'étais au départ, c'est de faire de la place aux autres. Et je pense que c'est comme ça que j'ai fini par m'en sortir : en recommençant à voir des gens. Si dans les premières années ç'a été très gratifiant pour mon ego de me dire que tout ce qui était en train de se passer sur scène venait de moi – c'est moi qui avais indiqué tel geste, telle intonation, moi, moi, moi –, un jour je me suis rendu compte que ça venait en fait de ma rencontre avec les gens qui se donnaient corps et âme sur les planches. Si on se contente de vivre et de se nourrir de ce qu'on a en dedans, ça devient un peu plate et vite on s'éteint. Pour se dépasser soi-même, il faut laisser les autres nous apprendre des choses : ce qu'ils connaissent, ce qu'ils comprennent, ce qu'ils ressentent. Autant j'ai presque toujours été seul dans ma vie privée, autant j'ai eu besoin de m'entourer pour avancer dans mon théâtre. C'est souvent grâce à mes acteurs que j'ai découvert chez certains personnages des aspects que je ne soupçonnais pas au départ. Des points qui ne relèvent pas de l'analyse du texte, mais d'une intelligence émotive, humaine, sensible… Mes acteurs, en un sens, ont toujours été comme des cochercheurs ou des cocréateurs : j'ai souvent dit qu'ils travaillaient *avec* moi et non *pour* moi. Et quand je dis *mes* acteurs, c'est une marque d'affection. Ça doit être mon côté maternel.

Il faut s'abreuver les uns les autres. Ou plutôt, les uns aux autres. On a tous des sensibilités différentes et on a tout à apprendre à essayer de comprendre ce que peuvent ressentir les personnes autour de nous. Le travail du metteur en scène consiste à accorder plusieurs points de vue dans une même production. Comme pour un chef d'orchestre, il s'agit d'entendre ce que chaque instrument peut apporter – ses nuances, sa richesse – puis de les doser et de leur faire suivre un même rythme. En fait, un metteur en scène, c'est comme de l'eau bouillante et les acteurs, une poche de thé. Ce sont eux qui donnent toute la saveur au spectacle. Même si l'eau est tiède, avec une bonne poche de thé tu arriveras toujours à quelque chose qui a de l'allure. Et l'eau a beau être à la température parfaite, si le thé n'est pas bon, ce ne sera pas buvable, un point c'est tout.

Il y a tellement d'histoires dans une histoire. En ayant tenté aujourd'hui de raconter ma vie à ma petite enregistreuse qui se tient là, debout sur mon bureau, j'ai compris qu'il est difficile de simplement commencer par le début et de terminer par la fin. Ma vie, c'est un gâteau marbré, pas de la crème glacée trois couleurs. Tous les récits sont mêlés les uns aux autres, ils s'entrecroisent un peu comme les fils d'un câble, ou plutôt d'une pelote de laine, revenant sans cesse sur eux-mêmes pour former une boule. C'est plus difficile que je l'aurais pensé d'essayer de démêler tout ça. Peut-être que c'est la nostalgie qui m'a fait divaguer et passer du coq à l'âne, je ne sais pas. Il faut être naïf pour croire que son histoire est une suite chronologique d'événements. Autant on a besoin du passé pour comprendre le présent, autant pour comprendre le passé, souvent on a besoin du futur. C'est seulement à la fin de sa vie qu'on peut comprendre toutes les ramifications qui existent entre un élément et un autre. C'est un peu comme de jouer à Serpents & échelles sur un calendrier : on passe d'une date à une autre et puis oups, un serpent, et on remonte le temps, mais en sachant cette fois-ci d'où l'on vient.

Bien sûr, j'ai répété ici certaines choses que j'ai déjà confiées à Wajdi ou à Claude Lapointe. Ce livre, au fond, c'est une autre mise en scène de qui je suis. Après tout, je reste la même personne, on part du même texte. Je n'allais pas m'inventer une nouvelle vie simplement pour avoir quelque chose de nouveau à raconter. Si je me suis adonné encore une fois à l'exercice, c'est aussi que je tenais à dire et à redire certaines affaires, parce que je veux qu'elles soient entendues ou, mieux encore, qu'elles soient comprises. Il ne me reste pas beaucoup de temps, alors je vais marteler la tête du monde avec ça jusqu'à la fin.

L'artiste a le devoir d'être un citoyen conscient, de savoir dans quel monde il vit. Et au moment où il se met à créer, de faire le point sur sa position en se demandant s'il dit oui ou s'il dit non. Oui ou non au monde, à la vie, à Dieu, à la mort… Brecht a écrit une pièce intitulée *Celui qui dit oui et celui qui dit non* : ce titre a toujours été pour moi une façon de nommer les deux attitudes possibles face à la vie. Ou bien on accepte le monde comme il est et on lui dit oui. Ou alors on le refuse. J'ai toujours pensé que l'artiste, le véritable artiste, c'était celui qui refusait l'insignifiance et la mesquinerie. Que c'était celui qui disait non. Ce qui m'inquiète dans le théâtre que j'ai pu voir ces dernières années, c'est qu'il dit oui au monde. Il en rit, il en sourit, il s'en amuse ou, pire encore, il l'ignore. Sauf de rares exceptions, les artistes qui le pratiquent manquent de gravité, d'engagement humain. Au début on voulait toucher le spectateur, maintenant je crains qu'on veuille seulement l'impressionner. On dirait qu'on a renoncé à changer le monde et qu'à la place on fait des ballounes dans le fond du verre de *root beer* en soufflant dans sa paille. Le théâtre qui ne croit pas à une possibilité de changement se retranche dans le cynisme. Et ça, je le refuse. Je le dis parfois aux acteurs :

c'est tellement d'ouvrage de monter un spectacle, si on le fait rien que pour dire ce que tout le monde sait déjà, à savoir que le monde est pourri et que ça va mal, ça ne vaut pas la peine. Les gens peuvent ouvrir la télé et l'apprendre tout seuls.

L'artiste doit travailler pour que l'humanité n'ait plus besoin de lui. J'ai dit un jour que faire du théâtre, ça ne devrait pas être un métier. Je ne suis pas anthropologue, mais il existe sans doute quelque part des tribus qui n'ont pas été corrompues par la civilisation et dans lesquelles, pendant les fêtes, tout le monde est musicien, chanteur, danseur... On vit dans une société de plus en plus spécialisée, mais il me semble que les responsabilités de l'artiste devraient être universelles. C'est ce qui m'a fait vivre toute ma vie, alors d'une certaine façon je ne m'en plains pas. Mais au fond, je sais que ça ne devrait pas être ainsi. Il faudrait arriver à libérer l'artiste qu'il y a dans chacun et l'amener à réaliser ses potentialités.

Le poète Terence disait: «Rien de ce qui est humain ne m'est étranger.» L'acteur doit trouver l'autre en lui. C'est un travail de recherche sur soi dans le but de comprendre le monde – pas comprendre avec l'intelligence, mais dans le sens de prendre avec soi, du latin *cum* (avec) et *prehendere* (prendre). La responsabilité de l'acteur, c'est donc de dire au monde: «Je suis comme vous autres. Je vous connais parce que je me connais moi-même.» Souvent à la télévision, on demande à un politicologue d'expliquer les enjeux de telle situation politique, à un physicien, tel phénomène physique. Les acteurs sont là pour expliquer l'humain à l'humanité. Non, *expliquer* n'est pas le bon mot. Plutôt pour montrer l'humain à l'humanité. Ils jouent le rôle d'un miroir. Mais pas d'un miroir qui le déforme et le montre comme un monstre. Un miroir qui dit: «Regarde, c'est toi. C'est ça que tu veux ? » Schopenhauer, lui, disait que de vivre sans aller au théâtre, c'était comme se raser sans miroir.

Si ton père est alcoolique et que tu veux lui montrer qu'il fait des choses terribles quand il est soûl, pour qu'il comprenne et arrête de boire, tu lui demanderas de s'asseoir dans son fauteuil et là, tu ne vas pas l'imiter comme un vieil ivrogne fini : il se lèverait et ne t'écouterait plus. Personne ne se reconnaît en regardant un monstre. Comme me l'a appris Jean Gascon, si tu parles à quelqu'un, tu veux qu'il t'écoute. Alors si tu cries des bêtises à ton interlocuteur sous prétexte de le choquer, la communication se ferme. Ça, tu fais ça chez vous et tu payes le monde pour qu'il vienne y assister. Ton père, tu tenteras plutôt de le dépeindre avec un respect pour l'humain qu'il est. Des fois, ça fait mal d'être confronté à sa propre image. Surtout si on s'y reconnaît. Si une personne ne s'aime pas la face, inutile de casser le miroir, elle aura toujours le même visage. Le spectacle présente les problèmes, il ne donne pas les réponses, sinon le spectateur pense que tout peut se régler en deux heures. La critique n'a pas besoin d'exagérer les défauts et ce qu'elle reproche au monde. Simplement de le montrer le plus fidèlement possible, ça suffit.

Faudrait que je retrouve ça, c'est quelque part dans mes affaires : quand j'étais jeune, un de mes amis m'a fait un dessin. Des personnages disaient : « Moi, je serai Hamlet », « Moi, je serai Cyrano », « Moi, je serai le Cid ». Il y avait aussi un petit homme tout habillé en noir ; seul dans son coin, il disait : « Moi, je regarderai derrière les yeux des spectateurs à la sortie du spectacle pour voir si je ne les ai pas trompés en jouant avec leur vie. » C'était moi. Je ne l'avais jamais dit dans ces mots-là, mais lui, c'est comme ça qu'il l'avait saisi. Avec le temps, j'ai compris que c'était ça, mon métier : créer des miroirs qui ne trompent pas. Respecter les humains et la vie. Et parfois l'exalter, la vie. Être vivant, c'est passionnant. Autant dans les moments agréables que dans les moments difficiles. On n'a aucune raison de devenir un cadavre avant son temps. Le voyage qu'on fait entre le trou duquel on est sorti et celui dans lequel on va entrer à la fin, c'est une aventure unique à chacun et on devrait essayer d'en tirer le plus possible.

Pour l'hommage que m'a rendu Quebecor en 2007, Tremblay a écrit une petite pièce qui parlait de moi. Ça s'appelle *Brassard en cinq temps*. Ce n'est pas mêlant, je n'ai rien écouté du reste de la soirée. Le lendemain, j'ai dû appeler le monde de Quebecor pour qu'il m'envoie une copie cassette de la soirée ; je n'avais aucune idée de ce qui s'était dit à propos de moi. J'avais les yeux pleins d'eau, je ne pensais rien qu'à ça : Tremblay avait fait un geste vers moi, c'était plus important que tout. Ce n'était pas encore la réconciliation complète, mais c'était déjà ça. Quand tu as un grand coup de soleil sur ton âme, même un petit doigt de crème hydratante, ça fait du bien. Ça m'a donné envie de prendre le taureau par les cornes et de tout faire pour me remettre à vivre. Pour retrouver mes amis. Pour refaire du théâtre.

Voici un extrait de ce que Tremblay a écrit pour moi :

BRASSARD À SOIXANTE ANS

BRASSARD – *L'espoir, au bout d'un certain temps. La force et la volonté qui reviennent après des années de souffrances et de solitude pendant lesquelles on s'est senti inutile et abandonné. Oui, la volonté. C'est ça qui est le plus important. Avec le goût de retravailler. Prendre des jeunes acteurs, leur faire analyser une scène, la monter avec eux. Lire des textes, aussi, oui, lire des nouveaux textes, retrouver le goût, l'excitation de la création ! Penser à Jean Gascon qui avait dit au tit-cul de dix ans qu'il parlait trop vite alors que c'est vivre trop vite qui l'excitait ! Mais surtout, surtout, ne jamais regretter d'avoir vécu trop vite ! Jamais !*

Je ne suis pas un scientifique, mais je comprends que si on est ici aujourd'hui, c'est qu'il y a deux forces : la force centrifuge et la force de gravité, entre lesquelles l'être humain, avec son appareil musculaire, a une petite marge de manœuvre pour arriver à se tenir debout. En s'entraînant, il peut tenir en l'air un peu plus longtemps, monter un escalier ou faire un triple salto arrière, mais c'est tout. J'ai l'impression que la vie intellectuelle et émotive de l'humain est organisée de la même façon, avec des forces qui tirent dans des sens opposés : vers le bas et la mort, vers le haut et la vie. C'est peut-être un peu simpliste, mais c'est comme ça que je comprends le monde : on aspire au ciel, mais le sol cherche à nous avaler.

Toute ma vie j'ai été abominablement quétaine. J'ai toujours pleuré en voyant des gens se retrouver et se réconcilier. Dans la vie comme au théâtre. En regardant n'importe quel film imbécile que je télécharge parfois par erreur, quand le fils retrouve sa mère au bout de deux heures de pérégrinations et se jette dans ses bras, je deviens très braillard. C'est sans doute pour ça que je souffre du syndrome du pont : dans un show, j'ai toujours voulu réunir des gens de cultures, d'origines, de formations, de milieux différents. Peut-être ai-je essayé toute ma vie de faire le pont que personne n'a su faire pour moi. Pour sauver les autres comme j'aurais aimé être sauvé moi-même. Peut-être parce que, dans mon enfance, je me suis senti abandonné par tout le monde. Peut-être que ce sentiment d'abandon-là est ma blessure première, l'origine de tout.

Mais dans les films qui font brailler, avant la réconciliation il y a les obstacles. Et les obstacles aussi sont passionnants. La rage, le désir de l'empoigner et d'en tirer de la substance ; il y a une part de volonté de s'en sortir, une part de « ça ne peut plus durer comme ça ». J'en suis là. Ces temps-ci, je me sens plus vivant. Je me sens habité d'une énergie nouvelle, une *drive* que je n'ai pas eue depuis plusieurs années, et j'ai maintenant envie de redevenir vivant et de retourner derrière la table du metteur en scène. Tant que je pourrai continuer, je continuerai. Je sais que je peux encore apporter quelque chose. Pas de la même façon qu'avant, c'est certain. Mais quelque chose quand même.

Longtemps je me suis laissé tirer vers le bas. Là, je regarde vers le haut et je vais me casser les ongles s'il le faut, mais je compte bien remonter à la surface.

L'humanité est capable de toute la crisse de marde qu'on a sur Terre, des guerres et tout ça, mais aussi du meilleur : des hommes et des femmes, à la grandeur de la planète, peuvent travailler jour et nuit pour mettre un peu de baume sur les plaies des autres. Moi, j'aime mieux penser à cette humanité-là. Il faut comprendre que si je critique encore ce qui se passe autour de moi, ce n'est pas parce que je suis méchant : j'espère seulement qu'il y aura une discussion, que la bonne part de l'humanité – parce qu'elle veut s'améliorer, parce qu'elle cherche la lumière – se remettra en question et que comme ça, tous ensemble, on va changer le désert. C'est une image qui vient de Jorge Luis Borges. Un jour, alors qu'il avait été invité dans une réunion d'écrivains, quelque part en Afrique, je ne sais plus où exactement, il a disparu. Tout le monde le cherchait, et c'est dans le désert qu'on a fini par le retrouver. Assis sur une dune, il faisait couler du sable entre ses doigts. On lui a demandé : « Qu'est-ce que vous faites là, monsieur Borges ? » Lui : « Je suis en train de changer le désert. » Cette phrase-là m'est rentrée juste là, direct dans le cœur. Je pense que c'est justement ça, notre travail : humblement déplacer trois grains de sable. On est des fourmis, on a un grain de sable à transporter. Si on ne le transporte pas, il ne sera pas transporté, ce n'est pas plus compliqué que ça. Et si chacun transporte le sien, eh bien, peut-être qu'à notre mort on laissera un monde un peu moins pire qu'à notre naissance.

Parcours d'André Brassard

281

En attendant Godot de Samuel Beckett, Théâtre du Nouveau Monde, tournée, 1993

Le Temps des lilas de Marcel Dubé, Théâtre du Rideau Vert, 1993

Le Misanthrope de Molière, exercice, École nationale de théâtre, 1993

Les Mémoires d'un fantôme de Dominic Champagne, Spectacle inaugural du Monument-National, École nationale de théâtre, 21 juin 1993

Le Travail de la mémoire et du désir de Michel Garneau, exercice, École nationale de théâtre, 1993

Le Marquis qui perdit de Réjean Ducharme, exercice, École nationale de théâtre, 1993

En attendant Godot de Samuel Beckett, Théâtre du Nouveau Monde, 1992

Conte d'hiver 70 d'Anne Legault, Coproduction du Théâtre d'Aujourd'hui et du Théâtre populaire du Québec, 1992

Iphigénie de Racine, Nouvelle Compagnie Théâtrale, 1992

Marcel poursuivi par les chiens de Michel Tremblay, production de la Compagnie des Deux Chaises, Théâtre du Nouveau Monde, 1992

Six personnages en quête d'auteur de Luigi Pirandello, Théâtre du Nouveau Monde, 1992

Les Reines de Normand Chaurette, Théâtre d'Aujourd'hui, 1991

Des restes humains non identifiés de Brad Fraser, Théâtre de Quat'Sous, 1991

La Trilogie des Brassard de Michel Tremblay, Théâtre d'Aujourd'hui, 1991

Le Soulier de satin de Paul Claudel, travail avec les étudiants de 3ᵉ année, École nationale de théâtre, 1991

Bousille et les justes de Gratien Gélinas, Compagnie Jean Duceppe et Centre national des arts, 1990

Les Feluettes ou la Répétition d'un drame romantique de Michel-Marc Bouchard, Paris, tournée en France et au Québec, 1990

Nelligan, opéra romantique de Michel Tremblay et André Gagnon, Opéra de Montréal, Salle Maisonneuve de la Place-des-Arts, 1990

La Maison suspendue de Michel Tremblay, Compagnie Jean Duceppe, 1990

L'Illusion comique de Corneille, Nouvelle Compagnie Théâtrale, 1990

La Charge de l'orignal épormyable de Claude Gauvreau, Théâtre du Nouveau Monde, 1990

Les Sorcières de Salem d'Arthur Miller, Compagnie Jean Duceppe et Centre national des arts, 1989

Les Dernières Fougères de Michel D'Astous, Théâtre du Rideau Vert et Centre national des arts, 1989

Les Feluettes ou la Répétition d'un drame romantique de Michel-Marc Bouchard, Théâtre du Nouveau Monde et Centre national des arts, 1989

Richard III de William Shakespeare, Théâtre du Rideau Vert et Centre national des arts, 1989

La Charge de l'orignal épormyable de Claude Gauvreau, Théâtre de Quat'Sous, 1989

Les Feluettes ou la Répétition d'un drame romantique de Michel-Marc Bouchard, Quinzaine internationale du théâtre à Québec et tournée en France, 1988

Albertine en cinq temps de Michel Tremblay, Théâtre des Champs-Élysées à Paris, 1988

Les Muses orphelines de Michel-Marc Bouchard, Théâtre d'Aujourd'hui et Atelier du Centre national des arts, 1988

Les Paravents de Jean Genet, Théâtre du Nouveau Monde et Centre national des arts, 1987

Le Vrai Monde ? de Michel Tremblay, Théâtre du Rideau Vert et Centre national des arts, 1987

Les Feluettes ou la Répétition d'un drame romantique de Michel-Marc Bouchard, Coproduction du Théâtre Petit à petit et du Théâtre français du Centre national des arts, 1987

Albertine in five times de Michel Tremblay, Centre national des arts, 1986

Bonjour, là, bonjour de Michel Tremblay, Centre national des arts, 1986

Le Ruban de Georges Feydeau, Théâtre du Rideau Vert et Centre national des arts, 1986

En attendant Beckett, atelier du Centre national des arts, 1986

Albertine in five times de Michel Tremblay, Lincoln Theater à Hartford (Connecticut), 1986

Bonjour, là, bonjour de Michel Tremblay, Théâtre du Trident, 1985

Les Bonnes de Jean Genet, Centre national des arts, 1985

Albertine en cinq temps de Michel Tremblay, Théâtre populaire du Québec, 1985

L'Année de la grosse tempête d'André Ricard, Centre national des arts, 1985

L'Opéra de Quat'Sous de Bertolt Brecht et Kurt Weill, Centre national des arts, 1984

Les Belles-Sœurs de Michel Tremblay, Centre national des arts, Nouvelle Compagnie Théâtrale et Théâtre du Bois de Coulonge, 1984

La Contre-Nature de Chrysippe Tanguay, écologiste de Michel-Marc Bouchard, Théâtre d'Aujourd'hui, 1984

Albertine en cinq temps de Michel Tremblay, Théâtre du Rideau Vert et Centre national des arts, 1984

Les Difficultés d'élocution de Benjamin Franklin de Steve J. Spears, Centre national des arts, 1983

Oncle Vania d'Anton Tchekhov, Théâtre du Nouveau Monde et Centre national des arts, 1983

Tartuffe de Molière, avec les élèves de 1re année, École nationale de théâtre, 1983

Les Paravents de Jean Genet, exercice public, École nationale de théâtre, 1982

Périclès de William Shakespeare, Centre national des arts, 1982

Britannicus de Jean Racine, Nouvelle Compagnie Théâtrale et Centre national des arts, 1982

Les Petits Pains de Rainer Lücker, Théâtre de la Marmaille, 1981

Damnée Manon, sacrée Sandra de Michel Tremblay, Café-Théâtre Les Fleurs du mal, 1981

L'Impromptu d'Outremont de Michel Tremblay, Centre Saidye Bronfman, 1981

Les Anciennes Odeurs de Michel Tremblay, Théâtre de Quat'Sous, 1981

L'Impromptu d'Outremont de Michel Tremblay, Théâtre du Nouveau Monde et Centre national des arts, 1980

Bonjour, là, bonjour de Michel Tremblay, Théâtre du Nouveau Monde, 1980

La Tête de M. Ferron de Victor-Lévy Beaulieu, Théâtre d'Aujourd'hui, 1979

En pièces détachées de Michel Tremblay, Centre Saidye Bronfman, 1979

À toi, pour toujours, ta Marie-Lou de Michel Tremblay, production de la Compagnie des Deux Chaises, tournée européenne, 1979

Sainte Carmen de la Main de Michel Tremblay, reprise au Théâtre du Nouveau Monde, 1978

Un simple soldat de Marcel Dubé, Centre national des arts, 1978

Le Dindon de Georges Feydeau, Théâtre du Nouveau Monde et Centre national des arts, décembre 1978 et janvier 1979

Le Balcon de Jean Genet, Théâtre du Nouveau Monde, 1977

Bonjour, là, bonjour de Michel Tremblay, Centre Saidye Bronfman, 1977

Damnée Manon, sacrée Sandra de Michel Tremblay, Théâtre de Quat'Sous, 1977

Sainte Carmen de la Main de Michel Tremblay, création à la Compagnie Jean Duceppe, Théâtre de la Main, 1976

La Gloire des filles à Magloire d'André Ricard, Théâtre du Trident, 1975

La Fausse Suivante de Marivaux, Centre national des arts, 1974

Andromaque de Jean Racine, Théâtre de Quat'Sous, 1974

Les Belles-Sœurs de Michel Tremblay, reprise par la Compagnie des Deux Chaises, 1974

Bonjour, là, bonjour de Michel Tremblay, création au Centre national des arts par la Compagnie des Deux Chaises, Théâtre Maisonneuve, 1974

Quatre à quatre de Michel Garneau, Théâtre de Quat'Sous, 1974

La Nuit des rois de William Shakespeare, Théâtre du Trident, 1974

En pièces détachées de Michel Tremblay, version anglaise, Warehouse Manitoba Theatre Centre à Winnipeg, 1973

Les Belles-Sœurs de Michel Tremblay, version anglaise, St. Laurence Centre à Toronto, 1973

Hosanna de Michel Tremblay, Théâtre de Quat'Sous, 1973

Les Belles-Sœurs de Michel Tremblay, production de la Compagnie des Deux Chaises, à Montréal et à Paris, 1973

Spectacle Yukio Mishima, École nationale de théâtre, 1973

Mistero Buffo de Dario Fo, Théâtre du Nouveau Monde, 1973

Le Pays du dragon de Tennessee Williams, Théâtre de Quat'Sous, 1972

Demain matin, Montréal m'attend de Michel Tremblay et François Dompierre, production Paul Buissonneau, Place-des-Arts, Ottawa et Québec, 1972

Le Locataire de Joe Orton, Théâtre de Quat'Sous, 1972

Ben Ur de Jean Barbeau, École nationale de théâtre, 1972

À toi pour toujours, ta Marie-Lou de Michel Tremblay, reprise à la Place-des-Arts et à Québec, 1972

Orpheus, opéra anglais de Gabriel Charpentier, Third Stage Festival de Stratford, 1972

L'Effet des rayons gamma sur les vieux garçons de Paul Zindel, reprise à Ottawa, Montréal et Québec, 1971

Laver son linge sale, collage québécois, exercice public, École nationale de théâtre, 1971

Black Comedy de Peter Schaeffer, Théâtre du Rideau Vert, 1971

La Mouette d'Anton Tchekhov, exercice, École nationale de théâtre, 1971

À toi pour toujours, ta Marie-Lou de Michel Tremblay, Théâtre de Quat'Sous, 1971

Les Belles-Sœurs de Michel Tremblay, Théâtre du Rideau Vert, Ottawa et Québec, 1971

Et Mademoiselle Roberge boit un peu de Paul Zindel, production Paul Buissonneau, Place-des-Arts, Ottawa et Québec, 1971

The Maids de Jean Genet, Centaur Theatre, 1971

En attendant Godot de Samuel Beckett, Nouvelle Compagnie Théâtrale, 1971

Le Marquis qui perdit de Réjean Ducharme, Théâtre du Nouveau Monde, 1970

La Duchesse de Langeais de Michel Tremblay, Théâtre de Quat'Sous, 1970

Bien à moi Marquise de Marie Savard, Théâtre de Quat'Sous, 1970

La Chatte sur un toit brûlant de Tennessee Williams, exercice d'atelier, École nationale de théâtre, 1970

Aux yeux des hommes de John Herbert, Théâtre de Quat'Sous, 1970

Demain matin, Montréal m'attend de Michel Tremblay et François Dompierre, Jardin des Étoiles, 1970

L'Effet des rayons gamma sur les vieux garçons de Paul Zindel, Théâtre de Quat'Sous, 1970

Lysistrata d'Aristophane, adaptation de Michel Tremblay, Centre national des arts, reprise à Montréal, 1969

Double Jeu de Françoise Loranger, Comédie-Canadienne, 1969

En pièces détachées de Michel Tremblay, Théâtre de Quat'Sous, 1969

L'École des bouffons de Michel de Ghelderode, Centre du Théâtre d'Aujourd'hui, 1968

Les Belles-Sœurs de Michel Tremblay, Théâtre du Rideau Vert, 1968 et 1969

Une série de spectacles, Bibliothèque nationale (poésie, Nathalie Sarraute, Jean Genet...), 1968

Messe noire, Pavillon de la Jeunesse, Expo 67, 1967

Les Troyennes d'Euripide, Théâtre des Saltimbanques, 1966

Une saison de théâtre (Arrabal, Genet, Villon, Tardieu, Beckett, Tremblay...), le Mouvement contemporain, Patriote, 1966

Les Bonnes de Jean Genet, Festival d'art dramatique, 1966

Messe noire, collage fantastique, Théâtre des Saltimbanques, 1965

RÉALISATION – TÉLÉVISION

Les Dernières Fougères de Michel D'Astous, adaptation et coréalisation, Productions Azimut, Radio-Québec, 1990

Frédéric de Michel Faure et Claude Fournier, Radio-Canada, saison 1979-1980

Sainte Carmen de la Main de Michel Tremblay, Radio-Québec, 1979

Les Belles-Sœurs de Michel Tremblay, réalisation pour le réseau anglais, Production Robert Sherrin, Radio-Canada, 1977

CINÉMA

Le soleil se lève en retard, 1976

Il était une fois dans l'Est, 1973

Françoise Durocher, waitress, 1972

EN TANT QU'ACTEUR
POUR LE THÉÂTRE

Le Bain des raines d'Olivier Choinière, Bain Mathieu, 1999

Encore une fois si vous le permettez de Michel Tremblay, Théâtre du Rideau Vert, 1998

L'Ange et le lutin de René-Daniel Dubois, Contes urbains, 1997

Cadavre à découvert de Normand Chaurette, Théâtre de Saint-Adolphe, 1991

Je m'appelle François Sigouin de Jacques Hébert, monologue adapté, mis en scène et joué par Brassard, en tournée au Québec, 1968-1969

L'Équarrissage pour tous de Boris Vian, Théâtre des Saltimbanques, 1965

Le Tricycle de Fernando Arrabal, Théâtre des Saltimbanques, 1964

POUR LE CINÉMA

Du pic au cœur, réalisation Céline Baril, 1999

Cap tourmente, réalisation Michel Langlois, 1992

La Sarrasine, réalisation Paul Tana, 1990

Les Trois Montréal de Michel Tremblay, réalisation Michel Moreau, 1988

POUR LA TÉLÉVISION

Paparazzi, réalisation Alain Chartrand, 1997

Rue de l'Anse, 1963-1965

Les Enquêtes Jobidon, 1962-1964

Le Pain du jour, 1962-1965

TRADUCTION

Des restes humains non identifiés de Brad Fraser, Théâtre de Quat'Sous, 1991

AUTRES ACTIVITÉS

Directeur artistique de la section française de l'École nationale de théâtre du Canada, de 1992 à 2000
Directeur artistique du Théâtre français du Centre national des arts, de 1982 à 1989

PRIX

Prix Denise-Pelletier, remis par le Secrétariat des Prix du Québec, 2000
Prix Gascon-Roux et Prix de la critique, pour sa mise en scène de *En attendant Godot* de Samuel Beckett, Théâtre du Nouveau Monde, 1992
Prix Gascon-Roux et Prix de la critique, pour sa mise en scène de *Les Feluettes ou la Répétition d'un drame romantique* de Michel-Marc Bouchard, Théâtre du Nouveau Monde, 1989
Prix Victor-Morin, remis par la Société Saint-Jean-Baptiste de Montréal parce que, selon la société, « c'est grâce à André Brassard si le théâtre québécois a acquis aujourd'hui ses lettres de noblesse, tant ici qu'à l'étranger », 1987
Prix de la critique (meilleure production), remis par l'Association des critiques, pour sa mise en scène de *Albertine en cinq temps* de Michel Tremblay, 1985

Crédits photographiques

Table des matières